Holger Steltzner / Wolfram Weimer

Was kommt, wenn die D-Mark geht?

Holger Steltzner / Wolfram Weimer

# Was kommt, wenn die D-Mark geht?

Das Handbuch zur Währungsunion

EDITION
BLICKBUCH
WIRTSCHAFT

Die Deutsche Bibliothek – CIP-Einheitsaufnahme
**Steltzner, Holger:**
Was kommt, wenn die D-Mark geht? : das Handbuch zur Währungsunion / Holger Steltzner/Wolfram Weimer. – Frankfurt am Main : Frankfurter Allgemeine Zeitung, Verl.-Bereich Wirtschaftsbücher 1997
ISBN 3-929368-73-0

Frankfurter Allgemeine Zeitung
Verlagsbereich Wirtschaftsbücher

Verantwortlich Verlagsbereich Wirtschaftsbücher: Helmut Klinge
Gestaltung: F.A.Z.-Grafik

Druck: Druckwerkstätten Stollberg GmbH, Stollberg
Erste Auflage 1997



ISBN 3-929368-73-0

# Vorwort

Die Tage der D-Mark sind gezählt. Der Euro kommt und mit ihm das historische Wagnis einer staatenübergreifenden Währungsunion. Darum gibt es Ängste und Hoffnungen, Vorurteile und Vorfreude. Vor allem aber gibt es viele Fragen. Dieses Buch will sie sachlich beantworten. Es beschreibt den Werdegang, die Faktenlage und die Perspektiven der Europäischen Währungsunion. Es erklärt, wie der Übergang von der D-Mark zum Euro ablaufen soll. Zugleich wird Unternehmern und Privatpersonen Rat gegeben, was im Vorfeld der Währungsunion zu beachten, zu erwarten und zu bedenken ist. Besonders aber für alle Anleger gibt es Hilfe, wie man sein Vermögen auf den Euro ausrichten sollte.

»Was kommt, wenn die D-Mark geht« ist somit ein Handbuch für alle, die endlich genauer wissen wollen, was es mit dem Euro auf sich hat. Dazu werden nicht nur Details, Zusammenhänge und Hintergründe der Währungsintegration Europas beleuchtet; der Leser bekommt in einem ausführlichen Anhang wichtige Quellen (so den Maastrichter Vertragstext) auch in der Originalfassung geboten.

Frankfurt am Main, 1997

Holger Steltzner
Wolfram Weimer

# Vorwort

# Inhalt

# Kapitel I

# I. Der weite Weg zum Euro

## Die lange Vorgeschichte

### *Erste Kooperationen und Römische Verträge*

Es war ein ganz besonderer Montag, der 21. Juni 1948, ein Montag, der Geschichte machte und im Bewußtsein von Millionen Deutschen einen tiefen Einschnitt in ihrem Leben markierte. Es war der Montag nach der Währungsreform, die Geburtsstunde der D-Mark und zugleich die Geburtsstunde einer neuen Wirtschaftsordnung, ja eines neuen Deutschland. Mit diesem Datum endete das Elend der Nachkriegszeit und eine Wirtschaftswundergeschichte begann. Hatte man noch am Freitag in der Trümmerlandschaft für das täglich Brot Schlange stehen müssen, so waren an diesem Montag schlagartig alle Schaufenster gefüllt. Leckere Lebensmittel, die viele seit Jahren nicht mehr gesehen hatten, gab es plötzlich wie selbstverständlich für die neue D-Mark. Aus verborgenen Hortungslagern kamen lang entbehrte Waren ans Tageslicht. Sogar Deutschlands Kühe ließen sich vom »Wunder der Währungsreform« stimulieren und steigerten ihre Milchproduktion in der ersten D-Mark-Woche um ein vielfaches. Ein Volkswagen war gegen die Zahlung von 5 300 DM binnen acht Tagen lieferbar. Zwanzig amerikanische Zigaretten waren jetzt für 6 DM zu haben, am Freitag zuvor hatte eine einzige 6 Reichsmark gekostet. Der britische »New Chronicle« spöttelte: »An diesem Wochenende ist die stabilste Währung Europas zerstört worden. Es ist die Währung der Zigaretten.« Der Chronicle konnte nicht ahnen, daß an diesem Wochenende die stabilste Währung Europas für die kommenden fünf Jahrzehnte geschaffen worden war – die D-Mark.

Fünfzig Jahre später kommt wieder so ein Montag der Währungsumstellung – der 4. Januar 1999. An diesem Tag hat der Euro Premiere und wird erstmals als Zahlungsmittel benutzt. Dennoch dürfte dieser Montag ein recht undramatischer Tag werden. Zwar beginnt die europäische Währungsunion – in der Praxis der meisten Menschen aber verändert sich damit gar nichts. Zum einen wird es den Euro zunächst nur als Buchungsgröße, dafür aber eine lange Übergangsperiode mit Parallelwährungen geben, zum anderen hat die Einführung des Euro mit einer Währungsreform so gar nichts gemein. Währungsreformen sind die

Notbremsen nach schweren Wirtschaftskrisen, Hyperinflationen, Kriegen oder einem Staatsbankrott – der irreal gewordene Wert des Geldes wird dabei den neuen Verhältnissen schockartig angepaßt. Die Euro-Währungsunion jedoch ist fast ein Gegenteil davon. Ihr können nur Staaten beitreten, deren Wirtschaft und Währungen stabil sind und die ihre öffentlichen Schulden unter Kontrolle haben. Es wird kein Kreis aus Staatsbankrotteuren, sondern eine Gruppe der leistungsfähigsten und wohlhabendsten Länder der Welt sein. Deren Währungen werden darum auch nicht abgewertet, sondern nur umgerechnet; alle Werte und Wertrelationen bleiben voll erhalten.

Auch in zeitlicher Dimension ist die europäische Währungsunion das glatte Gegenstück zu einer Währungsreform, die unter Zeitdruck konzipiert, entschieden und umgesetzt werden muß. Das Euro-Projekt dagegen hat eine jahrzehntelange Vorgeschichte. Seit den Anfängen des europäischen Einigungsprozesses ist die Idee einer Wirtschaftsgemeinschaft mit der Einführung einer einheitlichen Währung in Europa verbunden. Schon 1950 formulierte der französische Währungsexperte Jacques Rueff den berühmt gewordenen Ausspruch: »L'Europe se fera par la monnaie ou ne se fera pas« – Europa entsteht über das Geld, oder es entsteht gar nicht. Mit der Gründung der Europäischen Zahlungsunion (EZU) wurde ebenfalls 1950 ein erster wichtiger Schritt zur monetären Zusammenarbeit getan. In den meisten Ländern des Nachkriegs-Europa gab es noch interne Devisen-Bewirtschaftung, also keinen freien Währungsaustausch, keine Konvertibilität. Daher mußte sichergestellt werden, daß die wirtschaftlich aufeinander angewiesenen Länder ein Zahlungssystem für ihren Außenhandel entwickelten, das zu einem freien und multilateralen Geldverkehr führte. Die EZU wurde zu einer Kombination aus zentraler Clearing-Stelle für den Zahlungsbilanzausgleich und internationaler Kreditbank. Deutschland zum Beispiel mußte zur Finanzierung seines Defizits im Gefolge der Korea-Hausse auf Mittel der EZU zurückgreifen. Mit zusehends freien Devisenmärkten Ende der fünfziger Jahre löste das »Europäischen Währungsabkommen« die EZU ab. Dieses Abkommen sah sowohl Sanierungsprogramme (hierfür war ein Fonds von 600 Millionen Dollar zur Verfügung gestellt worden) als auch eine engere währungspolitische Zusammenarbeit vor.

Zugleich konstituierte sich 1958 die Europäische Wirtschaftsgemeinschaft (EWG). Die Römischen Verträge sahen langfristig eine »umfassende« europäische Integration vor, »die Errichtung eines Gemeinsamen Marktes und die schrittweise Annäherung der Wirtschaftspolitik der Mitgliedsstaaten«. In einer Übergangszeit von 12 bis 15 Jahren sollte die Zollunion verwirklicht werden. Der EWG-Vertrag enthielt eine allgemeine Absichtserklärung zur Liberalisierung des Zahlungsverkehrs (Art. 106), erklärte die Wechselkurspolitik »als eine Angelegenheit von gemeinsamen Interesse« (Art. 107) und setzte zur Förderung der Kooperation der Währungspolitik einen »beratenden Wirtschaftsausschuß« (Art. 105) ein. »Koordinierung« lautete das politische Fernziel. Zugleich wurde das Stabilitätscredo festgeschrieben: »Jeder Mitgliedsstaat betreibt die Wirtschaftspolitik, die erforderlich ist, um unter Wahrung eines hohen Beschäftigungsstandes und eines stabilen Preisniveaus das Gleichgewicht seiner Gesamtzahlungsbilanz zu sichern und das Vertrauen in seine Währung aufrechtzuerhalten.« (Art. 104)

Im Jahr 1962 unternahm dann die Europäische Kommission einen ersten zielgerichteten Schritt zur Währungsintegration innerhalb der EWG. Im Rahmen eines Aktionsprogramms für die zweite Stufe der damaligen Zollunion wurden Vorschläge für eine umfassende Wirtschafts- und Währungsunion gemacht. Im Jahr 1964 kam es sogar zur Gründung des »Ausschusses der Präsidenten der Zentralbanken« (Gouverneursausschuß«), dem bei der Koordinierung der Geld- und Währungspolitik eine wichtige Rolle zufallen sollte. Tatsächlich wurde dieser Währungsausschuß im Laufe der Jahre zum Dreh- und Angelpunkt des Informationsaustauschs, Vertrauensgewinns und einer sich langsam entwickelnden Koordinierungspolitik. Die Mitgliedsstaaten allerdings wollten von einer echten währungspolitischen Integration wenig wissen, zumal das internationale Festkurssystem von Bretton Woods mit dem amerikanischen Dollar als Ankerwährung noch intakt und die internationale Wechselkursstabilität damit weitgehend gewährleistet waren.

Zudem zeigten die ersten Jahre der Nachkriegszeit, daß sich die europäischen Staaten zum Teil an sehr unterschiedlichen ordnungspolitischen Konzepten orientierten und von einer wirtschaftspolitischen Konvergenz noch allzu weit entfernt waren. Während für die westdeutsche Politik unter dem maßgeblichen Einfluß von Ludwig Erhard die soziale Marktwirtschaft und der Freihandel zum Orientierungsmaßstab wurden, blieb die französische Politik in der Nachkriegszeit unter dem Einfluß von Jean Monnet und in der Tradition des Etatismus und Merkantilismus lange Zeit dem System der sogenannten »Planification«

sowie einer eher protektionistischen Handelspolitik verschrieben. Auch in Großbritannien, wo der Wirtschaftsliberalismus eine lange Tradition besaß, rückte unter dem Einfluß der Lehren von Keynes und Beveridge ein interventionistisches Steuerungskonzept in den Mittelpunkt wirtschaftspolitischen Handelns. Die unterschiedlichen Grundkonzepte der Wirtschaftspolitik wirkten sich nicht zuletzt in einer unterschiedlichen Wertschätzung der Geldwertstabilität aus. So spielte in Deutschland – auch nach den historischen Inflationserfahrungen – die Preisstabilität seit 1948 eine besonders große Rolle. Selbst als es in den sechziger Jahren zu Spannungen zwischen der sogenannten inneren (Preis-)-Niveaustabilität und der äußeren (Wechselkurs-)Stabilität kam, wurde schon bald der ersteren eindeutig der Vorrang gegeben. Das sah man in den europäischen Partnerstaaten freilich ganz anders. Gleichwohl entpuppten sich gerade die (äußeren) Währungsturbulenzen zu einem Integrationsmotiv.

### *Der Werner-Plan*

Die zweite Initiative zur europäischen Währungsintegration wurde Ende der sechziger Jahre gestartet, als die Gemeinschaft von den krisenhaften Erschütterungen des Weltwährungssystems erfaßt wurde. Nun erschien plötzlich eine währungspolitische Zusammenarbeit dringlicher denn je, um sich gegen die ungewohnten Wechselkurskapriolen einen heimatlichen Stabilitätsraum zu sichern. Zugleich erlaubte das Ende der Ära de Gaulle in Frankreich neue Initiativen. Anknüpfend an ein Memorandum der Kommission vom Februar 1969 (sogenannter Barre-Plan) beschlossen die EG-Regierungschefs auf ihrem Gipfeltreffen in Den Haag im Dezember 1969, die europäische Integration energisch voranzutreiben, der EG ein System eigener Einnahmen zu gewähren, die Verhandlungen mit beitrittswilligen Ländern (Großbritannien, Dänemark, Irland und Norwegen) aufzunehmen und die Bildung einer echten Wirtschafts- und Währungsunion einzuleiten.

Eine Arbeitsgruppe unter Leitung des damaligen luxemburgischen Ministerpräsidenten Pierre Werner erarbeitete daraufhin einen Plan zur stufenweisen Verwirklichung der Wirtschafts- und Währungsunion (sogenannter Werner-Plan). Die wichtigsten Eckpunkte des Werner-Plans waren: Völlige Freizügigkeit des Kapitalverkehrs innerhalb der Gemeinschaft, Konvergenz der EWG-Währungen untereinander bis schließlich zur Festlegung unveränderlicher Wechselkurse, Zusammenlegung der Währungsreserven, zentralgesteuerte Geldpolitik durch eine Art europäischen Federal Reserve Board und eine gemeinsame Währungspolitik gegenüber Drittstaaten. Der Werner-Plan ähnelte in vielem schon dem Maastrichter Vertrag und sah ausdrücklich die Einführung einer einheitlichen Währung als Endziel vor.

Auf der Grundlage dieses Plans verabschiedete der Rat im März 1971 eine Grundsatzentscheidung über die stufenweise Verwirklichung der Währungsunion bis zum Jahr 1980. Minutiös wurde jeder einzelne Integrationsschritt vorgezeichnet. Im Bundestag sprach der damalige Bundeswirtschaftsminister Karl Schiller von einer »kühnen Vision« und einem »gemeinsamen Abenteuer«. Die Zentralbanken der Mitgliedsstaaten wurden sogleich ersucht, die Wechselkursschwankungen zwischen den Währungen der Mitgliedsstaaten versuchsweise innerhalb enger Bandbreiten zu halten. Die Dollarkrise von 1971, der herannahende Kollaps des Bretton-Woods-Systems und der mit der ersten Ölkrise einhergehende Inflationsschock verhinderten dann jedoch die Umsetzung der Entschließung des EG-Ministerrats. Nach und nach gaben die europäischen Staaten ihre festen Bindungen an den Dollar auf und ließen ihre Währungen schließlich auch innerhalb Europas frei schwanken (»floaten«).

Am 21. März 1972 verabschiedete der EG-Ministerrat eine Entschließung, mit der wenigstens die Errichtung des Europäischen Wechselkursverbunds und des Europäischen Fonds für währungspolitische Zusammenarbeit (EFWZ) möglich wurden. Die Schwankungsbreite zwischen den EG-Währungen sollte auf 2,25 Prozent beschränkt bleiben. Bis Anfang März 1973 wurden die Bewegungen des gemeinschaftlichen Kursbandes (»Währungsschlange«) von den An- und Verkaufslimiten für den Dollar (»Tunnel«) begrenzt. Nach der allgemeinen Freigabe der Dollarkurse am 19. März 1973 hielten die Europäer das innergemeinschaftliche Wechselkurssystem als Gruppenfloating gegenüber dem Dollar und Drittwährungen unverändert aufrecht.

Die ersten Erfahrungen mit den Vorstufen zur EG-Währungsunion zeigten freilich recht bald, daß ein System supranational koordinierter Währungsbeziehungen nur zwischen Ländern funktionieren konnte, deren Wirtschaftsentwicklung ausreichend homogen war. Da die wenigsten EG-Länder diese Bedingung erfüllten, kam es im neuen Wechselkursverbund zu Aus- und Wiedereintritten einzelner Währungen.

Schon die erste Stufe des Werner-Plans konnten die Europäer also nicht beschreiten. In ihrer »Bilanz der ersten Stufe« vom April 1973 gestand die Kommission, daß die geplanten Integrationsfortschritte verfehlt worden waren. Sie hielt es gerade deshalb aber für erforderlich, wirtschaftspolitische Befugnisse auf die Gemeinschaftsorgane zu übertragen. Da aber die Mitgliedsstaaten dazu nicht bereit waren, konnte eine Entscheidung über den Eintritt in die zweite Stufe der anvisierten Währungsunion nicht verabschiedet werden.

Zudem gab es zwischen Deutschland und Frankreich einen grundsätzlichen Dissens im Hinblick auf die längerfristige Strategie einer währungspolitischen Kooperation. Im Gegensatz zur französischen Seite folgte die deutsche Europapolitik lange Zeit dem Grundsatz, daß eine einheitliche Währung zwar langfristig sinnvoll, nicht aber zwingend notwendig sei, um den Binnenmarkt zu vollenden. Vielmehr wollte Bonn im fortschreitenden Integrationsprozeß zunächst die Wirtschafts- und Währungspolitik gemeinsam ausrichten, bis die einzelnen Währungen nach Wert und Stabilität faktisch unterschiedslos sein würden. Erst dann sollte man den Binnenmarkt durch eine gemeinsame Währung krönen – ein ökonomistischer Ansatz, der unter dem Schlagwort »Krönungsstrategie« bekannt wurde. Nicht nur Frankreich, sondern auch die Brüsseler Kommission verfolgte dagegen einen monetaristischen Ansatz und drängte auf die frühe Einführung eines gemeinsamen Geldes, auf die »Lokomotivstrategie«.

Letztlich scheiterten die hochfliegenden Pläne der Währungsunionisten in den siebziger Jahren nicht nur an Meinungsdifferenzen über die Zielvorstellungen, sondern auch an der unterschiedlichen wirtschaftspolitischen Reaktion der Länder auf die spektakulären Umbrüche in der Weltwirtschaft sowie an der fehlenden Bereitschaft, sich einem gemeinsamen Stabilitätsziel zu unterwerfen. Vor allem die Ölkrise und der dadurch ausgelöste Inflationsschock machte der »Schlange« das Leben schwer. Obwohl die meisten EG-Länder gleichermaßen vom Ölpreisschub betroffen waren, konnten einige Länder (vor allem Deutschland) die höchsten jährlichen Preissteigerungsraten auf 7 Prozent (1974) begrenzen. In Frankreich kam es dagegen zu einer Inflation von bis zu 13 Prozent (1975), in Italien bis zu 20 Prozent (1974) und in Großbritannien gar bis zu 27 Prozent (1975). Bis zum Ende der siebziger Jahre blieb es in den meisten der EG-Länder bei zweistelligen Inflationsraten. Diese mangelnde Konvergenz machte jeden Versuch einer engen Währungs- und Wechselkurskopplung zunichte. Der Konvergenzbeschluß des Europäischen Rates vom 18. Dezember 1974 wurde deswegen ebenso Makulatur wie der Vorschlag des belgischen Premierministers Leo Tindemans (1975), eine sofortige Währungsunion im kleinen Kreis vorzubereiten.

*Das Europäische Währungssystem (EWS)*

Ende der siebziger Jahre verbreitete sich in Europa das unangenehme Gefühl, in der Dollarfalle zu sitzen. Im Bonner Bundeskanzleramt und im Pariser Elysée reifte der Entschluß, endlich »eine europäisches Politik der Abkopplung von den Dollarkapriolen« zu starten. Bundeskanzler Schmidt erklärte, man müsse »in absehbarer Zeit eine europäische Gegenposition zu den verhängnisvollen Wirkungen des Dollarverfalls aufbauen«. Unter der enormen Aufwertung der D-Mark begann die deutsche Wirtschaft zusehends zu leiden. Die Wettbewerbsfähigkeit schwand, die Exporte verteuerten sich dramatisch, im Inland traten plötzlich billigere Konkurrenten aus dem Dollarraum auf. Der ohnehin schwächer werdenden Konjunktur drohte der Währungstiefschlag. Mit der Regierung Carter schien eine dauerhafte Übereinkunft nach Art konzertierter Aktionen nicht zu machen. Vom vielzitierten »Dollarschock« aufgeschreckt und über die Politik Washingtons verärgert, machten sich Bonn und Paris also an die Planung eines neuen Währungsverbunds.

Es gehörte zu den Eigenarten der siebziger Jahre, daß dem besten und naheliegendsten Verfahren der Währungsbeziehungen zutiefst mißtraut wurde: dem freien Markt. Frei schwankende Wechselkurse blieben mit einem merkwürdigen Stigma des Gefährlichen, Unkontrollierbaren, Schädlichen versehen. Also machten sich Heerscharen von Politikern und Experten daran, das freie Schwanken irgendwie zu unterbinden. Die europäische Währungsschlange war das sichtbarste Produkt dieser Bemühungen – freilich mutierte sie mit den nach und nach austretenden Mitgliedsländern (schließlich sogar Frankreich) zusehends zur müden Blindschleiche. Durch die Austritte aus dem Wechselkursverbund war die Gemeinschaft Ende 1978 wechselkurspolitisch in zwei Gruppen gespalten: einen Hartwährungsblock um die D-Mark (»D-Mark-Block«) mit den Benelux-Währungen und der dänischen Krone auf der einen und den übrigen vier frei schwankenden Währungen auf der anderen Seite. Das wollten Bundeskanzler Helmut Schmidt und der französische Staatspräsident Valery Giscard d'Estaing ändern, als sie 1978 das »Europäische Währungssystem« (EWS) aus der Taufe hoben.

Weite Teile der deutschen Wirtschaftseliten, Währungssachverständige und die Bundesbank mißtrauten dem EWS-Projekt am Anfang sehr. Vor allem sah man die Bundesbank in ihrer Handlungsfähigkeit eingeschränkt und sorgte sich um einen stabilitätspolitischen Opfergang zugunsten währungspolitischer Ruhe. Deutschland begebe sich in eine »Inflationsgemeinschaft« und werde auch noch zu deren Finanzier, lautete die Kritik. In den Verhandlungen kämpfte die Bundesbank dann darum, im EWS einige »stabilitätspolitische Korsettstangen« einzuziehen. »Wir waren besorgt, daß ein System fester Wechselkurse, das den europäischen Inflationsdurchschnitt als Standard benutzen und über unlimitierte Kreditfazilitäten verfügen würde, eine nationale Stabilitätspolitik unmöglich machen würde«, resümierte Karl-Otto Pöhl die Bundesbankbedenken. Dem Zentralbankrat gelang es immerhin, das ursprüngliche Konzept »vom Kopf auf die Füße zu stellen« (so der Originalton aus der Bundesbank) und die stärkste Währung zum Standard des Währungssystems zu machen. Die Ablehnung in Frankfurt gegenüber dem EWS war gleichwohl so groß, daß Bundeskanzler Helmut Schmidt persönlich in die Bundesbankzentrale auf Werbebesuch kam. In einem ungewöhnlich emotionalen Appell packte der Kanzler die Notenbanker bei ihrer staatsbürgerlichen Ehre und schlug einen Bogen vom Auschwitz-Erbe bis zur Gefahr des Euro-Kommunismus. Schmidt stellte die Gründung des EWS als eine existenzielle Frage der internationalen Positionierung Deutschlands dar.

Das Grundmodell des EWS war die schon existierende, aber dahinsiechende europäische Währungsschlange. Für sie wurde nun ein neues Terrarium gezimmert. Frankreich hatte seit langem für feste Wechselkurse plädiert und war im Zuge seiner 1977 eingeleiteten Stabilitätspolitik zur Rückkehr in die »Schlange« bereit. Bundeskanzler Helmut Schmidt erkannte eine Gunst der Stunde und bot Paris den Start in eine westeuropäische Stabilitätspolitik an: Ein gemeinsames Währungssystem sollte »die wirtschaftspolitische Konvergenz innerhalb der Gemeinschaft erleichtern und dem Prozeß der Europäischen Union Impulse geben«. Die Ratstagungen in Kopenhagen (April 1978), in Bremen (Juli) und schließlich in Brüssel (Dezember) waren die Hauptetappen auf dem gemeinsamen Marsch ins EWS. Dazwischen lagen entscheidende deutsch-französische Treffen wie die symbolträchtige Zusammenkunft in Aachen am 14./15. September, als manche Beobachter schon die Wiederauferstehung des karolingischen Reiches witterten. Das Wall Street Journal berichtete seinen Lesern in Amerika, »daß Deutschland und Frankreich in Wahrheit daran interessiert sind, eine neue Supermacht zu schmieden, die von der amerikanischen Politik unabhängig sein will.« Das war natürlich stark übertrieben. Richtig war aber doch, daß der deutsch-französische Währungsplan mehr eine politische Allianz denn eine rein ökonomische Veranstaltung war. Die ande ren EG-Staaten – wie so oft natürlich mit der Ausnahme Großbritanniens – gruppierten sich schließlich um das deutsch-französische Tandem.

Am 5. Dezember 1978 wurde das EWS vom Europäischen Rat formell verabschiedet. Der neue Währungsverbund sah feste, aber anpassungsfähige Wechselkurse im Rahmen kleiner Schwankungsbreiten (plus-minus 2,25 Prozent) vor. Für Italien wurde zunächst eine Sonderschwankungsmarge von plus-minus 6 Prozent festgelegt. Zugleich entstand mit der Europäischen Währungseinheit (ECU) ein gemeinsamer Nenner für die Bestimmung der Paritäten. Der Ecu sollte die schon im EG-Haushalt verwendete Europäische Recheneinheit (ERE) ersetzen. Wie diese blieb sie zunächst ein arithmetischer Währungskorb, in dem die einzelnen nationalen Währungen je nach ihrem ökonomischen Gewicht mit unterschiedlichen Anteilen vertreten waren.

Die Notenbanken verpflichteten sich, durch Stützungskäufe (»Interventionen«) schwacher Währungen dafür zu sorgen, daß die Marktkurse innerhalb der vereinbarten Schwankungsbandbreiten verblieben. Wenn der Kurs einer Währung die untere Grenze ihrer offiziellen Bandbreite erreichte, waren die Notenbanken zu Stützungskäufen verpflichtet (»obligatorische Intervention«). Die Zentralbanken kauften also Bestände an schwacher Währung und verkauften dafür die starke Währung. In der Praxis intervenierten die Notenbanken dann freilich häufig schon vor Erreichen des Bandbreitengrenze (»intramarginale Interventionen«), um keine Spekulationsbewegung zu provozieren. Um freilich am Devisenmarkt intervenieren zu können, brauchten die Zentralbanken erst einmal große Mengen stabilen Geldes. Zur Finanzierung obligatorischer Interventionen sah der EWS-Vertrag daher den sogenannten »Kreditmechanismus« vor. Die Notenbank einer starken Währung mußte demnach der Schwachwährungsnotenbank im Ernstfall ihr »gutes« Geld eine Weile ausleihen – nicht länger als zweieinhalb Monate allerdings. Damit der Kreditmechanismus nicht zum Selbstbedienungsladen für Schwachwährungsländer mutiert, wurde im EWS – anders als beim Festkurssystem von Bretton Woods – die offizielle Wechselkursänderung als ein normales Steuerungsinstrument eingeführt. Zeigte sich, daß die Wechselkurse trotz aller Stützungskäufe der Notenbanken nicht zu stabilisieren waren, sollten neue Leitkurse festgelegt werden. Die Wechselkursanpassungen nannte man im EWS-Jargon »Realignments«. In den Anfangsjahren des EWS kam zu etwa zwei Realignments im Jahr, später wurden es deutlich weniger.

In Deutschland, wo man sich 1978 noch der niedrigen Inflationsrate von 2,4 Prozent erfreuen konnte, waren sich alle einig, daß die eigene Stabilität der Maßstab für alle anderen sein müsse. Der Begriff vom »Stabilitätsanker D-Mark« wurde geprägt. Helmut Schmidt war der festen Überzeugung, daß man an diesen Anker ganz Westeuropa auf Stabilitätskurs festzurren könne; denn alle EG-Partner hätten inzwischen verstanden, daß eine höhere Inflation Arbeitsplätze gefährde. Vor der SPD-Fraktion rechtfertigte er sich am 15. November 1978: »Diese gemeinsame Einsicht ist die Voraussetzung, die uns das Ganze wagen läßt, weil sonst der gemeinsame Markt in wenigen Jahren zerbrechen würde.« Für Helmut Schmidt gab es – wie er es in einem Beitrag für »Die Zeit« niederschrieb – drei Ziele beim EWS: Erstens sollten die Wechselkurse so fest und stabil wie möglich gehalten werden, um die Geldwertstabilität zu fördern, aber auch den innereuropäischen Handel und damit das Zusammenwachsen der EG zu beleben. Zweitens sollte das EWS ein stabilitätspolitischer Zuchtmeister in Europa werden. Die Regierungen würden in die Pflicht genommen, ihre Währungs- und Finanzpolitiken möglichst solide zu gestalten. Ein Prozeß der Konvergenz werde damit institutionalisiert, die Wirtschaftsintegration gefördert. Jeder Staat müsse bei den anderen im Ernstfall um Wechselkursanpassungen (Aufwertung oder Abwertung) bitten. Das dritte Ziel war die langfristige Schaffung einer einheitlichen Währung für Europa. Der Ecu solle in diese Rolle hineinwachsen, um letztlich dem amerikanischen Dollar und dem japanischen Yen ein europäisches Pendant zu bieten.

Das EWS war zwar weit entfernt von den ursprünglichen Plänen der frühen siebziger Jahre, bis zum Ende des Jahrzehntes eine europäische Wirtschafts- und Währungsunion zu schaffen (Werner-Plan). Dennoch wurde es als währungspolitischer Durchbruch empfunden. Giscard d'Estaing sprach von einem »notwendigen Durchgangsstadium« und einer »neuen Etappe der Organisation Europas«. Für den Historiker Werner Link war es in Abwandlung der Kantschen Aufklärungsdefinition »der Ausgang Europas aus seiner selbstverschuldeten währungspolitischen Unmündigkeit«.

Trotz der großen Worte zur EWS-Taufe entwickelte sich die Neugeburt nicht so prächtig wie gedacht. Großbritannien hielt sich aus dem EWS-Projekt anfangs weitgehend heraus und wollte am Interventionsmechanismus nicht teilnehmen. Auch Italien konnte nur mit Mühe und Sonderkonditionen mit ins EWS-Boot gehievt werden. Innerhalb des Verbunds kam es ziemlich rasch zu eine Serie von Wechselkursanpassungen (insgesamt sieben Anpassungen bis 1983), die das Vertrauen in das neue System stark schwächten. Es zeigte sich sehr bald, daß weder die wirtschaftliche Entwicklung noch die Währungspolitik in den EWS-Länder ausreichend konvergierten. Die Auswirkungen des zweiten Ölpreisschocks brachten das EWS beinahe zum Auseinanderbrechen. Der für 1981 vorgesehene Schritt in die zweite Phase, in der wichtige Kompetenzen der nationalen Notenbanken auf eine europäische Währungsbehörde übertragen werden sollten, konnte nicht erfolgen. Zum geplanten »Europäischen Währungsfonds« kam es nie. Dieses Institut war als analoge Einrichtung zum Internationalen Währungsfonds gedacht. Unter dem Dach des Fonds sollten andere Institutionen der EG (wie die Europäische Investitionsbank) zusammengefaßt werden. Der Fonds sollte auch einen Teil der Währungsreserven der Mitgliedsstaaten verwalten und Staaten mit Zahlungsbilanzschwierigkeiten Kredite gewähren. Als kleiner Ersatz für diese große Idee kam es schließlich zur Gründung des Europäischen Fonds für Währungspolitische Zusammenarbeit (EFWZ). Die Bundesbank willigte ein, zwanzig Prozent der deutschen Gold- und Dollarreserven diesem Fonds gegen Ecu gutzuschreiben. Aber das EFWZ sollte keinen Reservepool bilden, sondern basierte auf Drei-Monats-Swaps, die auf Geheiß der jeweiligen Notenbank jederzeit widerrufen werden konnten.

Indes, der größte Erfolg des EWS blieb in den Anfangsjahren, daß es überlebte. Und es erwies sich im Laufe der Zeit doch als flexibel genug, sich den Sturmwinden der Finanzmärkte entgegenzubiegen. Entgegen mancher Befürchtung, auf dem Altar der Wechselkursstabilität werde die Inflationsbekämpfung und damit die deutsche Stabilität geopfert, sorgte das EWS in Deutschland keineswegs zu einer Aufweichung des Stabilitätskurses. Im Gegenteil. Im Laufe der Jahre sollte sich zeigen, daß das EWS für die bisherigen Weichwährungsländer eine erzieherische Wirkung entfaltete, daß die Wechselkursschwankungen in Europa deutlich abnahmen und eine wirtschaftspolitische und konjunkturelle Konvergenz begann, die man bis dahin nicht kannte. Das EWS veranlaßte die meisten Mitgliedsstaaten dazu, ihre Wirtschafts- und Währungspolitik an den Maßstäben zu orientieren, die von den wirtschaftlich stabilsten Ländern beachtet wurden. Dem bei der Gründung des EWS verfolgten Ziel, eine Zone der Stabilität in Europa zu schaffen, kam man dadurch einen großen Schritt näher. Die wirtschaftliche Entwicklung in den Mitgliedsstaaten zeigte zwar nach wie vor Divergenzen bei den Zahlungsbilanzen, Haushaltssalden und Inflationsraten auf, doch wurden diese Ungleichgewichte erheblich geringer.

Am 8. September 1987 vereinbarten die europäischen Zentralbankpräsidenten die Stärkung des EWS. Um möglichen Spannungen im EWS besser zu begegnen, wurde vereinbart, die Kursschwankungsmargen stärker zu nutzen, Zinssätze rascher anzupassen und bei Devisenmarktinterventionen enger zusammenzuarbeiten. Zugleich wurde ein Verfahren des »Monitoring« verabredet – eine gemeinschaftliche Überwachung der Wirtschaftspolitik und Konjunkturentwicklung in der Gemeinschaft und regelmäßige Beratungen darüber. Auch auf großzügigere Rückzahlungsbedingungen für Interventionsverbindlichkeiten konnte man sich einigen – so verlängerte man die Rückzahlungsfrist um einen Monat auf dreieinhalb Monate. Obendrein wurde die Verwendbarkeit der offiziellen Ecu ausgedehnt: »Die Zentralbanken werden zum Ausgleich offener Forderungen im Rahmen der sehr kurzfristigen Finanzierung Ecu über ihre Pflichtquote (50 Prozent) hinaus bis zu 100 Prozent annehmen«, hieß es in der Gemeinschaftserklärung.

Zu den Verdiensten des EWS zählt sein Beitrag zur Integration der Güter- und Finanzmärkte in Europa. Der Handelsaustausch zwischen den europäischen Partnerländern ist in den achtziger Jahren überproportional zum übrigen Außenhandel gewachsen. Und die Stabilität der Wechselkurse, so unvollständig sie auch war, hob sich dennoch positiv gegen die gewaltigen Wechselkurskapriolen in Relation zum Dollar ab. Auch Deutschlands Banken und Unternehmen wurden rasch europäischer, immer größere Anteile des Geschäftsvolumens erwirtschafteten sie jenseits der Heimatgrenzen. Die in den späten sechziger und frühen siebziger Jahren euro-euphorisch gegründeten europäischen Bankenclubs (Ebic, Euro-Partners, Abecor und Orion) erfüllten sich nach jahrelangem Siechtum mit neuem Leben. Und da der Heimatmarkt gesättigt schien (hier und da war erstmals sogar die Rede vom »overbanking« in Deutschland), da lockte das Ausland noch als eine Welt voller Expansionsmöglichkeiten. Neben der traditionellen Abwicklung von Außenhandelsgeschäften eroberten sich die Finanzinstitute Ende der achtziger Jahre systematisch neue Geschäftsfelder. Die Entstehung des Euromarktes, die Globalisierung des Kreditsystems, das rasante Wachstum internationaler Devisen- und Börsentransaktionen waren die Schrittmacher dieser Entwicklung. Der werdende europäische Binnenmarkt riß plötzlich die hohen Schutzmauern der abgeschotteten Finanzmärkte nieder und eröffnete ganz neue Horizonte. Vom Rückenwind der starken D-Mark in einem stabilen Europäischen Währungssystem gestützt, suchten die Banken Beteiligungen und Kooperationen mit europäischen Partnern. Eine Serie von Akquisitionen folgte dem Drang hinaus – spektakulärster Fall war die Übernahme der Londoner Investment Bank Morgan Grenfell durch die Deutsche Bank. Anfang Dezember 1989 unterbreitete die Deutsche Bank den Aktionären der britischen Merchant Bank das spektakuläre Übernahmeangebot. Bis Mai 1990 stockte sie ihre Beteiligung bis zu 100 Prozent an dem britischen Institut auf – die größte Auslandsübernahme einer bundesrepublikanischen Bank aller Zeiten war perfekt. Den Begriff »Auslandsgeschäft schafften einige deutsche Banken in bezug auf ihr Europageschäft bereits ab. Ein besonderer Fall von Europäisierung der deutschen Geldgeschäfte begann 1988 im Zusammenhang mit der Einführung der sogenannten Quellensteuer auf Kapitalerträge. Deutschlands Anleger schafften auf der Flucht vor dem Fiskus Milliardenbeträge von Schwarzgeldern ins Ausland – vor allem nach Luxemburg.

Aber auch an den Kapitalströmen zeigte sich die weite Öffnung der alten Bundesrepublik. Bis einschließlich 1981 war Deutschland ein Kapitalimportland – nur während der ersten Ölpreiskrise bestand da eine Ausnahme. Das heißt: Jahr für Jahr legten ausländische Kapitaleigner mehr Geld in der Bundesrepublik an als umgekehrt Deutsche Kapital ins Ausland transferierten. Ab 1982 änderte sich das – erst langsam, dann immer dramatischer. Der Kapitalexport lag 1982 bei 3,2 Milliarden DM, im Jahr darauf hatte er sich schon versechsfacht, ein weiteres Jahr später hatte er sich verzwölffacht und erreichte bis 1986 sogar 82,6 Milliarden DM – sechsundzwanzigmal so viel wie 1982. Doch damit nicht genug. Mit der Einführung der Quellensteuer kam die Kapitalflucht erst richtig in Fahrt: 1988 und 1989 betrugen die Kapitaltransfers zusammen nicht weniger als 255 Milliarden DM. Zahlungsbilanzpolitisch war der gewaltige Kapitaltransfer in den achtziger Jahren das Pendant zu den immer größer werdenden Leistungsbilanzüberschüssen. Nach drei Jahren negativer Leistungsbilanz (bei immer aktiver Handelsbilanz) zeigte die Zahlungsbilanz der Bundesrepublik 1982 wieder einen Leistungsbilanzüberschuß von 12,4 Milliarden DM – er erhöhte sich ebenso wie die Kapitaltransfer in steiler Kurve bis auf 85 Milliarden DM im Jahre 1988. Der boomende deutsche Export stellte alles in den Schatten, was Konjunkturexperten sich bis dahin hatten vorstellen können. Deutschland verflocht sich immer enger mit seinen europäischen Nachbarstaaten und nutzte dies zu Geschäften von noch nie dagewesener Intensität.

| | **Aktiva** | **Passiva** | **Nettoauslandsvermögen** |
|---|---|---|---|
| 1980 | 503,2 | 437,7 | + 65,6 |
| 1981 | 565,0 | 498,2 | + 66,8 |
| 1982 | 605,5 | 531,0 | + 74,5 |
| 1983 | 657,8 | 571,5 | + 86,3 |
| 1984 | 758,6 | 631,3 | + 127,2 |
| 1985 | 836,5 | 710,0 | + 126,5 |
| 1986 | 972,1 | 785,6 | + 186,5 |
| 1987 | 1052,3 | 784,5 | + 267,8 |
| 1988 | 1226,5 | 852,4 | + 374,0 |
| 1989 | 1456,7 | 1013,9 | + 442,8 |
| Quelle: Deutsche Bundesbank | | | |

*Tabelle 1: Die Auslandsposition der Bundesrepublik in den achtziger Jahren (in Milliarden DM)*

Der Aufbruch nach Europa wurde von einer ungewöhnlich harmonischen Begleitmusik von den Devisenmärkten ermutigt. Von 1987 bis 1990 herrschte hier verblüffende Ruhe. Innerhalb des Europäischen Währungssystems schien man nun ein festes Wechselkursgefüge gefunden zu haben, und selbst der amerikanische Dollar war offensichtlich aus der Schußlinie der Spekulanten verschwunden. Was die Finanzminister und Zentralbankpräsidenten der sieben wichtigsten Industrieländer (G7) im »Louvre-Akkord« 1987 beschlossen hatten, zeigte erstaunliche Wirkung. Die internationalen Devisenmärkte kehrten zu einer Stabilität zurück wie seit den Tagen des Bretton Woods-Sytems nicht mehr. In der industrialisierten Welt fielen die Inflationsraten auf historische Tiefststände. Niedrige Rohstoffpreise, ein neues Stabilitätsbewußtsein und das Ende des Kalten Krieges – alles half mit, die öffentlichen Haushalte zu konsolidieren. Innerhalb Europas war endlich so etwas wie echte wirtschaftspolitische Konvergenz zu spüren. In jedem Fall standen die Zeichen der Zeit auf Entspannung auch an den Devisenmärkten.

| | **Inflationsraten (in Prozent)** | | |
|---|---|---|---|
| | **1974–1978** | **1979–1983** | **1984–1988** |
| Deutschland | 4,7 | 4,9 | 1,2 |
| Holland | 7,9 | 5,2 | 1,1 |
| Belgien | 9,2 | 7,0 | 3,0 |
| Frankreich | 10,7 | 11,8 | 4,4 |
| Dänemark | 11,0 | 10,1 | 4,6 |
| Irland | 15,3 | 15,9 | 4,6 |
| England | 16,1 | 11,2 | 4,7 |
| Italien | 16,7 | 17,3 | 7,1 |
| Spanien | 18,9 | 14,5 | 7,8 |
| Portugal | 23,8 | 21,6 | 15,6 |
| Griechenland | 15,5 | 21,9 | 21,1 |
| | **Haushaltsdefizite (Anteil am BIP in Prozent)** | | |
| | **1974–1978** | **1979–1983** | **1984–1988** |
| Deutschland | 3,0 | 3,0 | 1,7 |
| Dänemark | + 0,1 | 5,6 | 0,0 |
| Frankreich | 0,1 | 0,7 | 0,2 |
| England | 4,1 | 3,0 | 1,8 |
| Spanien | 1,2 | 3,8 | 5,0 |
| Holland | 2,1 | 5,3 | 5,8 |
| Belgien | 5,4 | 10,5 | 8,0 |
| Irland | 8,1 | 12,5 | 9,6 |
| Portugal | – | – | 9,2 |
| Italien | 9,9 | 10,5 | 11,6 |
| Griechenland | 2,4 | 6,4 | 12,3 |
| Quelle: OECD, BIZ, EG und Deutsche Bundesbank | | | |

*Tabelle 2: Konvergenzfortschritte in der Europäischen Gemeinschaft*

Das immer erfolgreicher funktionierende EWS schien den Bedürfnissen berechenbarer Wechselkursverhältnisse in Europa Ende der achtziger Jahre ausreichend gerecht zu werden. Immer öfter wurde das EWS nun als »Stabilitätsgemeinschaft« gewürdigt, die Inflations- und Zinsdifferenzen der Mitgliedsländer wurden geringer, Wechselkursanpassungen schienen kaum mehr nötig, und das System begann einer Währungsunion zu ähneln. Allerdings mit einer großen Einschränkung – eine gemeinsame Geldpolitik gab es nicht. Vielmehr wurde die D-Mark zum Anker des Systems. Sie lieferte den Stabilitätsstandard für die anderen Währungen, schränkte zugleich aber den geldpolitischen Spielraum für die beteiligten Notenbanken immer weiter ein. In der Praxis bestimmte schließlich die Bundesbank alleine die Geldpolitik im EWS-Raum. So gab es aus den EWS-Partnerländern immer wieder auch öffentliche Kritik an der angeblich zu restriktiven Politik der Bundesbank, der man sich im eigenen Land unterworfen sah.

### *Die Einheitliche Europäische Akte*

Der vierte Anlauf zur Währungsunion wurde schließlich in den achtziger Jahren gestartet. Die politische Eigendynamik der EG sorgte dafür, daß die Pläne zur Schaffung einer Währungsunion neu auf die Tagesordnung kamen. Um dem Reformstau und den Frustrationen innerhalb der Europäischen Gemeinschaft zu begegnen, kündigten Bundesaußenminister Genscher und sein italienischer Amtskollege Colombo im Januar 1981 einen neuen europapolitischen Vorstoß an. Im November des gleichen Jahres legten die beiden Regierungen einen »Entwurf für eine Europäische Akte« vor, der auf die Errichtung einer handlungsfähigen Europäischen Union abzielte. Das Papier enthielt eine Reihe wichtiger Reformprojekte, so etwa die Aufwertung des Europäischen Parlaments, die Abkehr vom Vetorecht im Ministerrat und die Intensivierung einer gemeinschaftlichen Sicherheitspolitik.

Das Genscher-Colombo-Papier war den meisten Mitgliedsstaaten der Gemeinschaft zu weitgehend. In langwierigen Verhandlungen wurde es schließlich auf »operationable« Größenordnung zurechtgestutzt. So proklamierten dann im Juni 1983 die Staats- und Regierungschefs bei ihrem Stuttgarter Gipfeltreffen nur eine »Feierliche Deklaration zur Europäischen Union«, die nicht viel mehr als ein rhetorisches Bekenntnis zur Gemeinschaftsidee war. Immerhin war nun eine Reformdebatte in Gang gekommen und die Idee einer echten »Europäischen Akte« mit dem Integrationsziel »Union« in die Welt gesetzt. Aus dem Europäischen Parlament kamen nun reihenweise Initiativvorschläge. Der Bekannteste wurde nach dem italienischen Abgeordneten Spinelli (Spinelli-Entwurf) benannt und forderte offen einen echten Verfassungsstaat für Europa.

Die Folgen der europaweiten Rezession Anfang der achtziger Jahre erzeugten einen wirtschaftlichen Druck auf die Integrationsbemühungen. Im Juni 1994 setzte der EG-Gipfel in Fontainebleau einen Sonderausschuß für institutionelle Fragen ein. Unter der Leitung des Iren James Dooge erarbeitete dieser dann ein recht pragmatisches Konzept zur Schaffung des europaweiten Binnenmarktes, zur Technologiegemeinschaft und Stärkung der Wettbewerbsfähigkeit. Der Dooge-Bericht fand weithin Zustimmung und brachte den Durchbruch in der europäischen Reformdebatte. Die Europäische Kommission machte sich eilends daran, einen konkreten Katalog von Einzelmaßnahmen zu verfassen, was denn zum Binnenmarkt noch fehle. Dieses »Weißbuch zur Vollendung des Binnenmarktes« listete 282 Vorschläge und Maßnahmen auf, wie man den Markt ohne Grenzen einrichtet. Für das hochgesteckte Ziel legte das Weißbuch zugleich ein konkretes Zieldatum fest: Bis Ende 1992 sollten sämtliche rechtliche Bedingungen für den Start des Binnenmarktes geschaffen sein. Das Schlagwort »Europa '92« war geboren. Im Weißbuch-Vorwort hieß es pathetisch: »Europa steht am Scheideweg. Entweder wir gehen mutig und entschlossen weiter oder wir fallen in die Mittelmäßigkeit zurück. Wir haben die Wahl, entweder an der Vollendung der Wirtschaftsintegration Europas weiterzuarbeiten oder wegen politischer Mutlosigkeit Europa zu einer schlichten Freihandelszone abgleiten zu lassen.«

Das vertragliche Gegenstück zum Weißbuch wurde die »Einheitliche Europäische Akte«. Sie schrieb das Binnenmarktkonzept mit den Terminvorgaben nicht nur verbindlich fest, sondern stellte auch die politische Zusammenarbeit der Gemeinschaft auf ein völlig neues, rechtsverbindliches Fundament. Der Europäische Rat wurde damit vertraglich in die Reihe der Gemeinschaftsinstitutionen aufgenommen, das EWS bekam ebenfalls seinen Platz im neuen »einheitlichen« Europa, das wirtschaftliche und politische Integration nun vertraglich verknüpfte. Auf der Gipfelkonferenz in Luxemburg im Dezember 1985 fiel die Entscheidung zugunsten der Akte, die schließlich am 17. Februar 1986 unterzeichnet wurde und zum 1. Juli 1987 in Kraft trat, nachdem in Dänemark und Irland Volksabstimmungen die Initiative befürwortet hatten.

Die Einheitliche Europäische Akte verankerte für die Mitgliedsstaaten der Europäischen Gemeinschaft (sie hieß noch nicht Europäische Union) das historische Ziel einer schrittweisen Verwirklichung der Wirtschafts- und Währungsunion in Europa. Die Vision vom großen Binnenmarkt bescherte der Europapolitik plötzlich wieder Popularität. Die Jahre der »Euro-Sklerose«, der »Euro-Phobie« schienen nun einer neuen »Euro-Phorie« zu weichen. Anders als bei den vorhergegangenen Integrationskonzepten sollte dieser Binnenmarkt zugleich auch einen gemeinsamen Markt für Bank- und Finanzdienstleistungen und die Liberalisierung des Kapitalmarktes einschließen. Gerade die Finanzbranche eiferte darum nun dem »Binnenmarkt '92« entgegen.

Der Integrationsprozeß beschleunigte sich nun auf allen Ebenen. Der Europäische Fonds für währungspolitische Zusammenarbeit (EFWZ) wurde gegründet. Neben symbolischen Durchbrüchen (Belgien ließ erstmals zahlungsfähige Ecu-Münzen prägen) standen ganz praktische Fortschritte der europäischen Finanzalltags. In Luxemburg einigten sich die EG-Finanzminister auf einen Stufenplan zur Freigabe des Kapitalverkehrs in den Mitgliedsländern. Die Liberalisierungsrichtlinie wurde demnach für acht Mitglieder am 30. Juni 1990 bindend, während Irland und Spanien bis 1992, Griechenland und Portugal ihre Märkte bis 1994 öffnen mußten. So durften endlich alle EG-Bürger unter gleichen Bedingungen Konten eröffnen, Aktien kaufen und Darlehen aufnehmen.

Die Schaffung des einheitlichen Binnenmarktes war eine wesentliche Voraussetzung und Motivation für die Initiative zur Schaffung der Währungsunion. Der freie Verkehr von Personen, Waren, Dienstleistungen und Kapital wurde bis Ende 1992 weitestgehend verwirklicht. Damit ist ein einheitlicher Wirtschaftsraum für mehr als 370 Millionen Menschen entstanden, dessen logische Krönung die einheitliche Währung werden sollte.

## Der Marsch nach Maastricht

### *Konzepte und Konflikte*

Mit der Einheitlichen Europäischen Akte verankerten die Mitgliedsstaaten 1987 das Ziel einer schrittweisen Verwirklichung der Wirtschafts- und Währungsunion erstmals vertraglich. Unter dem Erfolgsdruck der deutschen Ratspräsidentschaft im ersten Halbjahr 1988 signalisierte das sogenannte »Genscher-Memorandum« neue Bewegung »für die Schaffung eines Europäischen Währungsraums und einer Europäischen Zentralbank«. Währungspolitik wurde darin als »Katalysator für die notwendige Konvergenz der Wirtschaftspolitik« festgeschrieben. Bundesaußenminister Hans-Dietrich Genscher betonte zwar bei der Vorlage seines Papiers, daß er nur als Parteivorsitzender der FDP spreche und nicht als Regierungsmitglied und Vize-Kanzler. Gleichwohl war die Signalwirkung des Memorandums ungeheuer. In Brüssel und in einer Reihe europäischer Hauptstädte wurde der Text begeistert aufgenommen. Schließlich hatte Deutschland – so wurde die Genscher-Initiative durchaus richtig interpretiert – seine Krönungsstrategie aufgegeben und akzeptierte fortan die Parallelität von Wirtschafts- und Währungsintegration.

Noch im Juni 1988 beauftragte der Europäische Rat auf seiner Tagung in Hannover daraufhin eine Arbeitsgruppe unter Vorsitz von Kommissionspräsident Delors, um konkrete Etappen zur Verwirklichung dieser Union zu prüfen und festzulegen. Selbst die britische Premierministerin Margaret Thatcher stimmte dem Beschluß zu, obwohl sie aus ihrer ablehnenden Haltung gegenüber einer europäischen Währungsunion keinen Hehl machte. Der in Hannover etablierte Ausschuß sollte aus den 12 Notenbankpräsidenten der EG sowie einem weiteren Mitglied der Kommission und drei weiteren Experten bestehen – dem früheren spanischen Finanzminister Miguel Boyer, dem dänischen Professor Niels Thygesen und dem Generaldirektor der Bank für Internationalen Zahlungsverkehr in Basel, Alexandre Lamfalussy, der später auch das Präsidentenamt des Europäischen Währungsinstituts einnehmen sollte. Als einziger deutscher Vertreter übernahm Bundesbankpräsident Karl Otto Pöhl den Vorsitz in dem Gremium, das die künftige Währungsunion konzipieren sollte.

Das Grundkonzept der Delors-Gruppe basierte auf dem Werner-Plan aus den siebziger Jahren und sah die Schaffung einer Wirtschafts- und Währungsunion in drei Stufen vor – zunächst die Freigabe der Kapitalmärkte und eine engere Kooperation, dann die Gründung eines gemeinsamen Währungsinstituts und konkrete Vorbereitungen für den dritten Schritt zum Eintritt in die echte Währungsunion (zu den Details siehe Seite 36, »Der Drei-Stufen-Plan«). Wichtige Kernpunkte des Delors-Plans deckten sich mit der deutschen Konzeption einer künftigen Währungsunion – vom programmatischen Plädoyer für eine grundsätzlich marktwirtschaftlich ausgerichtete Gemeinschaft über das föderalistische Subsidiaritätsprinzip bis zur streng stabilitätsorientierten Geldverfassung unter der Ägide einer von jedweden politischen Weisungen unabhängigen Notenbank. Darüber hinaus sprach sich der Bericht ausdrücklich für die – von deutscher Seite unermüdlich betonte – Notwendigkeit aus, eine weitergehende währungspolitische Integration in Europa von der Konvergenz der Volkswirtschaften und bindenden Regeln und Verfahren für die Haushaltspolitik abhängig zu machen. Die konkreten Vorschläge des Delors-Berichts zum künftigen »Europäischen Zentralbankensystem« glichen in weiten Teilen einer Kopie der deutschen Notenbankwelt. Auch in zwei wichtigen Verfahrensprinzipien übernahm der Delors-Bericht die deutsche Position: Zum einen wurde sichergestellt, »daß die Schaffung einer Wirtschafts- und Währungsunion als ein einheitlicher Prozeß gesehen werden muß«. Damit sollte das stabilitätspolitische Endziel der Aktion sichergestellt werden, um etappenweise Korrekturen und Grauzonen stabilitätspolitischer Verantwortung auszuschließen. Zum anderen schrieb der Delors-Bericht mit bemerkenswerter Klarheit die Möglichkeit unterschiedlicher Integrationsgeschwindigkeiten fest.

Kein Wunder, daß die Bundesregierung den im April 1989 vorgelegten Delors-Bericht stützte und verteidigte. Beim informellen Finanzministertreffen in S'Agaro (Spanien) einen Monat später wurde das Papier dann auch von den Kollegen Theo Waigels akzeptiert und einvernehmlich die Empfehlung ausgesprochen, den Fahrplan auch in die Tat umzusetzen. Daraufhin beschloß der Europäische Rat im Juni 1989 in Madrid, die erste Stufe der Wirtschafts- und Währungsunion bereits am 1. Juli 1990 beginnen zu lassen und eine Regierungskonferenz zur Vorbereitung der notwendigen Vertragsänderungen einzuberufen. Diese Konferenz erarbeitete schließlich einen Entwurf zur Änderung des EWG-Vertrages, welcher unter anderem die stufenweise Weiterentwicklung der Gemeinschaft zu einer Währungsunion bis spätestens 1999 vorsah.

Die deutsche Wiedervereinigung beschleunigte die Marschgeschwindigkeit zur Währungsunion erheblich. Wenige Wochen nach dem Fall der Berliner Mauer riefen die Staats- und Regierungschefs bereits die im Delors-Bericht geforderte Regierungskonferenz für den 14./15. Dezember 1990 nach Rom ein. Bei einer Reihe europäischer Staaten wurde der Wunsch deutlich, das vereinigte Deutschland möglichst schnell und unwiderruflich einzubinden. Obwohl man sich unterdessen über einige Grundsätze der künftigen Währungsunion einig war, blieben die Positionen in vielen Detailfragen noch weit auseinander. So pochten die südeuropäischen Staaten plötzlich darauf, die Währungsunion mit der Frage »wirtschaftlicher und sozialer Kohärenz« zu verknüpfen, das heißt unter die Bedingung von Finanzhilfen zu stellen. Spanien forderte offiziell die Einrichtung eines gemeinschaftlichen Finanzausgleichs nach dem Muster der Bundesrepublik Deutschland. Die Idee der Kohäsionsfonds war geboren.

Die Bundesregierung wehrte sich anfangs mit klaren Worten gegen die Forderung nach Finanzausgleichen. Dahinter stand die Furcht des größten Nettozahlers der Gemeinschaft, daß er weitere Finanzbelastungen aufgebürdet bekommt. So konterte Bonn, daß bereits in der ersten Stufe der Wirtschafts- und Währungsunion mit sogenannten »Konvergenzprogrammen« begonnen werden sollte und jedes Land in eigener Verantwortung seine stabilitätspolitischen Anstrengungen verstärken müsse. Der Staatssekretär im Bonner Finanzministerium brachte die deutsche Haltung mit der Formulierung auf den Punkt »nicht Cash-Programme sind geboten, sondern Crash-Programme eigenverantwortlicher Konvergenz«. Letztlich mußte sich Deutschland in diesem Punkt freilich dem politischen Druck der Südstaaten beugen.

Heikler noch als die Frage von Transferzahlungen erwies sich der Auffassungsunterschied zwischen Deutschland und Frankreich über die künftige Aufgabenverteilung zwischen dem Europäischen Rat, dem Ecofin-Rat (Wirtschafts- und Finanzminister) und der Europäischen Zentralbank. Frankreich betonte, daß einem starken »geldpolitischen Pol« eine entsprechend starke wirtschaftspolitische Autorität gegenüber stehen müsse. Finanzminister Pierre Berégovoy sprach von der Notwendigkeit einer »gouvernement économique« und reklamierte für den Europäischen Rat die Befugnis zur Erteilung »großer Leitlinien«

auch für die Geld- und Währungspolitik. Frankreich begründete den »überwölbenden« Anspruch der Politik auf die kommende Zentralbank mit der »demokratischen Legitimation«. Es brauchte eine lange Serie zäher Verhandlungen, bis die deutsche Auffassung einer völlig autonomen Geldpolitik sich schließlich durchsetzte.

Rangeleien gab es auch über institutionelle Fragen. So waren Deutschland und die Niederlande nicht bereit, bereits geldpolitische Souveränität in der Übergangsphase an eine Gemeinschaftsinstitution abzugeben. Beide Länder widersprachen deshalb Frankreich, Italien und auch Belgien, die die »neue Institution« bereits in der zweiten Stufe des Delors-Plans als »Europäische Zentralbank« bezeichnen und ihr geldpolitische Aufgaben übertragen wollten. Auch hier setzte sich die deutsche Position durch, die neue Institution erhielt darum den Namen »Europäisches Währungsinstitut« und bekam vorerst keine eigenständigen geldpolitischen Befugnisse übertragen.

Im Hintergrund vieler Detailstreitigkeiten stand die währungspolitische Machtfrage. Eine Reihe europäischer Staaten wollte endlich die alles dominierende Position der Deutschen Bundesbank in Europa – oft war von Bevormundung und Hegemonie die Rede – brechen und sich ein eigenes Mitspracherecht in der Geldpolitik sichern. Andererseits konnte gegen den Willen Deutschlands nichts verändert werden. Es entfaltete sich also ein langwieriger Positionspoker, der am Ende darauf hinauslief, daß Deutschland seine währungspolitische Vorherrschaft zwar einer gemeinschaftlichen Institution übertragen sollte; diese aber ziemlich genau nach deutschen Vorstellungen organisiert wurde. So genehmigten Anfang 1990 die Finanzminister den Entwurf eines Status für die Europäische Zentralbank (EZB), der praktisch von der deutschen Seite diktiert worden war. Die neue Zentralbank sollte in erster Linie die Geldwertstabilität sichern und politisch unabhängig sein. Die entscheidenden »Blaupausen« zur Währungsunion waren damit fertig.

### *Das Vertragswerk*

Für den europäischen Rat am 9./10. Dezember 1991 legte die niederländische Präsidentschaft einen kompletten Entwurf zur Änderung des EWG-Vertrages vor. Der Text war in monatelangen Detailverhandlungen Wort für Wort austariert worden. Heerscharen von Spitzenbeamten und Politikern hatten die Vertragsentwürfe erschöpfend diskutiert, alle

Verhandlungspositionen waren ausgetauscht, Rangeleien ausgestanden – ein von Kontroversen geprägtes Halbjahr der niederländischen Präsidentschaft ging zu Ende. Das Ergebnis war ein klassischer Euro-Kompromiß: Die Deutschen bekamen ihre strengen Stabilitätsforderungen erfüllt, den Südstaaten wurden Kohäsionsfonds zugestanden, die Briten behielten ihr Ausstiegsrecht und den Franzosen wurde garantiert, daß die Währungsunion spätesten 1999 definitiv zu beginnen habe.

Am 10. Dezember 1991 wurde in der niederländischen Kleinstadt Maastricht der Vertrag über die Europäische Union von der Staats- und Regierungschefs der EG-Mitgliedsstaaten unterschrieben. War das Binnemarktprojekt in seinem Wesen nur eine Ausgestaltung des Römischen Vertrages von 1957, so wurde der Maastrichter Vertrag ein echter Neubeginn. Ausdrücklich wurde im Vertragstext von der Europäischen Union und nicht mehr von der Europäischen Gemeinschaft gesprochen. Name und Kürzel haben sich seitdem auch im öffentlichen Sprachgebrauch geändert. Hinter dem Etikettenwechsel verbarg sich der Anspruch auf eine systematische Vertiefung der inneren Integration vom Staatenbund hin zum föderalen Verfassungsstaat. Auch dies war eine Kernbedingung Deutschlands, um dem Projekt »Währungsunion« zuzustimmen. Nur mit der parallelen Schaffung einer politischen Union sah die Bundesregierung einen stabilen Rahmen für den Euro gezimmert. Wesentliche Teile der bisherigen EG-Verträge wurden grundlegend überarbeitet. Schon im ersten Satz des Vertragswerkes zeigten sich die Unterzeichnerstaaten ausdrücklich »entschlossen, den mit der Gründung der Europäischen Gemeinschaften eingeleiteten Prozeß der europäischen Integration auf eine neue Stufe zu heben«.

Die deutsche Gesetzesversion des Maastrichter Vertragswerks umfaßt 71 eng beschriebene Din-A4-Seiten. Ihm sind in nicht weniger als 17 Protokolle und 33 Erklärungen beigefügt. Die vertragsschließenden Länder bekennen sich in Artikel 2 zur Förderung folgender wirtschaftspolitischer Ziele: eine harmonische und ausgewogene Entwicklung des Wirtschaftslebens innerhalb der Gemeinschaft, ein beständiges, nichtinflationäres und umweltverträgliches Wachstum, einen hohen Grad an Konvergenz der Wirtschaftsleistungen, ein hohes Beschäftigungsniveau, ein hohes Maß an sozialem Schutz, die Hebung der Lebenshaltung und der Lebensqualität, des wirtschaftlichen und sozialen Zusammenhalts und der Solidarität zwischen den Mitgliedsstaaten. Im Mittelpunkt der Maastrichter Reformbeschlüsse steht die Schaffung einer Europäischen Wirtschafts- und Währungsunion mit einer übergreifenden Währungsbehörde und einer gemeinsamen Währung. Als zentrale geldpolitische Instanzen, als Träger der Geldpolitik in der künftigen Europäischen Währungsunion werden mit Artikel 4 des Vertrages zwei Institutionen neu geschaffen: das »Europäische System der Zentralbanken« (ESZB) und eine »Europäische Zentralbank« (EZB). Das ESZB formiert sich aus der Europäischen Zentralbank und den nationalen Notenbanken. Die Artikel 105 bis 109 des Maastrichter Vertrages regeln die Details der Währungspolitik. Dieses Vertragskapitel wird mit den Sätzen eingeleitet: »Das vorrangige Ziel des ESZB ist es, die Preisstabilität zu gewährleisten. Soweit dies ohne Beeinträchtigung des Zieles der Preisstabilität möglich ist, unterstützt das ESZB die allgemeine Wirtschaftspolitik in der Gemeinschaft, um zur Verwirklichung der in Artikel 2 festgelegten Ziele der Gemeinschaft beizutragen«.

Das Vertragswerk geht freilich weit über den wirtschaftlichen Aspekt hinaus. Die politischen Zuständigkeiten der Gemeinschaft werden in vielen Bereichen stark erweitert, eine Unionsstaatsbürgerschaft wird ebenso vereinbart wie eine gemeinsame Polizeibehörde. In nahezu allen Politikfeldern wird vorgeschlagen, von dem Konzept intergouvernementaler auf eine gemeinschaftliche Arbeitsweise umzustellen.

### *Der Drei-Stufen-Plan*

Der Übergang zur Europäischen Wirtschafts- und Währungsunion sollte sich in drei Stufen vollziehen. Die erste Stufe wurde am 1. Juli 1990 mit der weitgehenden Liberalisierung des Kapitalverkehrs innerhalb der Gemeinschaft beschritten. Die vollständige Freizügigkeit für alle Dienstleistungen im Bank-, Finanz- und Versicherungsgewerbe trat in Kraft. Alle Beschränkungen für die private Verwendung des Ecu entfielen. Die einzelnen Staaten begannen zugleich, ihre Wirtschafts- und Währungspolitiken stärker aufeinander abzustimmen, um eine größere Annäherung (»Konvergenz«) ihrer volkswirtschaftlichen Ergebnisse zu erreichen. Dazu mußten alle Staaten nun mehrjährige Programme zur Gewährleistung dauerhafter Konvergenz vorlegen. Um die Konvergenzkur auch den schwächeren Partnerländern zu erleichtern, wurden die sogenannten »Kohäsionsfonds« eingerichtet. Dabei handelte es sich um Finanzhilfen der Gemeinschaft speziell für die ärmeren Regionen Europas. Die Kohäsionsfonds sollten den wirtschaftlichen und sozialen

Zusammenhalt in Europa verstärken und Gewähr bieten, daß die Folgen des Binnenmarktes und die Konvergenzreformen überall bewältigt werden könne. Insgesamt floß deutlich mehr Geld in die ärmeren Region. Für den Zeitraum 1988 bis 1992 standen den Strukturfonds 67 Milliarden Ecu zur Verfügung; von 1993 bis 1999 sind insgesamt 176 Milliarden Ecu bewilligt worden.

Die zweite Stufe ist am 1. Januar 1994 in Kraft getreten. Zu diesem Stichtag wurde in Frankfurt das Europäische Währungsinstitut (EWI) eröffnet, das den Ausschuß der EG-Zentralbankpräsidenten ablöste. Das EWI fungiert seitdem als Vorläuferinstitut zur Europäischen Zentralbank. Es soll die Zusammenarbeit zwischen den nationalen Notenbanken verstärken und die Geldpolitiken der Mitgliedsstaaten mit dem Ziel koordinieren, die Preisstabilität zu erreichen. Zugleich überwacht das EWI die Funktionsfähigkeit des EWS und übernimmt die Aufgaben des Europäischen Fonds für währungspolitische Zusammenarbeit. Das EWI soll die Instrumente und Verfahren vorbereiten, die schließlich die endgültige Schaffung der Währungsunion garantieren können. Mit dem zweiten Schritt auf der Treppe zur Währungsunion setzt zugleich ein Überwachugsmechanismus mit Blick auf die öffentlichen Defizite ein. Die Mitgliedsstaaten verpflichten sich, die Haushaltsfehlbeträge systematisch abzubauen und »übermäßige« Defizite zu vermeiden. Als »übermäßig« gelten Defizite dann, wenn der Fehlbetrag mehr als drei Prozent des Bruttoinlandsproduktes eines Landes ausmacht. Während der zweiten Stufe leitet jeder Mitgliedsstaat – insofern das noch nicht geschehen ist – das notwendige Verfahren zur Herstellung der Notenbankunabhängigkeit ein. Zugleich tritt ein Verbot der Haushaltsfinanzierung über die Notenbanken und des bevorrechtigten Zugangs zu Krediten für öffentliche Haushalte bei den Finanzinstituten in Kraft.

Der Übergang zur dritten Stufe ist über einen fein ausdifferenzierten Verfahrensablauf geregelt. Auf der Grundlage von Berichten der EU-Kommission und des EWI beurteilt der Ministerrat mit qualifizierter Mehrheit, ob eine Mehrheit der Mitgliedsstaaten die Aufnahmebedingungen (stabile Währung, niedrige Zinsen, niedrige Inflation, begrenzte Haushaltsdefizite und Staatsverschuldung – siehe Kapitel »Konvergenzkriterien«, Seite 53) erfüllt. Diese Feststellung wird an den Rat der Staats- und Regierungschefs weitergeleitet. Der Rat entscheidet dann, ob es zweckmäßig ist, in die dritte Stufe einzutreten. Ist bis Ende 1997 der Zeitpunkt für den Beginn der dritten Stufe nicht festgelegt worden, so beginnt diese unwiderruflich am 1. Januar 1999. Vor dem 1. Juli 1998 bestätigt der Rat der Staats- und Regierungschefs, welche Mitgliedsstaaten die Konvergenzkriterien erfüllen. Damit ist nicht mehr Bedingung, daß eine Mehrheit der Mitgliedsstaaten ein ausreichendes Maß an Konvergenz aufweist, sondern es geht nur noch darum, wer im kleinen Kreis an der Währungsunion teilnehmen darf.

Unmittelbar nach dem Beschluß über den Beginn der Währungsunion ernennen die Staaten, die sich an der Währungsunion beteiligen, die Mitglieder des Führungsgremiums der EZB. Mit dem offiziellen Beginn der dritten Stufe am 1. Januar 1999 werden die untereinander geltenden Wechselkurse der Teilnehmerstaaten durch unwiderruflich festgelegte Umrechnungskurse ersetzt. Damit werden die nationalen Währungen und die europäische Währung zu unterschiedlichen Ausprägungen der in wirtschaftlicher Hinsicht gleichen Währung. Das Europäische Zentralbankensystem (ESZB) wird fortan sämtliche geld- und währungspolitischen Operationen bereits in europäischer Währung abwickeln und bekanntgeben. Außerdem werden sämtliche Konten bei ihr in europäischer Währung geführt. Da die nationalen Währungen durch unwiderrufliche Umrechnungskurse miteinander verzahnt sind, wird es überdies keine diese Währungen betreffenden Devisengeschäfte mehr geben. Der Privatwirtschaft bleibt noch für eine Übergangszeit freigestellt, die neue europäische Währung zu benutzen oder nicht. Allerdings können sie – ebenso wie Privathaushalte – von Beginn an den Euro ohne Einschränkungen in vertraglichen Rechtsverhältnissen und für bargeldlose Zahlungen verwenden. Spätestens drei Jahre danach, also am 1. Januar 2002, beginnt das Europäische Zentralbankensystem (ESZB) mit der Ausgabe der Banknoten und mit dem Umtausch der nationalen in europäische Geldscheine und Münzen namens »Euro«. Sechs Monate später, also am 1. Juli 2002, wird die Umstellung aller Geschäfte auf die einheitliche Währung vollendet, die nationalen Währungen verlieren ihre Gültigkeit.

## Der schwierige Ratifizierungsprozeß

### *Für und Wider Maastricht*

Die Diskussion um das Für und Wider einer Währungsunion hörte mit der Unterzeichnung der Maastrichter Verträge keineswegs auf. Im Gegenteil – galt das Thema Währungsunion bis dahin eher als Spezialistenfrage für Euro-Beamte, wurde es nun schlagartig zu einem politischen Thema im Massendiskurs. In allen Medien wurden nun ausführlich mögliche Risiken und Chancen abgewogen. Vielfach nutzten Interessengruppen verschiedener Richtungen das Thema, um mit Ängsten und Emotionen eine Ablehnungshaltung gegen die weitere Integration Europas zu erzeugen. In der Woche der historischen Maastricht-Einigung lautete die Titelschlagzeile von Deutschlands meistverkauftem Nachrichtenmagazin (Der Spiegel): »Angst um die Mark«. Deutschland meistgelesenste Tageszeitung (Bild) titelte: »Das Ende der D-Mark – Helmut, ihr wart doch so ein schönes Paar«. Die öffentliche Debatte in Deutschland war von Anfang an stark emotionalisiert und politisiert. Selbstverständlich betrachteten Politiker die Währungsunion als Vehikel und Motor einer tieferen Integration Europas, ja als Friedensstifter. Die Gegner befürchteten genau diese Instrumentalisierung oder wehrten sich grundsätzlich gegen die Europäische Integration. Nüchtern betrachtet verwiesen die Befürworter der Maastrichter Währungsunion vor allem auf fünf ökonomische Argumente:

1. Die gewaltigen Transaktionskosten verringern sich. Das umständliche und teure Tauschen von Währungen entfällt; auch grenzüberschreitende Überweisungen werden, schneller und billiger. Nach Schätzungen der EU-Kommission liegt die Transaktionskostenersparnis einer einheitlichen Währung zwischen 25 und 40 Milliarden DM pro Jahr, beziehungsweise etwa 0,4 Prozent des Bruttoinlandsproduktes der Gemeinschaft. Auch im außereuropäischen Wirtschaftsverkehr werden die Transaktionskosten sinken, da der Euro als künftige Leitwährung wahrscheinlich in großem Ausmaß international als Fakturierungsgröße verwendet werden wird. Der Wegfall von Transaktionskosten wird insbesondere deutsche Unternehmen begünstigen, deren Exportgeschäft in aller Regel stark entwickelt ist. Ein Drittel des deutschen Bruttoinlandsproduktes wird im Export er-

wirtschaftet – das allermeiste davon innerhalb Europas. Daher ist es kein Wunder, daß die deutsche Industrie die Währungsunion schon früh in ihrer überwältigenden Mehrheit klar unterstützt hat.

2. Ein großer Raum der Preisstabilität entsteht. Die Maastrichter Konvergenzkriterien sind derart streng, daß nicht einmal Deutschland sie leicht erfüllt. Die Währungsunion schafft also einen großen Stabilitätsraum, dessen Qualität sogar das bisherige deutsche Niveau übersteigt. Die Gefahr importierter Inflation ist in einem großen Wirtschaftsraum viel geringer als in kleinen. Zudem ist die Stabilitätsverpflichtung und die Unabhängigkeitsgarantie der künftigen Notenbank im Maastrichter Vertrag stärker als im Bundesbankgesetz verankert. Insgesamt führt die Übertragung geldpolitischer Kompetenzen auf die europäische Ebene zu einer »Entnationalisierung des Geldes«, die die Unabhängigkeit der künftigen Geldpolitik ganz besonders sichert. Gegenüber der international besetzten EZB wird es für eine einzelne Regierung praktisch unmöglich, eine inflationäre Geldpolitik durchzusetzen.

3. Wachstumsimpuls durch Wegfall von Risiken (Wechselkurse) und niedrigeren Zinsen. In einem großen Währungsraum fallen die spekulativen Währungsbewegungen früherer Zeiten weg. Da diese zum Teil schwere wirtschaftliche Verwerfungen und Wettbewerbsverzerrungen mit sich brachten, erwies sich das Nebeneinander so vieler Währungen in Europa oft als gesamtwirtschaftliche Störquelle, die mit tendenziell zu hohen Zinsen bezahlt werden mußte. Infolge einer reduzierten Inflation in Gesamteuropa und des geringeren Risikos einer künftigen Inflation werden in einer Währungsunion dagegen die Zinssätze in weiten Teilen Europas sinken. Die Risikoprämien für Einzelländerrisiken entfallen teilweise. Die Planungs- und Kalkulationssicherheit steigt. Mit günstigeren Kapitalkosten und geringeren Finanzrisiken verbessert sich das Investitionsklima, und Unternehmen können sicherer kalkulieren. Teure Kurssicherungsmaßnahmen müssen nicht mehr getätigt werden, die Fehlleitung von Ressourcen wegen längerfristiger Abweichungen der Wechselkurse von wirtschaftlichen Fundamentaldaten wird es nicht mehr geben.

4. Europa emanzipiert sich im Weltfinanzsystem und kann eigene Inter-

essen besser durchsetzen. Neben dem Dollar und dem Yen entsteht mit dem Euro eine dritte Leitwährung. Die Attraktivität des europäischen Kapitalmarktes steigt, was die Zinsen in der Tendenz drücken und die Kapitalbeschaffungskosten damit senken wird. Investoren und Kreditnehmer können im Euro-Währungsraum auf einen viel breiteren Kapitalmarkt zurückgreifen, und zwar ohne jedes Wechselkursrisiko. Zugleich kann Europa dadurch seine Devisenreserven verringern. Die Kosten der Inflationsbekämpfung verringern sich durch eine große Stabilitätsgemeinschaft.

5. Der europäische Binnenmarkt wird mit der Währungsunion vollendet und gesichert. Die Preis- und Markttransparenz nimmt mit einer einheitlichen Währung erheblich zu, der Wettbewerb verschärft sich und gibt Impulse für Wachstum und Beschäftigung. Der Binnenhandel und Kapitalverkehr wird sich erheblich intensivieren. Es entsteht ein großer gemeinsamer Kapitalmarkt mit einer gewichtigen Emissionswährung. Zahlungsbilanzen werden im wechselseitigen Kapitalverkehr keine einschränkende Größe mehr sein. In der Vergangenheit reagierten die Finanzmärkte auf außenwirtschaftliche Defizite durch Verkäufe der jeweiligen Währung. Dadurch wiederum stiegen die Importpreise und die Inflation. In der Währungsunion fallen solche Effekte völlig weg, da die privaten Kapitalmärkte alle zahlungsfähigen Kreditnehmer finanzieren werden, wenn das Risiko nicht mehr existiert, daß ein fallender Wechselkurs die Gewinne schmälert.

Die Gegner des Maastrichter Marschplans fürchten vor allem um die in fünfzig D-Mark-Jahren mühsam errungene Stabilität. Auch hier rankt sich der Widerstand um fünf Hauptargumente.

1. Eine einheitliche Währung mehrerer selbständiger Staaten wird auf Dauer zu einem Spielball der Politik. Sie kann niemals so stabil sein wie die D-Mark, vor allem dann nicht, wenn die einzelnen Nationalstaaten ihre Souveränität behalten. Der endgültig fixierte Termin für die Realisierung der Währungsunion (1. Januar 1999) zieht eine politische Eigengesetzlichkeit nach sich: Wird der Zeitpunkt erreicht, besteht die Gefahr, daß Konvergenzkriterien politisch verwässert würden, um Diskriminierungen einzelner Länder zu vermeiden. Für

die Währungsintegration wird mit der terminlichen Festlegung von vornherein das Stabilitätspostulat geopfert.

2. Die überhastete Einführung der Währungsunion und die unklaren Übergangsszenarien führen zu wirtschaftlichen und politischen Spannungen innerhalb Europas, die das Integrationsziel gerade gefährden. Eine funktionsfähige Wirtschafts- und Währungsunion erfordert dauerhafte – über mehrere Jahre hinweg nachgewiesene Angleichung der Wirtschaftsstrukturen in den Mitgliedsländern. Eine einmalige – stichtagsbezogene – und damit mehr oder weniger zufällige Erfüllung einzelner Kriterien ist kein Nachweis der erforderlichen Konvergenz. Die in Maastricht festgelegten Konvergenzkriterien sind ohnedies zu weich. So hat man die Preisstabilität nicht als konkreten und absoluten Wert festgeschrieben, sondern als relative Größe.

3. Die in einer Währungsunion betriebene Geld- und Währungspolitik ist in ihren Wirkungen wesentlich von der Wirtschafts- und Finanzpolitik sowie dem Verhalten der Tarifpartner in allen beteiligten Ländern abhängig. Darüber gibt es aber kein staatliches Einvernehmen. Es wird damit eine unkündbare Solidargemeinschaft gegründet, deren Disziplin nicht gewährleistet sein kann. Gerade weil nach Gründung der Währungsunion die nationalen Geldpolitiken als Instrumente der Wirtschaftssteuerung entfallen, wird die Finanz- und Haushaltspolitik als einzig verbleibendes Steuerungsinstrument besonders wichtig. Nationale Regierungen werden daher verführt, sich unverhältnismäßig zu verschulden, weil einige der nachteiligen Folgen – steigende Zinsen und Inflation – dann den gesamten Währungsraum betreffen. Die Sanktionen des Maastrichter Vertrages gegen »übermäßige Defizite« sind nicht ausreichend, um die einzelnen Staaten nach Einführung der Währungsunion zur Sparsamkeit und Stabilitätspolitik zu zwingen.

4. Die einzelnen Teilnehmerstaaten verspielen im Zwangsverbund währungspolitische Handlungsspielräume und Flexibilität. Die Einzelstaaten – mit sehr unterschiedlichen volkswirtschaftlichen Konstellationen – verlieren das Instrument, über den Wechselkurs und seine Beeinflussung etwa die importierte Inflation zu bremsen oder

den Export zu erleichtern. Die ökonomisch schwächeren europäischen Partnerländer werden bei einer gemeinsamen Währung einem verstärkten Konkurrenzdruck ausgesetzt, wodurch sie infolge ihrer geringeren Produktivität und Wettbewerbsfähigkeit wachsende Arbeitslosigkeit und entsprechende soziale Spannungen hinnehmen müssen. Damit ist absehbar, daß neue hohe Transferzahlungen im Sinne eines »Finanzausgleichs« notwendig werden.

5. Insgesamt sehen die Maastricht-Kritiker keinen zwingenden Grund dafür, »von oben« eine monetäre Einheit auf ein wirtschaftlich, sozial und interessenpolitisch noch uneiniges Europa zu stülpen. Die Verwirklichung des Binnenmarktes benötigt oder erzwingt keineswegs eine gemeinsame europäische Währung«, argumentierten 60 deutsche Wirtschaftswissenschaftler in einem Manifest gegen die Maastrichter Union. Im übrigen seien die Umstellungskosten viel zu hoch.

*Das EWS in der Krise*

Obwohl sich die deutsche Seite mit ihren Stabilitätskonzept für die künftige Währungsunion bis in viele Details durchsetzen konnte, wurde mit den Maastrichter Verträgen doch der bis dato stillschweigend akzeptierte Gleichschritt von staatsrechtlicher und währungspolitischer Integration in der EG plötzlich aufgegeben. Die Regierungschefs der Mitgliedsländer konnten sich anfangs nicht auf einen verbindlichen Prozeß zur Schaffung der politischen Union einigen; die dringend notwendige Verfassungsdiskussion für EG-Europa blieb aus und wurde auf die zweite Hälfte der neunziger Jahre verschoben. Statt dessen sollte die Währungspolitik nun doch die Lokomotivrolle auf der gemeinsamen Fahrt zum Bundesstaat spielen.

Im Ratifizierungsprozeß des Jahres 1992 stieß das Maastrichter Vertragswerk auf unerwartete Widerstände in den einzelnen Mitgliedsstaaten der Union. In Deutschland wurde sogar das Bundesverfassungsgericht bemüht. Am 7. Februar 1992 unterzeichneten die Außen- und Finanzminister den Vertrag noch im Bewußtsein großer Zuversicht und allgemeinen Konsenses. Im Europäischen Währungssystem schien friedliche Ruhe zu herrschen. Hinter den Kulissen begann es freilich mächtig zu knistern. Die finanzpolitischen Turbulenzen im Gefolge der deutschen Wiedervereinigung ließen die deutschen Geldmarktzinsen immer neuen Höchstständen entgegensteigen – der Rest Europas mußte trotz der drohenden Rezession mitziehen. Die währungspolitischen Spannungen in Europa nahmen allenthalben zu. Dann kam es zum großen Paukenschlag: Bei dem ersten Referendum lehnte am 2. Juni die Mehrheit der dänischen Bevölkerung den Maastrichter Vertrag ab. Nicht nur die Dänen zweifelten, ob das Maastrichter Regelwerk den Königsweg zur europäischen Währungsunion eröffnet. Obwohl der europäische Einigungsprozeß von den Finanzfachleuten zwischen Schottland und Sizilien weithin begrüßt wurde, verbreitete sich das Gefühl, daß etwas an der Abfolge und Geschwindigkeit der Ereignisse nicht recht stimmte, daß Risiken aus der Instrumentalisierung des Ökonomischen für das Politische entstehen würden. Die Krise des EWS im September 1992 mit dem Austritt Großbritanniens und Italiens und die heftigen Dauer-Turbulenzen um die europäischen Südwährungen bis ins Frühjahr 1995 hinein machte diese Risiken aller Welt schlagartig offenbar.

Von 1987 bis 1992 hatte das EWS in relativer Ruhe für Währungsstabilität in Europa gesorgt. Ohne größere Probleme wurden das britische Pfund, die spanische Pesete und der portugiesische Escudo in den Verbund aufgenommen; Italien verzichtete angesichts stabiler Wechselkursrelationen auf seine erweiterte Schwankungsbandbreite für die Lira. Angekettet an die D-Mark als Ankerwährung machte in den meisten EWS-Ländern auch die Inflationsbekämpfung beachtliche Fortschritte. In Brüssel schwärmten Euro-Beamte schon von der »zweiten Phase« des »härteren EWS«, in dem Wechselkursanpassungen kaum mehr nötig seien. Die letzte Wechselkursanpassung lag schon mehr als fünf Jahre zurück, als Mitte 1992 das System in eine schwere Existenzkrise stürzte. Von »Härtung« des EWS war plötzlich nirgends mehr die Rede. Die Ablehnung des Maastrichter Vertrages in der dänischen Volksabstimmung und das anstehende Maastricht-Referendum in Frankreich am 20. September 1992 lösten an den internationalen Finanzmärkten tiefe Zweifel an der inneren Stabilität des Währungsgefüges in Europa aus. Plötzlich entdeckte man, daß sich hinter der Fassade festgezurrter Wechselkurse seit 1987 erhebliche Preis- und Kostengefälle aufgetürmt hatten. Die EWS-Wechselkurse waren Jahr für Jahr weniger an die wirtschaftlichen Grundkoordinaten innerhalb Europas rückgekoppelt. Die Rezession verschärfte diese Entwicklung und ließ zudem Zweifel an der Bereitschaft einiger Länder aufkommen, die zur

Verteidigung der Paritäten erforderliche strikte Geldpolitik fortzusetzen. Kurzum – eine Spekulationswelle gegen die vermeintlichen Abwertungskandidaten im EWS-Verbund brach los und drohte das gesamte EWS fortzuspülen. Alles flüchtete auf einmal in die D-Mark in der Hoffnung auf Aufwertungsgewinne. Während die Anleger vorher Zinsvorteile weitgehend ohne Wechselkurssicherung mitgenommen hatten, kam es mit der Wiederentdeckung des Wechselkursrisikos schlagartig zu einer massiven Nachfrage nach DM-Anlagen, sei es auf dem Wege des Umtauschs von Schwachwährungsanlagen, sei es durch Kurssicherungsoperationen oder auch Spekulationsgeschäfte. Der gleichzeitige zinsinduzierte Kursrückgang des amerikanischen Dollar verstärkte den Run auf die D-Mark.

Den Notenbanken gelang es – vor allem aus politische Sorge um die Auswirkungen auf den Ratifizierungsprozeß des Maastrichter Vertrages – nicht rechtzeitig, sich auf die längst überfällige Wechselkursanpassung zu einigen. Statt dessen versuchten sie sich mit Marktinterventionen dem Spekulationsdruck entgegenzustemmen. Erst waren es einige Millionen DM, dann einige Milliarden. Die Krisenkonferenzen unter den Notenbanken nahmen kein Ende. Normalerweise finden täglich um 9.30, 11.30, 14.15 und 16 Uhr Telefonkonferenzen zwischen der Bundesbank und den Devisenabteilungen der wichtigen Zentralbanken statt. Um 13 Uhr informiert sich die amerikanische Federal Reserve über das, was am Vormittag in Europa los war. Nun aber gab es keine festen Telefonverabredungen mehr. Man legte den Hörer kaum noch auf. In diesen Septembertagen verkauften die europäischen Notenbanken mehr als sechzig Milliarden DM, um die Wechselkurse der Schwachwährungsländer zu verteidigen. Eine Reihe von Ländern sah sich zugleich gezwungen, die Zinsen stark anzuheben, um den Kapitalabfluß zu bremsen. In einer konjunkturell schwierigen Situation war dies freilich ein heikles Unterfangen. Die betroffenen Währungen wurden schließlich abgewertet.

Es zeigte sich, daß man die Divergenzen in den Preis- und Kostenentwicklungen, den öffentlichen Haushalten und Außenwirtschaftsbeziehungen zu lange hatte kumulieren lassen, ohne die Wechselkurse dementsprechend anzugleichen. Nun erzwangen die Märkte eine rabiate Anpassung. Am 14. September wurde die italienische Lira – hier erschien allen Beteiligten der Anpassungsbedarf am offensichtlichsten – um sieben Prozent abgewertet. Das reichte freilich bei weitem nicht.

Den neu anbrandenden Spekulationswellen beugten sich schließlich Großbritannien und Italien ganz und erklärten am 16. September 1992 ihren »vorübergehenden« Austritt aus dem Wechselkursverbund. Sie wollten oder konnten sich diesem Selbstkasteiungsautomatismus nicht mehr unterwerfen, obwohl der britische Premierminister John Major beim Beitritt des britischen Pfundes zum EWS (damals war er noch Finanzminister) klar erkannt hatte, daß das EWS »ein moderner Goldstandard mit der D-Mark als Anker« sei. Daß er sein Land nur zwei Jahre später nicht mehr an diesen Anker festgezurrt halten konnte, hatte er sich kaum vorstellen können.

Nun richtete sich der Druck der Devisenmärkte auf die iberischen Währungen. Die spanische Pesete mußte am 16. September um fünf Prozent abgewertet werden und einen Monat später – am 23. November – gleich noch einmal um sechs Prozent (zusammen mit dem portugiesischen Escudo). Das irische Pfund blieb durch den Austritt Großbritanniens und der engen außenwirtschaftlichen Verflechtungen beider Länder ebenfalls unter Abwertungsdruck und wurde schließlich am 1. Februar 1993 um zehn Prozent abgewertet.

Die Bundesbank und die deutsche Politik kamen im Zuge der EWS-Krise ins Kreuzfeuer der europäischen Kritik. Eine Reihe von EWS-Partnern warfen den Deutschen vor, auf ihre Kosten die Einheit zu finanzieren. Vor allem die hohen deutschen Zinsen wurden im europäischen Ausland zusehends als Belastung empfunden. Die sechzehn Mitglieder des Zentralbankrates der Bundesbank, die alle vierzehn Tage donnerstags in Frankfurt tagten, diktierten dem Rest Europas ihre Politik. Immer lauter wurden die Forderungen, die Bundesbank möge ihre Leitzinsen senken und nicht aus Stabilitätsfetischismus ganz Europa in die Rezession zwingen. Tatsächlich kamen die Zinserhöhungen der Bundesbank vom Dezember 1991 und Juli 1992 für die meisten europäischen EWS-Partner zu einem denkbar ungünstigen Zeitpunkt. Vor allem Großbritannien und Frankreich hatten gerade versucht, die Rezession durch eine Senkung der Kreditkosten zu überwinden. Nun gab es für sie nur die Alternative, mit der Bundesbank mitzuziehen oder die eigene Währung gegenüber der D-Mark zu schwächen. Frankreich entschied sich für ersteres, Großbritannien für letzteres. Bundesbankpräsident Helmut Schlesinger, der zwischen August 1991 und Oktober 1993 durch den vorgezogenen Rücktritt Pöhls überraschend Bundesbankpräsident sein durfte, zeigte zwar Verständnis für die verzwickte Lage der europäischen Partner, entschuldigte sich zugleich aber: »Eines sehen unsere Nachbarn durchaus: Die D-Mark ist nun mal derzeit die Leitwährung in Europa, und es läge nicht in ihrem Interesse, wenn die D-Mark eine Inflationswährung wäre.«

| | Käufe | Verkäufe | Saldo |
|---|---|---|---|
| 1991 | 6,4 | 21,9 | – 15,5 |
| 1992 | 75,1 | 263,4 | – 188,3 |
| 1993 | 92,0 | 191,1 | – 99,1 |
| 1994 | 52,6 | 5,5 | 47,1 |
| Quelle: Deutsche Bundesbank | | | |

*Tabelle 3: D-Mark-Interventionen im EWS (in Milliarden DM)*

Die unverkennbaren Folgen der Wiedervereinigung waren freilich nur die eine Seite der EWS-Medaille. Der tieferliegende Grund für die Wechselkursspannungen lag in der eben doch noch fehlenden stabilitätspolitischen Konvergenz innerhalb Europas. Anleger flüchteten aus vermeintlichen Weichwährungsländern und suchten die D-Mark als sicheren Hafen. Auch im Verlauf des Jahres 1993 blieb das EWS in einer Dauer-Zerreißprobe. Die Bundesbank konnte sich Zinssenkungen angesichts hoher Preissteigerungsraten, ausufernder Staatsdefizite und dem nur langsam nachlassenden Lohnkostendruck nicht leisten. Umgekehrt konnten die Länder mit zur Schwäche neigenden Währungen weitere Leitzinsanhebungen angesichts der düsteren Wachstums- und Beschäftigungslage nicht durchhalten. Zudem war die Glaubwürdigkeit des EWS durch die vorangegangenen Währungskrisen stark angegriffen. Offensichtlich erschienen die Währungsrelationen vielen Marktteilnehmern auch nach den Anpassungen von 1992 noch längst nicht realistisch.

Im Juli 1993 brach eine Spekulationswelle gegen den französischen Franc los. Vom 8. Juli bis 1. August mußten diesmal gar 107 Milliarden D-Mark auf den Devisenmärkten verkauft werden, um die Francs-D-Mark-Achse – und damit das ganze EWS – nicht brechen zu lassen. Allein am sogenannten »schwarzen Freitag des EWS«, am 30. Juli 1993, kaufte die Bundesbank ausländische Devisen für 30 Milliarden DM. Frankreich und Dänemark meldeten praktisch leere Devisenreserven, die Bundesbank warnte: »Die Währungsunruhen drohen die deutsche Geldpolitik aus den Angeln zu heben.« Am Wochenende darauf trafen sich die EG-Finanzminister und Notenbankpräsidenten in Brüssel zu einer Notsitzung. Sie beschlossen von 2,25 auf 15 Prozent erweiterte Schwankungsmargen – erst wenn diese sehr weit gefaßte Toleranzgrenze über- oder unterschritten würden, sollte eine Pflicht zur Intervention bestehen. Nur die Niederlande und Deutschland wollten im bilateralen Verhältnis ihrer Währungen an der engen Bandbreite festhalten. Das EWS hatte damit so weite Bandbreiten bekommen, die einer Freigabe der Wechselkurse gleichkamen und damit ihrer praktischen Funktion beraubt waren. Die Kommentatoren in Europas Wirtschaftspresse waren sich einig: Das System sei zum Schein gerettet worden, in dem man es zu Teilen außer Kraft gesetzt hatte.

Freilich – selbst dieses weite Bandbreitengehege reichte für ein entspanntes Miteinander im Währungsverbund noch nicht aus. Als zur Jahreswende 1994/95 Mexiko in Zahlungsschwierigkeiten geriet und die Welt eine neue Schuldenkrise fürchtete, wiederholte sich das Währungsspiel trotzdem aufs Neue. Die spanische Pesete und der portugiesische Escudo blieben unter Druck. Zwischen dem 10. Januar und dem 5. März 1995 wurden innerhalb des EWS 25,3 Milliarden DM zur Wechselkursstützung verkauft, ehe beide iberischen Währungen nochmals (zum vierten Mal binnen zwei Jahren) abgewertet wurden. Der Höhenflug der D-Mark schien kaum zu bremsen. Binnen zwei Jahren hatten das britische Pfund und die spanische Pesete der D-Mark gegenüber ein Viertel ihres Wertes eingebüßt. Der Wert der italienischen Lira lag sogar um fast 40 Prozent tiefer. Selbst der Dollar sackte auf Werte unter 1,40 DM ab. Erst in der zweiten Jahreshälfte 1995 kam es zu einer weitgehenden Beruhigung an den Devisenmärkten. Die Wechselkursrelationen hatten sich nun offenbar auf einem weithin als fair bewerteten Niveau eingependelt. Das zerzauste EWS kam wieder zur Ruhe.

Mancher Beobachter hatte bei der Bandbreitenerweiterung im Sommer 1993 befürchtet, nun würden alle Währungen wild schwanken. Doch so kam es nicht. Ingesamt zeigten sich die Wechselkurse in Mitteleuropa überraschend stabil. Da die EWS-Leitkurse beibehalten wurden (im Falle der DM-Franc-Parität sogar mit Interventionen und ausdrücklichen Erklärungen der Regierung und Notenbanken entschieden bekräftigt), sich die meisten EWS-Überlebenden daran stark orientierten und zugleich die Marktspekulation durch die weiten Bandbreiten entmutigt war, blieben die Wechselkursbewegungen in engen Grenzen. Auch ohne enge Korridore klebten die Währungen Deutschlands,

Frankreichs, Hollands, Belgiens und auch Dänemarks dicht beieinander. Anders sah es mit den übrigen europäischen Währungen aus. Sie zeigten in den Folgejahren wenn auch unspektakuläre, aber doch deutlich größere Kursschwankungen gegenüber dieser Kerngruppe. Dies freilich reflektierte auf gesunde Weise die volkswirtschaftlichen Divergenzen innerhalb Europas. Für die Bundesbank war es zudem angenehm, daß ihre Geldpolitik nach 1993 von den störenden Geldzuflüssen aus Zwangsinterventionen befreit blieb.

Die Krise des EWS demonstrierte zugleich etwas Entscheidendes für den weiteren Fortgang der europäischen Währungsintegration: die Bedeutung wirtschaftlicher Konvergenz und die Wichtigkeit der Inflationsbekämpfung vor währungspolitischen Wünschen. Der Auftakt der EWS-Krise nach der Leitzinserhöhung vom Dezember 1991 kam genau eine Woche nach dem Maastricht-Gipfel. Auf viele Beobachter in Europa wirkte die Straffung der Geldpolitik wie eine trotzige Geste der Bundesbank auf den ungeliebten Maastricht-Vertrag. Dem war natürlich nicht so. Der Bundesbank ging es um die Bekämpfung der Inflation im »frisch« wiedervereinigten Deutschland. Gleichwohl demonstrierte der Zentralbankrat mit der Erhöhung der deutschen Leitzinsen auf das höchste Niveau seit den dreißiger Jahren und die damit in Kauf genommene Verlängerung der Rezession in ganz Europa, was das Primat der Geldwertstabilität für Konsequenzen haben kann. Daß damit mittelbar das EWS fast zerbrach und die europäische Währungsintegration zurückgeworfen wurde, enthüllte zugleich einiges von der Problematik der geplanten Währungsunion in Europa.

### *Die Eigendynamik der Konvergenz*

Trotz aller Diskussionen begann der Maastrichter Prozeß ab 1994 eine Eigendynamik zu entfalten, die das Projekt Währungsunion nur noch zu einer Kalenderfrage zu machen schien. Selbst die Krise des EWS wurde nunmehr als Ansporn wahrgenommen, in Europa endlich Schluß zu machen mit derartigen Währungskapriolen. Vor allem die deutsch-französische Zusammenarbeit war aufgrund des gemeinschaftlichen Durchstehens der Spekulationsattacken sichtbar gestärkt. Schließlich begann auch die Automatik des Drei-Stufen-Plans zu greifen.

Das Währungsinstitut nahm in Frankfurt seine Arbeit auf und übernahm schrittweise die Rolle einer vorläufigen Zentralbank Europas und

Koordinationszentrale für die künftige Geldpolitik. Die Mitgliedstaaten des Maastrichter Bundes eiferten nun ihrerseits, um die anvisierte Konvergenz und damit die Aufnahmebedingungen in die Währungsunion zu erfüllen. Erstaunliche Stabilitätsfortschritte wurden dabei in vielen Länder erzielt. Maastricht entpuppte sich als Zuchtmeister einer neuen Stabilitätspolitik in Europa. Selbst in vermeintlichen Weichwährungsländern wie Spanien und Portugal wurden die Notenbanken unabhängig, die Inflationsraten sanken auf historische Tiefststände, die Haushaltsdefizite wurden eingedämmt.

Während die öffentliche Diskussion über Vor- und Nachteile der Währungsunion wieder abebbte, nahm die Automatik des Konvergenzprozesses ihren Lauf. Expertenrunden bereiteten allenthalben die Währungsumstellungen bis hin zu Details des Notendesigns vor. Auf dem Madrider EU-Gipfeltreffen im Dezember 1995 einigte man sich schließlich auch auf den Namen der künftigen Gemeinschaftswährung: Euro. Im Frühjahr 1996 tauften die EU-Finanzminister und Notenbankchefs auf ihrem Treffen in Verona auch die kleinere Denominale zum Europa – sie sollte Cent heißen.

Die Eigendynamik des Maastrichter Konvergenzprozesses hat in den Jahren 1994 bis 1997 noch zugenommen. Im Lichte der Stabilitätsanstrengungen vieler Länder erschien die Währungsunion schon vorab ein Erfolg. Der Maastricht-Plan wirkte nun als durchaus weitsichtiges und klug austariertes Vertragswerk, das gerade dem deutschen Verlangen nach größtmöglicher Währungsstabilität sehr entgegenkam. Selbst der kritische Zentralbankrat der Bundesbank kommentierte die geplante Union schließlich so: »Die vorgesehene institutionelle Ausgestaltung der Endstufe steht weitgehend im Einklang mit den Empfehlungen der Bundesbank. Insbesondere das Statut für das künftige Europäische Zentralbankensystem dürfte die rechtliche Grundlage dafür schaffen, daß die Geld- und Währungspolitik in der Währungsunion stabilitätsorientiert geführt werden kann. Damit bekennen sich alle Vertragspartner ausdrücklich dazu, daß das zu schaffende Zentralbankensystem von politischen Weisungen unabhängig und vorrangig auf Preisniveaustabilisierung verpflichtet sein muß und daß diese Verpflichtung auch für die externe Währungspolitik gilt. Im Vertrag sind auch Regeln und Überwachungsverfahren vorgesehen, die auf eine stabilitätsgerechte Wirtschafts- und Finanzpolitik in den Mitgliedstaaten hinwirken sollen.«

# Kapitel II

# II. Das Übergangsszenario

## Die große Reifeprüfung

In der ersten Jahreshälfte 1998 kommt es unter den europäischen Staaten zur großen Reifeprüfung. Auf der Basis der Daten des Jahres 1997 entscheidet der Europäische Rat darüber, welche Länder die Startergruppe der Währungsunion bilden dürfen. Obwohl kaum ein Land alle Vorgaben des Maastrichter Vertrages im strengen Sinn erfüllen wird, ist damit zu rechnen, daß sich unter Ausnutzung der (vertraglich erlaubten) Toleranzen eine erste Runde von Staaten zur Startergruppe der Währungsunion formieren wird.

### *Die Konvergenzkriterien*

Der Kreis der Länder, die von Anfang an der Währungsunion teilnehmen, hängt davon ab, ob sie bestimmte Aufnahmebedingungen – sogenannte »Konvergenzkriterien« – erfüllen. Dadurch soll erreicht werden, daß die Währungsunion von Anfang an eine Stabilitätsgemeinschaft ist. Diese Eintrittshürden in die Währungsunion lauten wie folgt:

1. Während des letzten Jahres vor der Überprüfung darf die durchschnittliche Inflationsrate um nicht mehr als 1,5 Prozentpunkte über der Inflationsrate derjenigen drei Mitgliedsstaaten liegen, die die niedrigsten Preissteigerungsraten aufweisen.
2. Es darf kein übermäßiges Haushaltsdefizit bestehen. Der Fehlbetrag darf drei Prozent des Bruttoinlandsproduktes nicht überschreiten.
3. Die Gesamtverschuldung des Staates darf 60 Prozent des Bruttoinlandsproduktes nicht überschreiten.
4. Im Verlauf eines Jahres vor der Überprüfung darf der durchschnittliche langfristige Zinssatz um nicht mehr als zwei Prozentpunkte über dem entsprechenden Satz in den Ländern mit den drei niedrigsten Preissteigerungsraten gelegen haben.
5. Zumindest in den letzten zwei Jahren vor der Überprüfung muß die Währung des Mitgliedsstaates die normalen Bandbreiten im Wechselkursmechanismus des EWS ohne größere Spannungen eingehalten haben. Während dieser Zeitspanne darf der bilaterale Leitkurs

dieser Währung gegenüber anderen EWS-Teilnehmerwährungen nicht auf eigenen Antrag hin abgewertet worden sein.

Außerdem müssen die innerstaatlichen Rechtsvorschriften einschließlich der Satzung der nationalen Zentralbanken den Bestimmungen des Vertrages entsprechen. Das heißt: Jedes Land muß seiner Zentralbank die volle Unabhängigkeit bei der Geldpolitik gewährleisten.

| **1996** | **Preisanstieg auf der Basis harmonisierter Verbraucherpreise** | **Langfristiger Zinssatz** | **Finanzierungsüberschuß (+) oder Finanzierungsdefizit (–) des Staates** | **Bruttoverschuldung des Staates** |
|---|---|---|---|---|
| Belgien | 1,8 | 6,5 | – 3,3 | 130,6 |
| Dänemark | 1,9 | 7,2 | # – 1,4 | 70,2 |
| Deutschland | *** 1,2 | *** 6,2 | – 4,0 | 60,8 |
| Griechenland | 7,9 | 14,8 | – 7,9 | 110,6 |
| Spanien | 3,6 | 8,7 | – 4,4 | 67,8 |
| Frankreich | 2,1 | 6,3 | – 4,0 | # 56,4 |
| Irland | | 7,3 | # – 1,6 | 74,7 |
| Italien | 4,0 | 9,4 | – 6,6 | 123,4 |
| Luxemburg | ** 1,2 | ** 6,3 | # 0,9 | # 7,8 |
| Niederlande | 1,5 | 6,2 | # – 2,6 | 78,7 |
| Österreich | 1,8 | 6,3 | – 4,3 | 71,7 |
| Portugal | 2,9 | 8,6 | – 4,0 | 71,1 |
| Finnland | 1,5 | 7,1 | – 3,3 | 61,3 |
| Schweden | * 0,8 | * 8,0 | – 3,9 | 78,1 |
| Großbritannien | | 7,9 | – 4,6 | # 56,2 |
| EU-15 | 2,4 | 7,5 | – 4,4 | 73,5 |

*, **, *** = Land, das in Bezug auf die Preisstabilität am besten, zweitbesten und drittbesten abschneidet. Im Hinblick auf die Inflationsdaten für das Jahr 1996 wurden die drei Länder mit dem besten Ergebnis ausgewählt, für die die Ergebnisse auf der Basis der harmonisierten Verbraucherpreisindizes zur Verfügung stehen. Dieser Auswahl wurde dabei genaueres Zahlenmaterial zugrundegelegt, als in der Tabelle gezeigt wird.

# = Öffentliches Defizit nicht über 3 % des BIP, öffentliche Verschuldung nicht über 60 % des BIP.

Quellen: EUROSTAT (harmonisierter Preisindex und Interimspreisindex); nationale Statistiken (langfristige Zinssätze); Europäische Kommission (Überschuß oder Defizit des Staates, Bruttoverschuldung des Staates)

*Tabelle 4: Wirtschaftsindikatoren und Konvergenzkriterien des »Maastrichter Vertrages« (ohne das Wechselkurskriterium)*

Bei den Konvergenzkriterien Staatsverschuldung und Haushaltsdefizit sieht der Maastrichter Vertrag in Artikel 104c freilich Ausnahmen vor. Danach ist ein Überschreiten des Referenzwertes erlaubt, sofern es »erheblich und laufend zurückgegangen ist und einen Wert in der Nähe des Referenzwertes erreicht hat.« Auch beim Schuldenstand will man nicht so streng sein, falls »das Verhältnis zum Bruttoinlandsprodukt hinreichend rückläufig ist und sich rasch genug dem Referenzwert nähert«.

Die Toleranzklauseln sind beim Defizit- und Schuldenstandskriterium nicht nur deshalb eingefügt worden, weil gerade hier die größten Probleme zur Erfüllung der Vorgaben auftauchen. Sie sind auch wirtschaftswissenschaftlich umstritten. Zum einen ist fragwürdig, inwieweit hohe Staatsdefizite tatsächlich für instabiles Geld sorgen, wo zum Beispiel Belgien mit extrem hohen Schuldenständen seit langer Zeit keine höhere Inflationsrate aufweist als etwa Deutschland. Zum anderen sind die Grenzwerte willkürlich gewählt und nicht einmal miteinander kongruent. Ein dreiprozentiges Defizit sichert keineswegs, daß der Schuldenstand nicht weiter wächst und über 60 Prozent des Bruttoinlandsproduktes hinausgehen kann. Die Schuldenstandsquote von 60 Prozent ist ohne fundierte sachliche Begründung in den Maastrichter Vertrag aufgenommen worden – er entsprach schlichtweg dem Durchschnittswert aller EU-Länder zum Zeitpunkt der Vertragsformulierung. Waren es 1980 erst 38,9 Prozent, so liegt heute dieser Durchschnittswert schon bei 70 Prozent.

Die im Vertrag vorgesehenen Konvergenz- und Terminvorgaben stellen somit sehr hohe Anforderungen an die Stabilitätspolitik der Staaten. Bislang erfüllt nur Luxemburg stabil und dauerhaft alle Aufnahmebedingungen. Es wird also 1998 zu einem politischen Kompromiß kommen müssen.

### *Der Stabilitätspakt*

Für die Stabilitätsverfechter hängt der Erfolg der Währungsunion zum einen davon ab, daß sich die Auswahl der Teilnehmer strikt an den Eintrittskriterien orientiert und daß die vertraglich gesicherten Handlungsmöglichkeiten des Europäischen Zentralbankensystems auch tatsächlich konsequent angewandt werden. Zum anderen wurde die Frage lange beraten, wie denn die Stabilitätspolitik garantiert werden könne? Auf deutsche Initiative hin sind darum »konvergenzfördernde Überwachungsverfahren« eingerichtet worden. Danach formuliert der Europäische Rat (der Finanz- und Wirtschaftsminister) nicht nur regelmäßig die Grundzüge der Wirtschaftspolitik und gibt jedem Mitgliedsstaat einen Orientierungsrahmen vor. Jedes Land, das zumindest ein Konvergenzkriterium verfehlt, muß zudem einen offiziellen Besserungsplan vorlegen – »Konvergenzplan« genannt. Diese werden vom Europäischen Rat regelmäßig auf ihre Einhaltung überprüft. Stellt der Rat Abweichungen fest, gibt er konkrete Empfehlungen für Korrekturmaßnahmen und veröffentlicht diese auch gegebenenfalls. Verfehlt ein Land zum Beispiel seine haushaltspolitischen Referenzwerte übermäßig, dann erstattet die Europäische Kommission einen Bericht. Der Rat kann im Extremfall sogar Sanktionen verhängen und dem betreffenden Land Hilfsgelder der Gemeinschaft kürzen.

Was ist aber nun mit der Stabilität, wenn die Währungsunion erst einmal eingerichtet ist? Ebenfalls auf deutschen Vorschlag hin rang sich die Europäische Union zum Jahresende 1996 deswegen zum sogenannten »Pakt für Stabilität und Wachstum« durch. Er verpflichtet die europäischen Regierungen auch nach einem Beitritt zur Währungsunion dazu, die Stabilitätspolitik fortzusetzen und die Konvergenzkriterien des Maastrichter Vertrages einzuhalten. Damit soll vor allem verhindert werden, daß sich einzelne Staaten ihre Haushalte mit übermäßiger Schuldenmacherei finanzieren und dadurch den Geldwert des Euro gefährden. Regierungen, die sich über das zulässige Maß hinaus verschulden, müssen deswegen dementsprechende »Bußgelder« an die Gemeinschaftskasse abführen. Ausnahmen soll es nur in Extremfällen – etwa bei einer schweren Rezession – geben. Einen Automatismus für die Sanktionen gibt es freilich nicht, über die Strafen entscheidet damit letztlich der EU-Ministerrat. Generell sind 0,2 Prozent des Bruttoinlandsproduktes als Bußgeld fällig. Zusätzlich muß der Sünder für jeden Defizitprozentpunkt über der Drei-Prozent-Grenze 0,1 Prozent des BIP zahlen.

### *Das EWS II*

Aller Voraussicht nach werden nicht alle Staaten sofort bei der Währungsunion teilnehmen können. Die noch nicht zugelassenen Länder haben allerdings die Chance, sich zu einem späteren Zeitpunkt zu qualifizieren, dazu wird alle zwei Jahre die Konvergenz und eine etwaige

Aufnahme überprüft. Auch auf Antrag kann dieser Überprüfungsvorgang eingeleitet werden. Voraussetzung für eine Aufnahme sind allerdings anhaltende Stabilitätserfolge.

Die zunächst noch nicht teilnehmenden Staaten werden zudem mit einem besonderen System an die Währungsunion gebunden. Zum einen sind sie Teilnehmer des Binnenmarktes, zum anderen werden sie an den indirekten Effekten der Währungsunion partizipieren. Außerdem wird zur Sicherung halbwegs stabiler Wechselkursbeziehungen zwischen den Teilnehmern der Währungsunion und den »Draußenbleibern« ein neues Wechselkursregime geschaffen. Unter dem Namen »EWS II« sollen die Währungen der Nichtteilnehmer an den Euro gekoppelt werden. Es handelt sich dabei um eine modifizierte Form des bereits existierenden EWS. Das EWS II wird nicht die künstliche Recheneinheit Ecu, sondern den Euro als Ankerwährung benutzen. Die Wechselkurse der EWS II-Staaten werden um einen Euro-Leitkurs in bestimmten Bandbreiten schwanken. Mit Devisenmarktinterventionen soll so wie bisher ein möglichst stabiles Wechselkursgefüge gewährleistet sein. Die Europäische Zentralbank kann freilich nicht zu Interventionen gezwungen werden und kann diese einstellen, wenn die Preisstabilität in der Euro-Zone dadurch gefährdet werden könnte. Verhandlungen über eine Neufestsetzung der Paritäten müssen immer mit der EZB geführt werden.

Auch in institutioneller Hinsicht sind die Nocht-Nicht-Teilnehmer aus der Europäischen Zentralbank nicht ganz ausgeschlossen. Zwar verfügen sie nicht über Sitz und Stimme im EZB-Rat, wohl aber gehören sie dem »Erweiterten Rat« an, in dem Präsident und Vizepräsident der EZB sowie die Präsidenten aller Notenbanken der Europäischen Union vertreten sind. Der Erweiterte Rat bildet das Bindeglied zwischen der EZB und den nationalen Notenbanken. Der Erweiterte Rat koordiniert zugleich die Wechselkurspolitik der EWS II-Staaten mit dem Euro-Verbund.

## Der Fahrplan zum Euro

Die Einführung des Euro wird sich in der Praxis nicht auf einen Schlag vollziehen. Statt eines »Big Bang« soll es eine mehrjährige Übergangsphase geben, in der die nationalen Währungen schrittweise vom Euro abgelöst werden.

*Das Jahr 1998*

Sobald Anfang 1998 die Teilnehmerstaaten der Währungsunion festgestellt sind, müssen die Staats- und Regierungschefs die Mitglieder des Direktoriums der künftigen Europäischen Zentralbank ernennen. Da der Sitz im Direktorium Staatsbürgern der teilnehmenden Mitgliedsstaaten vorbehalten ist, kann das Ernennungsverfahren erst dann eingeleitet werden, wenn der Teilnehmerkreis feststeht. Zudem müssen alle Direktoriumsmitglieder – mindestens vier und höchstens sechs einschließlich des Präsidenten und des Vizepräsidenten – noch zur Anhörung vor das Europäischen Parlament und zum Europäischen Währungsinstitut.

Das Jahr 1998 wird außerdem durch eine Serie juristischer Entscheidungen geprägt sein. Denn um die Währungsunion beginnen zu können, bedarf es verschiedener Rechtsakte und Gesetzesanpassungen. Die Mitgliedsstaaten werden sicherstellen müssen, daß die nationalen Regelungen mit sämtlichen Bestimmungen des Vertrages zur Währungsunion vereinbar sind.

Das Europäische Währungsinstitut wird sich im Jahr 1998 personell und technisch so weit vergrößern und professionalisieren, um in seiner Umwandlung zur Europäischen Zentralbank ab 1999 voll funktionsfähig zu sein. Auch die bilanzielle Vorbereitung muß so weit gedeihen, daß die erste, konsolidierte Bilanz des ESZB sämtliche Forderungen und Verbindlichkeiten der nationalen Notenbanken und der EZB umfassen kann.

Wichtig wir die Einrichtung sogenannter »Konvertoren«. Dabei geht es um genaue Umrechnungsfaktoren und Computerprogramme für die Übergangszeit paralleler Währungen. Denn mit Beginn der Währungsunion wird es nicht nur einen Umrechnungskurs von D-Mark in Euro geben, sondern auch Kurse vom Franc zur D-Mark zu Euro. Die Konvertoren sollen es vor allem den Finanzinstituten und Überweisungssystemen ermöglichen, Zahlungen wahlweise in den verschiedenen Währungen zu tätigen. Die verschiedenen Zahlungssysteme innerhalb Europas müssen mit Hilfe der Konvertoren angeglichen werden. 1999 soll das vom Europäischen Währungsinstitut vorbereitete transeuropäische Echtzeit-Bruttosystem TARGET (Trans-European Automatic Real-Time Gross Settlement Express Transfer) in Betrieb genommen werden. Target ist auf Großbetragszahlungen angelegt, die Zahlungen zwischen Kreditinstituten sowie aus dem Geldmarkt und Devisengeschäften von Großunternehmen betreffen. Target soll ab 1999 europaweit Großzahlungen in weniger als einer Minute nach Deckungsbereitstellung zwischen den Zentralbanken ermöglichen. Dazu werden die von den nationalen Zentralbanken zu errichtenden Echtzeit-Bruttosysteme miteinander verknüpft und unter dem Dach der neuen Währungsbehörde verbunden. Das wiederum setzt eine Umstellung aller nationalen Zahlungssysteme voraus, so daß die Buchungen zwischen den Banken auch sofort (zur Echtzeit) vorgenommen werden können.

*Das Jahr 1999*

Mit dem Beginn der Währungsunion am 1. Januar 1999 werden zunächst die untereinander geltenden Wechselkurse der Teilnehmerstaaten durch unwiderruflich festgelegte Umrechnungskurse ersetzt. Die Fixierung erfolgt durch einstimmigen Beschluß des Rates der Wirtschafts- und Finanzminister. Der Außenwert des Euro wird dem des bisherigen Ecu entsprechen – die Umstellung erfolgt eins zu eins. Voraussichtlich ist ein Euro damit knapp zwei DM wert.

Ebenfalls am 1. Januar 1999 wird der Euro eine eigenständige Währung. Da die nationalen Einzelwährungen (etwa die D-Mark) noch nicht sofort abgeschafft werden, fungieren der Euro und die Einzelwährungen vorerst parallel als unterschiedliche Ausprägungen der in wirtschaftlicher Hinsicht gleichen Sache. Unterschiedliche Umstellungssätze wird es nicht geben. Beim Übergang zum Euro werden alle Geldbestände, Forderungen und Verbindlichkeiten sowie alle Lohn- und Gehaltszahlungen, Renten und alle Preise zum gleichen Kurs umgestellt.

Zugleich beginnt das Europäische System der Zentralbanken (ESZB) mit einer einheitlichen Geld- und Währungspolitik. Die nationalen Notenbanken geben ihre geldpolitische Souveränität an das ESZB ab und treten selbst in zweite Glied des Systems zurück. Sie arbeiten fortan unter der geldpolitischen Direktive der Europäischen Zentralbank. Das ESZB gibt seine sämtlichen geld- und währungspolitischen Operationen in Euro bekannt und wickelt sie auch in Euro ab; sämtliche Konten, die Kontrahenten bei ihm unterhalten, werden von Anbeginn in Euro geführt. Da die nationalen Währungen durch feste Umrechnungskurse miteinander verbunden sein werden, wird es keine diese Währungen betreffende Devisengeschäfte mehr geben, sondern nur noch rein rechnerische Umwandlungen. Das ESZB wird die Verwendung des Euro auf den Devisenmärkten fördern; seine sämtlichen Devisengeschäfte werden in Euro abgewickelt und abgerechnet. Sehr wahrscheinlich werden auch die Neuemissionen öffentlicher Schuldtitel sofort und allesamt in Euro erfolgen.

Auch die deutschen Kreditinstitute haben beschlossen, daß innerhalb des Sparkassen- und Bankensektors der gesamte Zahlungsverkehr vom 1. Januar 1999 an auf Euro umgestellt wird. Unternehmen und Privatkunden können dann schon Euro-Konten eröffnen, müssen es aber noch nicht. Viele Großunternehmen wollen aber freiwillig zu einem sehr frühen Zeitpunkt auf Euro umstellen.

*Die Jahre 2000 und 2001*

In der Übergangsphase zwischen 1999 und 2002 werden die Finanzmärkte, Banken, Versicherungen und Fonds schon frühzeitig alle Transaktionen auf den Euro umstellen, während die Bevölkerung erst schrittweise von den nationalen Währungen Abschied nimmt. Für Unternehmen und Privatpersonen gilt das Prinzip: keine Behinderung, aber auch noch kein Zwang zur Verwendung des Euro. Die Unternehmen können also wählen, ob sie in nationaler oder europäischer Währung rechnen. An der »Schnittstelle« zwischen dem Finanzwesen und der übrigen Wirtschaft wird dann jeweils in Euro umgerechnet. da die Wechselkurse zwischen den nationalen Währungen und dem Euro bereits unwiderruflich festgelegt sind, entstehen daraus keine Risiken, Wertveränderungen oder Wechselkursprobleme – denn es handelt sich stets um eine wertgleiche Umrechnung.

Die EU-Bürger werden also um die Jahrtausendwende selbst bestimmen, ab wann der eigene Zahlungsverkehr in Euro abgerechnet werden soll. Dies wird neben Sentimentalitäts- und Gewohnheitserwägungen auch davon abhängen, wie rasch man seine Computerprogramme und Formulare auf Euro umstellen kann.

Die nationalen Banknoten bleiben jedenfalls in der Übergangsphase bis zur Einführung der europäischen Banknoten die einzigen Geldscheine mit der Eigenschaft eines gesetzlichen Zahlungsmittels. Der Euro wird zunächst also eine reine Buchgeldgröße sein. Für viele Bürger bleibt äußerlich damit zunächst einmal alles beim alten. Löhne und

Gehälter, Preise, Guthaben und Schulden – man rechnet vorerst wie bisher in D-Mark. Erst nach und nach wird man sich umgewöhnen. Es wird ebenso doppelte Preisauszeichnungen geben wie doppelte Währungsangaben auf dem Kontoauszug der Bank.

*Das Jahr 2002*

Am 1. Januar 2002 beginnt die Ausgabe der Euro-Banknoten und der Umtausch der nationalen in europäische Noten und Münzen. Für sechs Monate werden Euro-Banknoten und Euro-Münzen neben alten D-Mark-Scheinen und Münzen parallel im Umlauf sein. Bis zum 30. Juni des gleichen Jahres wird die Umstellung aller Geschäfte auf die einheitliche Währung allerdings vollendet sein müssen. Dies wird vor allem ein logistischer Kraftakt, denn derzeit sind in der Europäischen Union mehr als 12 Milliarden Banknoten und etwa 70 Milliarden Münzen im Umlauf. Allein für Deutschland ist die Ausgabe von mehr als 6 Milliarden Euro-Münzen geplant. Die nationalen Banknoten und Münzen verlieren im Sommer des Jahres 2002 ihre Geltung, und das Euro-Geld wird zum einzig gültigen gesetzlichen Zahlungsmittel innerhalb des europäischen Währungsgebietes. Ein gebührenfreier Umtausch der nationalen Währungen in Euro wird allerdings auch nach dem 30. Juni 2002 noch für einige Zeit möglich sein.

## Die Europäische Zentralbank

*Das ESZB-System*

Laut Artikel 105 des Maastrichter Vertrages hat das Europäische System der Zentralbanken (ESZB) die Aufgabe, »die Geldpolitik der Gemeinschaft festzulegen und auszuführen, die offiziellen Währungsreserven der Mitgliedsstaaten zu halten und zu verwalten und das reibungslose Funktionieren der Zahlungssysteme zu fördern.« Schon die Bezeichnung ESZB unterstreicht die föderalistische Struktur der künftigen Währungswacht. Artikel 106 klärt: »Das ESZB besteht aus der Europäischen Zentralbank (EZB) und den nationalen Zentralbanken.« Ähnlich wie das deutsche Landeszentralbankensystem ist es also zweistufig ausgelegt. Die heute noch bestehenden nationalen Zentralbanken werden in der Währungsunion zu Ausführungsorganen der EZB. Die Europäische Zentralbank wird aus dem zum 1. Januar 1999 liquidierten Europäischen Währungsinstitut (EWI) hervorgehen. Sitz bleibt die Stadt Frankfurt am Main.

In ihrer Stabilitätsverpflichtung und der Unabhängigkeitsgarantie ist das EZB-Statut noch strenger als das deutsche Bundesbankgesetz. Während es im Bundesbankgesetz nur vage heißt, es sei die Aufgabe der Notenbank, »die Währung zu sichern«, heißt es im Statut wesentlich eindeutiger: »Es ist das vorrangige Ziel des ESZB, die Preisstabilität zu gewährleisten.« Darüber hinaus ist es der EZB verboten, Kredite zur Finanzierung öffentlicher Defizite zu geben. Nicht einmal Kassenkredite, wie sie lange Zeit im Bundesbankgesetz zugelassen waren, wird es geben.

Während die Unabhängigkeit der Bundesbank nur auf einem einfachen Gesetz beruht, das im Prinzip leicht geändert werden kann, beruht die Unabhängigkeit der Europäischen Zentralbank dagegen auf einem nur sehr kompliziert änderbaren völkerrechtlichen Vertrag mit Verfassungsrang. Mit Artikel 107 wird die Unabhängigkeit der künftigen Euro-Währungshüter garantiert: »Weder EZB noch eine nationale Zentralbank noch ein Mitglied ihrer Beschlußorgane darf Weisungen von Organen oder Einrichtungen der Gemeinschaft, Regierungen der Mitgliedsstaaten oder anderen Stellen einholen oder entgegennehmen. Die Organe und Einrichtungen der Gemeinschaft sowie die Regierungen der Mitgliedsstaaten verpflichten sich, diesen Grundsatz zu beachten und nicht zu versuchen, die Mitglieder der Beschlußorgane der EZB oder der nationalen Zentralbanken bei der Wahrnehmung ihrer Aufgaben zu beeinflussen.« Zugleich aber ist die EZB dazu verpflichtet, gegenüber Politik und Öffentlichkeit Rechenschaft abzulegen.

Das ESZB und damit auch die EZB sind weitgehend nach dem föderalen Modell aus Deutscher Bundesbank und Landeszentralbanken konzipiert. Die nationalen Notenbanken sind zwar Bestandteil des ESZB, mit Beginn der Währungsunion sollen sie aber ihre geldpolitische Eigenständigkeit verlieren. Sie handeln dann gemäß den Richtlinien und Weisungen der EZB. Das Kapital der EZB soll fünf Milliarden Ecu betragen. Alleinige Zeichner und Inhaber des Kapitals sind die nationalen Notenbanken. Der auf die einzelne nationale Notenbank entfallene Anteil bemißt sich nach folgendem Schlüssel: Fünfzig Prozent des Anteils des jeweiligen Mitgliedsstaates an der Bevölkerung der EG im vorletzten Jahr vor der Errichtung des ESZB. Und fünfzig Prozent des Anteils des jeweiligen Mitgliedsstaates am Bruttoinlandsprodukt der Gemeinschaft zu Marktpreisen in den fünf Jahren vor dem vorletzten Jahr vor Errichtung des ESZB. Die Europäische Zentralbank wird von den nationalen Notenbanken mit Währungsreserven bis zu einem Gegenwert von 50 Milliarden Ecu ausgestattet, und zwar nach dem gleichen Schlüssel, der auch den Kapitalanteilen zugrunde liegt. Ein Nettogewinn wird nach folgendem Schema verteilt: Ein Betrag bis zu 20 Prozent des Nettogewinns wird einem allgemeinen Reservefonds zugeführt, solange der Reservefonds 100 Prozent des Kapitals nicht erreicht hat. Der Rest wird an die nationalen Notenbanken ausgeschüttet, wahrscheinlich entsprechend ihrem Anteil am gezeichneten Kapital

*Status, Satzung, Organisation*

Der EZB-Rat – er ist mit dem Zentralbankrat der Deutschen Bundesbank vergleichbar – wird das oberste geld- und währungspolitische Entscheidungsorgan in der künftigen Währungsunion, er trifft die Grundsatzentscheidungen, legt die Geldpolitik der Gemeinschaft fest, bestimmt die Leitzinssätze und die Bereitstellung von Zentralbankgeld. Seine Hauptaufgabe wird es sein, die Preisstabilität der Euro-Währung zu gewährleisten. Dazu bestimmt er frei, welche geldpolitischen Mittel (Leitzinsen, Offenmarktpolitik, Mindestreserven und so weiter) eingesetzt werden.

Artikel 105a schreibt zudem vor: »Die EZB hat das ausschließliche Recht, die Ausgabe von Banknoten innerhalb der Gemeinschaft zu genehmigen ... Die von der EZB und den nationalen Zentralbanken ausgegebenen Banknoten sind die einzigen Banknoten, die in der Gemeinschaft als gesetzliches Zahlungsmittel gelten.« Die Mitgliedsstaaten haben aber das Recht zur Ausgabe von Münzen, wobei der Umfang dieser Ausgabe der Genehmigung der EZB bedarf.

Personell soll sich der EZB-Rat aus den Mitgliedern des EZB-Direktoriums und den Präsidenten der nationalen Zentralbanken zusammensetzen. Das Direktorium seinerseits besteht aus dem Präsidenten, dem Vizepräsidenten und vier weiteren Mitgliedern. Das Direktorium der EZB wird für die praktische Umsetzung der Ratsbeschlüsse sorgen. Der Präsident ist zugleich der Vorsitzende des EZB-Rates. Die sechs Mitglieder des Direktoriums müssen Staatsangehörige der EG-Mitgliedsstaaten und in Banken- und Währungsfragen anerkannte Persönlichkeiten sein. Sie werden von den Staats- und Regierungschefs ausgewählt und ernannt. Ihre Amtszeit beträgt acht Jahre. Eine Wiederernennung ist nicht zulässig. Dadurch soll verhindert werden, daß sich Mitglieder des Direktoriums den Regierungen gefällig erweisen, um für eine weitere Amtsperiode ernannt zu werden. Die nationalen Notenbankpräsidenten werden dagegen für fünf Jahre ernannt und können wiedergewählt werden.

Weder der Rat noch das Direktorium sind Weisungen von irgendwelchen anderen Stellen unterworfen – vor allem gegenüber Einflußversuchen der Staatsregierungen oder der EU-Kommission sind sie ausdrücklich freigesprochen. Allerdings haben – genau wie bei den Regeln der Bundesbank – ein Mitglied der EU-Kommission und der Präsident des EU-Ministerrats das formale Recht, an Sitzungen des EZB-Rates teilzunehmen. Sie können dabei Vorschläge machen und appellieren, nicht aber an den Abstimmungen teilnehmen. Umgekehrt kann auch der Präsident des Zentralbankrates an den Tagungen des Ministerrates teilnehmen, wenn dort Fragen beraten werden, die Ziele und Aufgaben der EZB berühren.

Jedes Mitglied des Rates hat gleiches Stimmrecht, entschieden wird grundsätzlich mit einfacher Mehrheit. Bei Stimmengleichheit gibt die Stimme des Präsidenten den Ausschlag. Bei der Gewinnverwendung der EZB ist allerdings die Zweidrittelmehrheit der »gewichteten« Stimmen erforderlich – das Direktorium hat dabei also kein Stimmrecht. Die gewichteten Stimmen richten sich nach den Kapitalanteilen der einzelnen Zentralbanken.

### *Banknoten und Münzen*

Die neuen Euro-Banknoten werden in Stückelungen zu 5, 10, 20, 50, 100, 200 und 500 Euro eingeführt. Die Münzen kommen im Wert von 1 und 2 Euro sowie 1, 2, 5, 10, 20 und 50 Cent. Da der Euro eine größere Kaufkraft haben wird als die bisher in Europa geltenden Währungen (nur das britische Pfund hat einen höheren »inneren« Wert), wird der Cent eine besondere Rolle spielen. Auch in den Ländern, in denen Kleingeld wegen seines geringen Wertes kaum noch relevant oder praktisch kaum mehr im Umlauf war, wird sich die »Kleingeldkultur« wieder entfalten.

Anders als bei den Noten behalten die Einzelstaaten bei den Münzen das Prägerecht – die sogenannte »Münzhoheit«. Daher wird es wohl einen gewissen nationalen Gestaltungsspielraum bei den Münzen geben. Daß die Münzhoheit bei den einzelnen Staaten verbleibt, hat nicht nur historische und sentimentale Gründe. Es gewährt ihnen zugleich das Recht, den Münzgewinn einzustreichen. Denn eine Euro-Münze kostet in der Herstellung viel weniger, als der Nennwert ausmacht. Die Europäische Zentralbank kauft den nationalen Münzanstalten die Geldstücke aber zum Nennwert ab und bringt sie dann in Umlauf. Selbst die kleineren Scheidegeldmünzen dürften den Staaten noch einen Gewinn bescheren, obwohl die Differenz zwischen Abgabepreis und Produktionskosten hier natürlich viel kleiner ist. Den Münzgewinn dürfen die Einzelstaaten frei verwenden. Das entspricht der heute in den meisten Staaten üblichen Praxis; in Deutschland sind es die Bundesländer, denen der Münzgewinn zufließt. Damit die Staaten auch künftig diese Geldquelle nicht nach Gutdünken anzapfen, dürfen sie nur genau die Mengen prägen, die von der Zentralbank genehmigt werden. Die EZB wird dabei für eine faire Aufteilung der Münzprägerechte sorgen, so daß das kleine Luxemburg deutlich weniger Euro-Münzen prägen darf als etwa Deutschland. Die Farben der sieben Euro-Banknoten sind:

Fünf-Euro-Schein in grau,
Zehn-Euro-Schein in rot,
Zwanzig-Euro-Schein in blau,
Fünfzig-Euro-Schein in orange,
Hundert-Euro-Schein in grün,
Zweihundert-Euro-Schein in gelbbraun,
Fünfhundert-Euro-Schein in lila.

5 EURO ΕΥΡΩ
10 EURO ΕΥΡΩ
20 EURO ΕΥΡΩ
50 EURO ΕΥΡΩ
R1 29061955 K2R

Quelle: Deutsche Bundesbank, Informationsbrief zur WWU Nr. 3

# Kapitel III

# III. Praktische Probleme der Währungsumstellung

*Aufrundung oder Abrundung?*

Nur in seltenen Fällen werden bei der Währungsumstellung »glatte Beträge« entstehen. Unterstellt, der derzeitige Ecu-Kurs von 1,94 DM entspräche etwa dem künftigen Euro-Kurs, dann würde eine Ware die bislang 150 DM gekostet hat, exakt 77,32 Euro wert sein. In aller Regel sind daher aus praktischen Gründen Auf- oder Abrundungen der »krummen« Euro-Beträge zu erwarten. In dem Beispielfall könnte der Einzelhändler künftig also 80 oder auch nur 75 Euro verlangen. Skeptiker fürchten, daß viele Preise – wie bei den Mehrwertsteuererhöhungen in der Vergangenheit – »nach oben« korrigiert werden und damit einen allgemeinen Inflationsimpuls auslösen. Optimisten setzen dagegen auf eine vom schärferen Wettbewerbsdruck ausgelöste »Abrundungswelle«. Die EU-Kommission erwartet zum Beispiel, daß einige Unternehmen gezielte Abrundungs-Werbekampagnen betreiben werden.

*Automaten*

Millionen von Automaten müssen auf die neue Währung umgestellt werden – und zwar möglichst über Nacht. Die Großaktionen bei den dreieinhalb Millionen münzbetriebenen Automaten erfordert nach Schätzungen des Verbandes der deutschen Automatenindustrie alleine in Deutschland mindestens 300000 Manntage. Die Kosten werden auf rund 600 Millionen DM beziffert. Die Angelegenheit ist nicht nur teuer, sondern auch technisch einigermaßen schwierig. Denn die Automatenhersteller brauchen möglichst frühzeitig verbindliche, genaue Muster der neuen Münzen und Scheine. Von der Kalibrierung der neuen Münzprüfer bis zur Umrüstung des letzten Kaugummiautomaten wird es Jahre dauern. Gleichwohl muß alles in der Phase der Bargeldeinführung vom 1. Januar bis 30. Juni 2002 abgeschlossen sein. Vom großen Umrüsten sind nicht nur die stummen Verkäufer, die Zigaretten, Coladosen oder Kondome unters Volk bringen, betroffen. Auch Fahrscheinautomaten, Telefonzellen, Fotokabinen, Zapfsäulen und vieles mehr müssen allesamt euro-tauglich umgerüstet werden. Selbst kartenbetriebene Automaten müssen in ihrer Software umgestellt werden. Die Automatenhersteller haben bereits öffentlich kritisiert, daß es keine Fünf-Euro-Münzen geben wird. Sie fürchten, daß der Verkauf höherwertiger Waren aus Automaten dadurch behindert werden könnte.

*Bilanzen*

Zwischen 1999 und 2002 bleibt es jedem Unternehmen überlassen, ob und in welchem Umfang es mit der bisherigen nationalen Währung rechnet, ob es mit dieser und mit dem Euro gleichzeitig arbeitet oder sich schon vollständig auf Euro umstellt. Spätestens im Jahr 2002 müssen aber auch die Nachzügler ihr Rechnungswesen umstellen. Es wird dann eine D-Mark-Abschlußbilanz und eine Euro-Eröffnungsbilanz geben. In der ersten Euro-Bilanz müssen auch die Vorjahreswerte in Euro angegeben werden. Wenn das Geschäftsjahr nicht mit dem Kalenderjahr übereinstimmt, wird es notwendig die Umstellung auf Euro möglichst frühzeitig zu bewerkstelligen. In keinem Fall wird freilich eine Neubewertung der Bilanzpositionen nötig, da alle Posten nach den festgelegten Umrechnungskursen gleichermaßen von D-Mark auf Euro umgestellt werden und ihre realen Werte erhalten bleiben. Allerdings könnten sich Fragen zum Eigenkapital des Unternehmens ergeben. Dies gilt vor allem für die GmbH und die Aktiengesellschaft, da hier entsprechende Regelungen runde Beträge beim Ausweis des Kapitals vorschreiben. Mit der Umrechnung des Eigenkapitals auf Euro ergeben sich dagegen sehr wahrscheinlich »krumme« Beträge. Würden die genannten Regelungen beibehalten bleiben, so könnte eine Anpassung des gezeichneten Kapitals notwendig werden (Kapitalerhöhung oder Herabsetzung). Hier wird man auf die Detailregelungen im Bilanzgesetz achten müssen.

*Briefmarken*

Auch nach der Einführung des Euro wird man voraussichtlich die alten DM-Briefmarken vorerst weiter benutzen können. An eine sofortige Umstellung auf allgemeine Euro-Briefmarken ist nicht gedacht. Für die Post spielt es im übrigen keine Rolle, ob das Porto in D-Mark oder Euro bezahlt wird, weil sie immer den gleichen Gegenwert erhält. Alte Briefmarkenbestände können daher aufgebraucht werden. Ab dem Jahr 2002 werden dann allerdings neue Marken nur noch mit Wertangaben in Euro erscheinen. Eine andere Frage ist freilich, ob sich die verschiedenen Postunternehmen in den Mitgliedsländern der Währungsunion noch verschiedene Preise erlauben können. Wenn die holländische Post einen Brief für 0,35 Euro an jeden Ort Europas befördert, wird die Deutsche Post AG nicht mehr lange 0,54 Euro verlangen können. Immer mehr Unternehmen werden dann ihren Postverkehr zum billigsten Anbieter verlagern. Ein logistisches Problem schränkt diesen neuen Wettbewerb freilich ein: Denn es werden wohl nach wie vor Marken des Landes verwendet werden müssen, die für das Land gültig sind, in dem der Brief in den Kasten geworfen wird. Als Sammlerobjekte könnten freilich mit dem Ende der Einzelwährungen die alte Briefmarkenserien in D-Mark an Wert gewinnen.

*Euro-Beauftragte*

Mit den zahlreichen Fragen zur Währungsunion wird der Informationsbedarf in den Unternehmen stark wachsen. Viele Unternehmen haben deswegen bereits begonnen, Euro-Beauftragte, nach dem Vorbild der Datenschutz- oder Umweltbeauftragen, zu bestimmen. Sie erstellen in aller Regel Euro-Checklisten und einen Zeitplan zu deren Umsetzung. Sie beobachten die Gesetzgebung zur Euro-Umstellung, informieren Mitarbeiter und Unternehmensleitung, kalkulieren die Umstellungskosten, bereiten Vertragsanpassungen vor und organisieren die Neugestaltung von Formularen und Computerprogrammen.

*Gesetze*

Nach ersten Schätzungen der Bundesregierung müssen mit der Währungsunion etwa 3900 Gesetze geändert werden. Dabei geht es zwar in den meisten Fällen nur darum, D-Mark und Pfennig durch Euro und Cent zu ersetzen. In einigen Fällen sind aber auch substantielle Veränderungen kaum zu vermeiden. So etwa bei der Frage, ob es künftig auch einen »krummen« Nennwert bei Aktien geben darf. Oder auch im Steuerrecht, wo es darauf ankommt, daß es mit der Umstellung der Bilanzen auf Euro zu keinen steuerlichen Konsequenzen oder Unsicherheiten bei Bewertungsfragen kommt. Auch das Bundesbankgesetz oder das Währungsgesetz müssen natürlich in erheblichem Umfang angepaßt werden.

### *Kassen*

Das Bargeld-Handling wird in der Übergangszeit kompliziert. Am Neujahrstag 2001 beginnt eine Phase von mindestens sechs Monaten, in der Euro-Münzen und Euro-Scheine parallel zur herkömmlichen D-Mark im Umlauf und gesetzliches Zahlungsmittel sind. Für sämtliche Kassen bedeutet das den Zwang zur Simultanrechnung. Millionenfach wird es zu Situationen der Doppelkalkulation kommen. Kunden werden in Euro zahlen, sich zugleich aber Wechselgelder in D-Mark geben lassen wollen. Sie werden Teilbeträge in der einen, den Rest in der anderen Währungen zahlen wollen. Viele der gängigen Kassen werden daher den Euro-Geburtstag kaum überleben. Auch die Scanner-Kassen müssen entsprechend aufgerüstet werden.

### *Kommastellen*

Bis zu wie vielen Stellen hinter dem Komma wird in Euro umgerechnet? Diese anfangs als Erbsenzählerei von Pedanten belächelte Frage, ist inzwischen als ernstes Problem erkannt. Bei entsprechend großen Summen spielen die Stellen hinter dem Komma plötzlich eine große Rolle. Selbst ein Häuslebauer, der Schulden von 500 000 DM aufgenommen kann mit den Auf- und Abrundungen hinterer Kommastellen sofort mehrere hundert Mark verlieren oder gewinnen. Eine ganz genaue Regelung tut hier also Not. Die Umrechnungskurse sollen den (bisherigen) Planungen zufolge bis zu sechs Stellen hinter dem Komma genau festgelegt werden. Diese dürfen bei einer Umrechnung nicht gerundet werden. Der Betrag aber, der sich aus der Umrechnung ergibt, darf sehr wohl gerundet werden.

### *Plastikgeld*

Die vielen kleinen Alltagskomplikationen in der Übergangsphase wird Unternehmen und Verbraucher wahrscheinlich in einem bislang ungeahnten Ausmaß dazu veranlassen, auf elektronische Zahlungsmittel umzusteigen. Anstatt sich an der Kasse mühsamen Umrechnungsdetails hinzugeben, können beide Seiten ruhig den Computer die Um- und Abrechnungsarbeit erledigen lassen. Der Bundesverband deutscher Banken erwartet, daß der Trend zum Plastikgeld durch die Währungsunion einen gewaltigen Schub bekommt.

*Preiskennzeichnung und Preislisten*

Ab dem 1. Januar 1999 wird es doppelte Preise geben. Ob es eine gesetzliche Pflicht zur doppelten Auszeichnung gibt, ist noch unklar. In der Praxis wird sich eine doppelte Preisauszeichnung kaum vermeiden lassen. Insbesondere der Groß -und Einzelhandel wird davon betroffen sein. Im Einzelhandel müssen dazu entsprechende Preisauszeichnungsgeräte angeschafft werden. Aber auch sämtliche Preislisten werden dann neben den D-Mark-Preisen nach und nach auch die Preise in Euro enthalten müssen. Ob Rechnungen oder Steuererklärungen, Lohnabrechnungen oder Preislisten, Werbematerial oder Formulare – überall müssen die bisherigen nationalen Währungen durch Euro ersetzt oder (während der Übergangszeit) sogar doppelt genannt werden.

*Preistransparenz*

Die bis heute von Land zu Land bestehenden, zuweilen eklatanten Preisunterschiede für ein und dasselbe Produkt werden sich einebnen. Mit der künftigen Einheitswährung bekommen die Verbraucher in Europa einen besseren Marktdurchblick; dadurch dürfte der Wettbewerbsdruck grenzüberschreitend größer werden. Je teurer die Ware ist, desto rascher dürften sich Preisunterschiede einebnen. Ein Auto, einen Computer, oder eine Werkzeugmaschine wird man innerhalb Europas kaum mehr zu sehr unterschiedlichen Preisen anbieten können. Selbst bei Nahrungsmitteln wird die Preiskonvergenz kommen. So kostet derzeit ein Vierhundert-Gramm-Glas der Nugatcreme Nutella in Deutschland 1,61 Ecu; Briten müssen dagegen 2,01 Ecu dafür zahlen und die Dänen sogar 3,60 Ecu. Eine Tube Nivea-Creme, die in Deutschland derzeit durchschnittlich 5,54 Ecu kostet, ist in Frankreich für 2,97 Ecu zu haben. Derartige Preisunterschiede in verschiedenen Euro-Ländern kann man künftig (wegen unterschiedlicher Steuersätze, Zahlungsmodalitäten, logistischen Kosten) nur noch schwer sachlich rechtfertigen. Für einige Unternehmen ist es daher sinnvoll, schon rechtzeitig mit der Preisanpassung zu beginnen.

*Schwarzgeld*

Für Schwarzgeldbesitzer wird der Umtausch von D-Mark in Euro zu einem spannenden Ereignis. Zwar werden D-Mark-Bestände auf schwarzen Bankkonten genau gleichwertig auf Euro umgestellt wie alle anderen Konten. Aber was ist mit der schwarzen Bargeld-Kasse? Früher oder später muß das gute Geld irgendwo in Euro getauscht und damit hergezeigt werden. Oder das Geld wird vorher ausgegeben. Der Bundestagsabgeordnete und CDA-Bundesvorsitzende Rainer Eppelmann hat daher gefordert, daß nur DM-Geld, dessen Herkunft erklärbar sei, in Euro umgetauscht werden dürfe. Dazu wird es freilich kaum kommen, schon weil es praktisch keinen Nutzen hätte – zu leicht ließen sich nationale Kontrollen im Ausland umgehen.

*Software*

Zu einem bislang unterschätzten Aufwand dürfte für viele Unternehmen die Umstellung ihrer Computerprogramme werden. Während der dreijährigen Übergangsphase (1999 bis 2001) gelten D-Mark und Euro grundsätzlich als gleichberechtigte Währungen nebeneinander. Rechnungen und Zahlungen können nach Belieben in einer der beiden Währungen ausgestellt werden – oder auch in beiden gleichzeitig. Daher muß das Rechnungswesen in der Lage sein, mit beiden Währungen simultan zu arbeiten. Für Software-Programm die »mehrwährungstauglich« oder »mehrwährungsgeeignet« oder »multiwährungsfähig« (so die gängigen Fachbegriffe), ist dies kein Problem. Anders aber bei normalen Buchhaltungs-, Finanz- und Lohnabrechnungsprogrammen. Die sind in aller Regel nicht per Knopfdruck auf Doppelwährungsrechnung umstellbar. Vielmehr muß man sich eine neue Version des Programms anschaffen. Alle großen Software-Häuser bieten derzeit bereits Euro-Beratungen an. In der Branche wird allseits empfohlen, sich möglichst frühzeitig um die euro-taugliche Software zu kümmern. Ein zweites Problem läßt dabei sich vielfach in einem Aufwasch erledigen: Viele Computerprogramme haben rechnerische Schwierigkeiten, den Sprung ins nächste Jahrtausend zu schaffen – sie sind technisch nicht gerüstet, um das Jahr 2000 (und folgende) programmadäquat darzustellen. Da ist die Gelegenheit günstig, Euro- und Jahrtausend-Problem in einem Durchgang zu lösen. In vielen Fällen bietet sich die Euro-Aufrüstung ohnedies an, veraltete Computersysteme zu erneuern.

*Verpackungen*

In vielen Fällen werden Unternehmen über neue Verpackungen nachdenken müssen. Die Automatenprodukte wie etwa Zigarettenschachteln sind davon besonders betroffen. Was heute für runde 5 DM aus dem Automatenschacht fällt, kostet bei spitzer Umrechnung künftig vielleicht 2,27 Euro. Aber auch, wer bislang gewohnte Signalpreislagen (etwa 1,99 DM oder 29,90 DM) weiterhin als Marketinginstrument weiter nutzen will, wird in einigen Fällen über neue Packungsgrößen nachdenken müssen.

*Verträge*

Die Währungsunion wird die Weitergeltung von Verträgen nicht berühren. Auch längerfristige Verträge über das Jahr 2002 hinaus werden Bestand haben – die Währungsumstellung bedeutet keinen Wegfall der Geschäftsgrundlage. Die jeweiligen D-Mark-Beträge sollten allerdings zum festen Umstellungssatz in Euro-Beträge umgerechnet werden. Eine EU-Verordnung regelt ausdrücklich, daß es grundsätzlich kein Recht zur einseitigen Vertragsänderung oder Beendigung aufgrund des Übergangs zum Euro geben darf. Trotzdem wird es in vielen Fällen nötig sein, die Verträge, in denen zum Beispiel Währungssummen genannt sind, entsprechend zu ändern. Zudem wird die Vertragskontinuität in manchen Fällen bewußt unterlaufen. So steht es jedem frei, Sonderklauseln in Verträge aufzunehmen. Auch bei Vertragstexten, die auf wegfallende Größen Bezug nehmen, droht Ärger. So können Zinsvereinbarungen strittig werden, die auf den Diskontsatz der Bundesbank Bezug nehmen. Denn mit der Währungsunion wird es diesen gar nicht mehr geben. Auch Währungssicherungsverträge bedürfen einer Neuformulierung, wenn es die betreffenden Währungen nicht mehr geben wird. Juristen empfehlen daher, alle Verträge euro-tauglich abzusichern, Geschäfts- und Zahlungsbedingungen anzupassen. Insbesondere mit Geschäftspartnern aus Drittstaaten ist die Aufnahme sogenannter »Anpassungsklauseln« sinnvoll. Damit kann ausdrücklich und genau festgeschrieben werden, wie zum Beispiel Zahlungen in Euro zu erfolgen haben. Dies kann vor allem bei Geschäften mit Drittstaaten (zum Beispiel die Vereinigten Staaten) vor Ärger schützen.

*Zahlungsverkehr*

Die deutsche Kreditwirtschaft hat beschlossen, den gesamten Zahlungsverkehr bereits vom 1. Januar 1999 an auf Euro umzustellen. Die Europäische Bankenvereinigung schätzt die Gesamtumstellungskosten der Kreditwirtschaft europaweit auf insgesamt 8 bis 10 Milliarden Ecu. Die deutschen Großbanken kalkulieren jeweils mit D-Mark-Aufwendungen im dreistelligen Millionenbereich. Kompliziert wird die Umstellung des Zahlungsverkehrs dadurch, daß es zwischen 1999 und 2002 parallele Zahlungsmittel geben wird. In Deutschland können Privat- und Firmenkunden zunächst frei wählen, ob sie weiterhin in D-Mark oder schon in Euro rechnen wollen oder nicht. Die Banken haben sich verpflichtet, daß jeder Kontoinhaber ab 1999 Zahlungsaufträge in D-Mark oder Euro erteilen kann, und zwar unabhängig davon, ob das Konto in D-Mark oder Euro geführt wird. Hierzu müssen nicht rechtzeitig alle Computerprogramme entsprechend umgestellt werden, auch die vielen Vordrucke des Zahlungsverkehrs (Schecks, Wechsel, Überweisungsformulare, Kontoauszüge) müssen geändert werden. Es wird dabei nach dem sogenannten »Zweibetragsfeld-Konzept« verfahren, wonach in allen Datensätzen für die Weiterleitung von Zahlungen sowohl der Betrag und die Währung als auch der Betrag der anderen Währung angegeben werden müssen.

Mit dem Eintritt in die Währungsunion wird sich vor allem der grenzüberschreitende Zahlungsverkehr verändern. Die verschiedenen Zahlungssysteme innerhalb Europas müssen angeglichen werden. 1999 soll das vom Europäischen Währungsinstitut derzeit vorbereitete transeuropäische Echtzeit-Bruttosystem TARGET (Trans-European Automatic Real-Time Gross Settlement Express Transfer) in Betrieb genommen werden. Target ist auf Großbetragszahlungen angelegt, die Zahlungen zwischen Kreditinstituten sowie aus dem Geldmarkt und Devisengeschäften von Großunternehmen betreffen. Target soll ab 1999 europaweit Großzahlungen in weniger als einer Minute nach Deckungsbereitstellung zwischen den Zentralbanken ermöglichen. Dazu werden die von den nationalen Zentralbanken zu errichtenden Echtzeit-Bruttosysteme miteinander verknüpft und unter dem Dach der neuen Währungsbehörde verbunden.

# Kapitel IV

# IV. An den Finanzmärkten werden die Karten neu gemischt

## Der optimale Anlagemix für die Zukunft

### *Deutsches Geldvermögen: Ein Spiegel der Vergangenheit*

Allmählich dämmert es den deutschen Anlegern, daß sie den optimalen Anlagemix für die Vergangenheit haben: für die Zeit, als die D-Mark an den internationalen Devisenmärkten unaufhörlich stieg, als die stabilitätsorientierte Geldpolitik der Deutschen Bundesbank den Käufern festverzinslicher Wertpapiere reale Renditen von 3 bis 4 Prozent jährlich geradezu garantierte und als sich niemand darüber Gedanken machen mußte, ob es sich der Staat auf Dauer leisten könne, seinen rüstigen Rentnern mit großzügigen Renten den Lebensabend zu versüßen. Mit dieser Analyse hat Thomas Holmes, Chefstratege des Bankhauses Schröder Münchmeyer Hengst & Co aus Frankfurt, sicherlich Schwachpunkte in den Portefeuilles vieler privater und auch mancher institutioneller Anleger offengelegt. Viele Anleger haben ihr Vermögen noch nicht auf den Euro ausgerichtet.

Gewinner der Währungsunion sind in erster Linie die internationalen Großunternehmen aus den Hartwährungsländern. Sie profitieren von spürbar sinkenden Transaktionskosten bei Exporten ins europäische Ausland und müssen sich darüber hinaus nicht mehr dem Abwertungswettlauf mancher südeuropäischer Konkurrenten stellen. Diese Entwicklungen spiegelt das Geldvermögen der privaten Haushalte noch nicht wider. Ganz im Gegenteil: In den letzten 25 Jahren folgte das Interesse deutscher Anleger an Aktien nicht einmal dem steigenden Vermögen. Seit 1970 hat sich das Finanzvermögen deutscher Anleger von 524 auf 4648 Milliarden DM verachtfacht und in Kaufkraft gemessen verdreifacht. Einen immer größeren Teil der Gelder investierten die Anleger in damals noch steuerbegünstigte, langfristige Versicherungsverträge und Investmentfonds. Die Fonds wiederum legten mindestens zwei Drittel ihrer Mittel in festverzinslichen Titeln an. Selbst bei Berücksichtigung der über Investmentfonds bestehenden Aktienvermögen haben die Privatanleger ihre Aktienbestände im Laufe einer Generation um mindestens ein Drittel heruntergefahren.

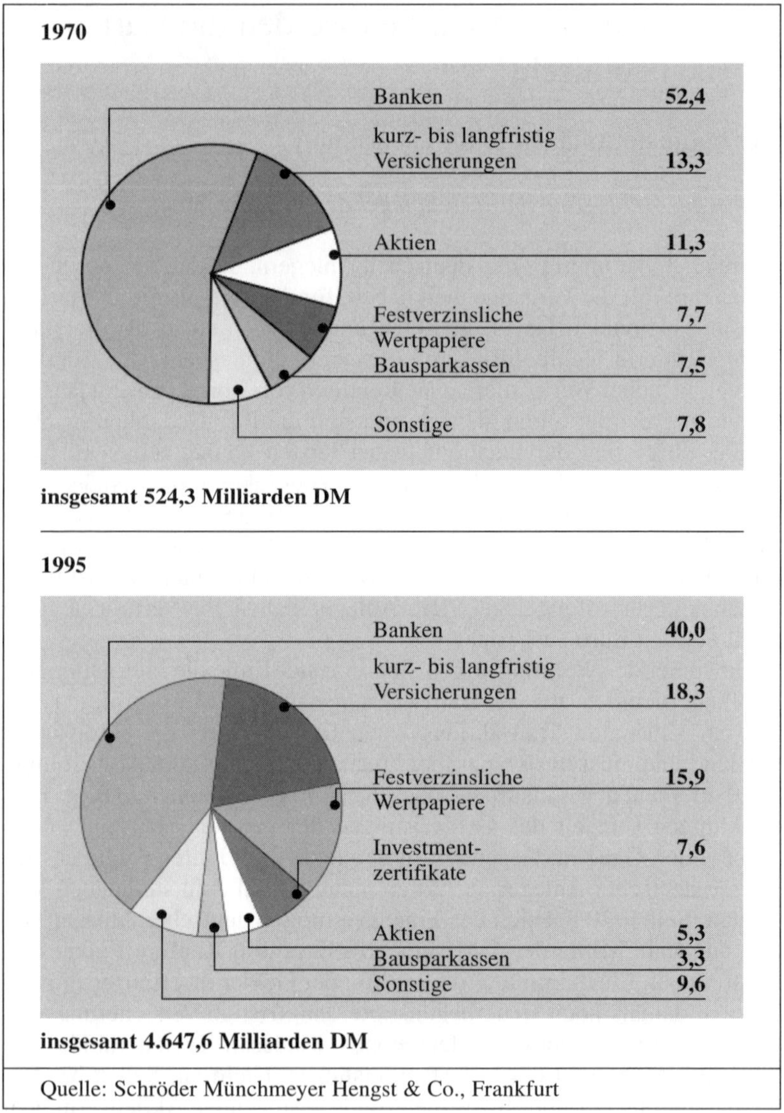


*Abbildung 1: Geldvermögen privater Haushalte 1970 und 1995 im Vergleich (Angaben in Prozent)*

Tatsächlich ist heute die D-Mark im Begriff, von einer neuen Währung abgelöst zu werden. Die Notenbankpolitik wird bald in die Hände einer Europäischen Zentralbank gelegt, von der heute niemand sagen kann, ob sie auf Dauer wirklich völlig frei von jeglicher politischer Einflußnahme sein wird. Vor allem einige Vorschläge aus Frankreich, die darauf abzielen, die Unabhängigkeit der Europäischen Zentralbank einzuschränken, lassen Arges befürchten.

Nicht umsonst äußert sich der frühere Präsident der Deutschen Bun desbank, Karl Otto Pöhl, in diesem Punkt sehr offen. Nach seiner Auffassung muß sich die Bundesregierung entschieden gegen die Tendenzen in Frankreich aussprechen, die Unabhängigkeit der geplanten Europäischen Zentralbank einschränken zu wollen. Sollte den Forderungen des französischen Staatspräsidenten Jacques Chirac und des Ministerpräsidenten Alain Juppé nachgegeben werden, die eine politische Institution als Gegengewicht zur Europäischen Zentralbank forderten, drohten Turbulenzen an den Finanzmärkten. Diese Institution solle nach den Vorstellungen der Franzosen der Europäischen Notenbank nicht nur Weisungen erteilen und sie kontrollieren, sondern auch die Wechselkurspolitik der Währungsunion vor allem gegenüber Dollar und Yen bestimmen. Die Vorstellungen der Franzosen seien nicht nur nicht mit dem Maastricht-Vertrag vereinbar, sondern auch äußerst gefährlich, warnt Pöhl. Hunderte von Milliarden D-Mark befinden sich in den Händen von ausländischen Großanlegern, es kann zu Portfolioumschichtungen gewaltigen Ausmaßes kommen.

### *Mit dem richtigen Portfolio am Euro verdienen*

Die Einführung des Euro dürfte dafür sorgen, daß die Nachfrage der privaten deutschen Anleger nach Aktien spürbar steigen wird. Dafür sprechen auch die einschneidenden Veränderungen der Rahmenbedingungen für die deutsche Börsen. Nicht nur auf Unternehmensebene vollzieht sich in Deutschland ein erstaunlicher Wandel. Auch der Gesetzgeber wacht auf und sieht, daß sich etwas bewegen muß im Land, damit nicht noch mehr Gesellschaften im Ausland investieren und dort Arbeitsplätze schaffen, die im Gegenzug hierzulande abgebaut werden. Die geplante Steuerreform und die Aktienrechtsnovelle werden zusammen mit dem Wandel der Geschäftsstrategie vieler Vorstände von Aktiengesellschaften, die plötzlich die Interessen der Eigentümer, sprich

Aktionäre erkannt haben, deutliche Spuren auf den deutschen Kurszetteln hinterlassen. Darüber hinaus schneiden in fast allen langfristigen Vergleichen Aktien besser als Anleihen oder Geldmarktanlagen ab. Hinzu kommt noch die Sorge immer mehr Anleger, die für ihr Alter sparen müssen und wissen, daß das auf dem Umlageverfahren beruhende staatliche Rentensystem auf wackligen Beinen steht.

Nicht nur Deutschland, sondern die meisten europäischen Länder dürften mit Blick auf ihre Haushaltsprobleme versuchen, ihre Rentenverpflichtungen durch Altervorsorgesysteme nach dem Kapitaldekkungsverfahren privater Arbeitgeber zu ergänzen. Und da Aktien in der Regel langfristig eine höhere Rendite als Anleihen bringen, dürften die Unternehmen stärker in Aktien investieren.

Auch bei Investitionsentscheidungen privater Anleger werden Aktien künftig eine wesentlich größere Rolle spielen. Schließlich profitieren die deutschen Unternehmen in doppelter Hinsicht von der Europäischen Währungsunion. Erstens gibt es künftig keine Abwertungen mehr bei vielen europäischen Wettbewerbern. Zweitens steigen durch die absehbare, leichte strukturelle Schwäche des Euro gegenüber dem Dollar die Gewinne aus dem Export in außereuropäische Länder. Und schließlich dürfte die Aussicht, daß der Euro unter Druck geraten könnte, potentielle Anleger davon abhalten, D-Mark-Anleihen zu kaufen. Mit Blick auf den Euro sollte also bei risikoscheuen Investoren die Aktienquote im Portefeuilles bei rund 40 Prozent liegen, während weitere 40 Prozent in Rentenwerten unterschiedlicher Währungen mit den Schwerpunkten D-Mark und Dollar investiert werden sollte und eine Barreserve von etwa 20 Prozent gehalten werden kann. Bei risikofreudigen Anlegern könnte die Aktienquote deutlich höher liegen. Generell empfiehlt es sich, neben deutschen Titeln auch andere europäische oder sonstige internationale Werte im Auge zu behalten, um das Risiko zu streuen und die Gewinnchancen zu steigern.

Freilich werden sich viele Anleger fragen, ob sie auf dem heutigen Kursniveau an der Aktienbörse noch einsteigen sollen. Zurecht, schließlich könnten bei einer möglichen Kurskorrektur schnell 20 bis 30 Prozent des Kapitaleinsatzes verloren gehen. Also doch lieber warten und das Geld in sicheren Geldmarktfonds oder auf Termingeldkonten zu zwei bis drei Prozent Rendite parken? Diese Strategie empfiehlt sich allenfalls als kurzfristige Übergangslösung. Der Preis für Geldmarktanlagen ist hoch. Er muß in Form entgangener Rendite be-

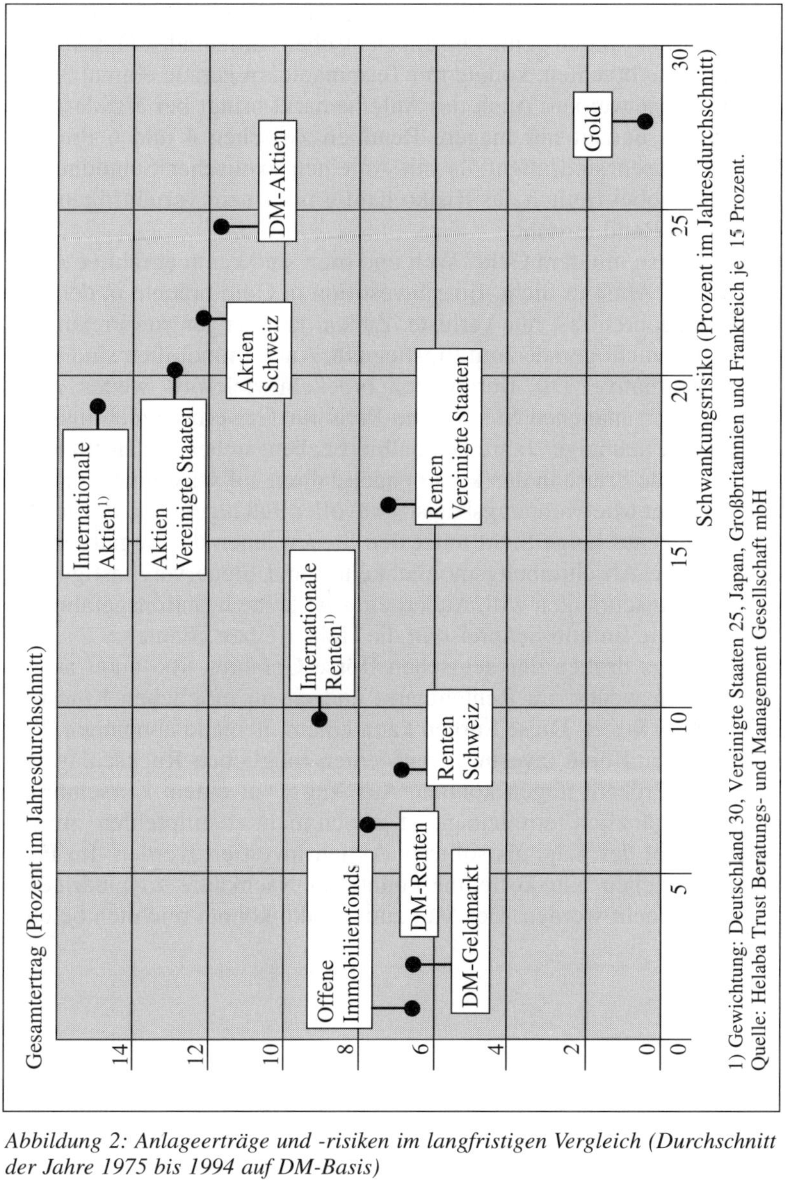


*Abbildung 2: Anlageerträge und -risiken im langfristigen Vergleich (Durchschnitt der Jahre 1975 bis 1994 auf DM-Basis)*

zahlt werden. Das zeigt ein Blick zurück auf das Börsenjahr 1996. Während deutsche Aktien gemessen am Deutschen Aktienindex Dax 28 Prozent Rendite brachten, konnte mit Termingeldern gerade einmal 3 Prozent verdient werden. Auch der Anleihemarkt bringt bei erstklassigen Schuldnern derzeit nur magere Renditen zwischen 4 und 6 Prozent. Höhere Zinsen sind allenfalls mit Anleihen exotischer Schuldner erreichbar, wobei freilich das Risiko häufig in keinem vernünftigen Verhältnis zur Rendite steht.

Wohin also mit dem Geld? Weit und breit sind kaum attraktive Alternativen zur Aktie in Sicht. Eine Investition in Gold brachte in den vergangenen Jahren fast nur Verluste. Zudem lädt der jüngste Preisrutsch beim Gold nicht gerade zum Einstieg ein. Auch Immobilien sind keine echte Alternative. Die Büromieten bröckeln vielerorts weiter. Auch wenn sich in manchen Städten die Preis für Gewerbeimmobilien seit Anfang der neunziger Jahre fast halbiert haben, stehen die Hoffnungen auf steigende Preise in den kommenden Jahren auf schwankendem Boden. Und der Mietwohnungsbau steckt voller Fußangeln und dürfte darüber hinaus auf lange Sicht unter den Steuerplänen der Regierung leiden, die die Abschreibungsmöglichkeiten und Steuervergünstigungen drastisch einschränken will. Außerdem sind keine Inflationsgefahren in Sicht, die die Immobilienpreise in die Höhe treiben könnten.

Allerdings drohen der deutschen Börse Gefahren von einer ausgeprägten Zinswende am Rentenmarkt und einem möglichen Kurssturz an der Wall Street. Diese Sorgen kann einem niemand abnehmen. Wer heute an der Börse investiert, muß einen möglichen Rückschlag von 20 bis 30 Prozent tragen können. Aus Angst vor einem Kurseinbruch der Börse gänzlich fernbleiben, ist jedoch nicht zu empfehlen. zumindest ein Teil des Kapitals sollte in Aktien investiert werden. Im Falle einer deutlichen Kurskorrektur könnte an Nachkäufe zu niedrigeren Kursen gedacht werden. Der Mut zum Risiko könnte reichlich belohnt werden.

## Wenn der Euro auf dem Sparbuch liegt

*Konservative Sparformen bleiben sicher*

Der Euro verändert unser Leben. Pünktlich zum 1. Januar 1999 werden viele Unternehmen, Banken und Versicherungen zumindest einen Teil ihrer Zahlungen auf Euro umstellen. Die D-Mark wird zwar nicht sofort, aber doch schneller als manche denken, verschwinden. Zwar werden in den nächsten Jahren die meisten Geschäfte im täglichen Einkauf, die monatlichen Gehaltsüberweisungen und auch die Rentenzahlungen weiterhin in D-Mark abgewickelt. Doch spätestens im Jahr 2002 erfolgen alle Zahlungen nur noch in Euro. Für die Übergangszeit der Jahre 1999 bis 2001 gilt die Freiwilligkeit: Jeder kann in Euro rechnen, aber niemand wird dazu gezwungen. Allerdings will das Bundesfinanzministerium die umlaufenden öffentlichen Anleihen schon am 1. Januar 1999 auf Euro umstellen. Dies dürfte Signalwirkung für alle anderen Anleihen haben. Auch die Börsen haben angekündigt, die Aktiennotierungen frühzeitig umzustellen. Anleger werden sich also darauf einstellen müssen, schon bald in einer neuen Währung zu rechnen.

Der Umrechnungskurs von der D-Mark zum Euro wird Ende 1998 festgelegt. Die Geschäfte werden in einer Übergangsphase ihre Produkte mit zwei Preisschildern versehen. Die Kaufkraft bleibt zunächst gleich, da alle Geld- und Vermögenswerte sowie alle Preise und Kredite zum gleichen Kurs umgerechnet werden. Die Währungsunion ist keine Währungsreform, sondern eine rechnerische Umstellung auf eine neue Währung. Das bedeutet Entwarnung für alle Sparer, Verbraucher, Arbeitnehmer und Pensionäre. Die Umstellung auf den Euro ist lediglich ein Rechenexempel. Die D-Mark wird nicht über Nacht nur noch 50 Pfennig wert sein. Vielmehr entsprechen vielleicht 2 DM später einmal einem Euro. Und mit einem Euro wird man auf absehbare Zeit genausoviel kaufen können wie derzeit für 2 DM. Die Umrechnung gilt für alle Preise, die Kaufkraft bleibt gleich. Wer heute 3000 DM Gehalt bekommt, erhält dann 1500 Euro. Dafür kostet die Miete nicht mehr 1000 DM, sondern 500 Euro. Die Zahlen ändern sich, die Werte bleiben gleich. Alle Verträge, deren Laufzeiten in den Euro hineinreichen, werden umgestellt, deren Gültigkeit und die Rechtssicherheit wird davon nicht berührt. Auch die vereinbarten Zinssätze bei Spar- und Kreditverträgen oder Anleihen ändern sich nicht.

Viele Anleger, Versicherte und Rentenempfänger sorgen sich über die langfristige Wertbeständigkeit der gemeinsamen europäischen Währung. Die Stabilität des Euro wird in erster Linie von der Geldpolitik der Europäischen Zentralbank und der Stärke der Volkswirtschaften der teilnehmenden Länder abhängen. Wird die Europäische Zentralbank an die Erfolge der Deutschen Bundesbank anknüpfen können? Wird sie das Vertrauen der internationalen Anleger gewinnen? Kann sie der drohenden Einflußnahme der europäischen Politiker widerstehen, die möglicherweise mit einer laxen Geldpolitik kurzfristige Vorteile auf den Güter- und Arbeitsmärkten auf Kosten einer langfristigen Stabilität der Währung erzielen wollen? Und werden die Volkswirtschaften Europas im scharfen internationalen Wettbewerb nicht unter der Einführung der Währungsunion leiden?

Eine abschließende Antwort auf diese Fragen kann heute niemand geben. Ein Blick zurück gibt zu denken. Vor allem südeuropäische Länder haben immer wieder versucht, sich über Abwertungen ihrer Währungen Vorteile im Wettbewerb zu verschaffen. In vielen Ländern Europas gab es lange Phasen mit hoher Inflation und hohen Zinsen. Jedoch haben gerade diese Länder in jüngster Zeit beachtliche Fortschritte gemacht. Mit Blick auf die Erfüllung der Maastrichter Konvergenzkriterien wurden ansehnliche Sparpakete geschnürt und entschlossen umgesetzt.

Die Leitidee der Deutschen Bundesbank – Stabilität der D-Mark – hat in ganz Europa gezündet. Und nicht nur das: Praktisch in der ganzen Welt hat ein Umdenken eingesetzt. Der vor wenigen Jahren noch weitverbreitete Gedanke, in der Hoffnung auf sprudelnde Einnahmen in der Zukunft heute das Geld mit vollen Händen auszugeben, ist auf dem Rückzug. Statt dessen sind sich immer mehr Staaten bewußt, daß sie auf Dauer nicht mehr Geld ausgeben können, als sie verdienen. Deshalb wird allerorten gespart. Die Ausgaben werden eingeschränkt und selbst Prestigeprojekte mit spitzem Bleistift gerechnet.

Durch ihre unbestreitbare Erfolg bei der Inflationsbekämpfung wurde die Bundesbank zum Vorbild nicht nur in Europa. Kein Wunder, daß ihre Unabhängigkeit sowie ihre Struktur und Geldpolitik zum Muster für die Statuten der Europäischen Zentralbank wurde. Beides zusammen, die Überzeugung, daß eine starke Währung langfristig mehr Vor- als Nachteile bringt, und die faktische Unabhängigkeit der Europäischen Zentralbank von der Politik lassen hoffen, daß der Euro an die

Erfolge der D-Mark anknüpfen kann und die Rolle als zweitwichtigste Reservewährung der Weltwirtschaft nach dem Dollar übernimmt.

Für die Anleger bedeutet dies, daß konservative Sparformen wie Sparbücher, Termingelder, Sparbriefe oder Bundesschatzbriefe sicher bleiben und ihren Stellenwert behalten werden. Die Verzinsung der kurz- bis mittelfristigen Anlagen dürfte etwas ansteigen, da das durchschnittliche Zinsniveau der absehbaren Teilnehmerländer ein wenig über dem heutigen Renditeiveau in Deutschland liegt. Allerdings sind die Zinsunterschiede nur gering.

Ob tatsächlich attraktivere Renditen erzielt werden können, wird auch vom verschärften grenzüberschreitenden Wettbewerb der Banken aus Europa und Übersee abhängen. Außerdem zeichnet sich ein erbitterter Wettstreit zwischen den Banken und den Versicherungen um das Geld der Anleger ab. Für die Finanzdienstleister wird der zu verteilende Kuchen zwar insgesamt nicht größer, aber es geht um einen Milliardenmarkt.

*Immobilien rentieren auf lange Sicht*

Offen ist, ob der Euro auf Dauer wirklich so stabil wie die D-Mark sein wird. Allen Versprechungen und ökonomischen Analysen zum Trotz, könnte die vermeintliche europäische Stabilitätsgemeinschaft ihre guten Vorsätze über Bord werfen und der Politik des leichten Geldes huldigen. Die Ängste der Menschen vor steigenden Inflationsraten können nicht einfach vom Tisch gewischt werden. Wer glaubt, schon jetzt Vorsorge treffen zu müssen, wird sich an eine Anlageform erinnern, die traditionell Schutz vor Inflation bietet. Das sind in erster Linie Immobilien. Freilich will die Flucht ins »Betongeld« gut überlegt sein. Die gegenwärtige Verfassung der Immobilienmärkte lädt nicht gerade zum Kauf von Grundstücken, Häusern oder Wohnungen ein. Sowohl die Gewerbe- als auch die Wohnimmobilienmärkte in Europa sind von Überkapazitäten und stagnierenden Mieten geprägt. Nach den Exzessen, die nach der deutschen Wiedervereinigung zu beobachten waren, hat sich auch in Deutschland das Klima spürbar abgekühlt. Am Markt für Gewerbeimmobilien sind hohe Leerstandsquoten bei Büroflächen und rückläufige Mieten die Regel. Und auch bei Häusern und Wohnungen bröckeln die Preise. Zusätzlich werfen in Deutschland die möglichen Folgen der geplanten Steuerreform ihre Schatten voraus.

Über die Auswirkungen der Währungsunion auf die Immobilienpreise kann nur spekuliert werden. Über die längerfristigen Preisentwicklungen gehen die Meinungen der Marktexperten weit auseinander. Hier reicht das Spektrum von »allenfalls langsame Erholung« bis »der Euro treibt die Preise«. Das derzeit gedrückte Miet- und Preisniveau bietet natürlich günstige Gelegenheiten zum Einstieg in den Immobilienmarkt. Erleichtert wird dies noch durch ein im historischen Vergleich ausgesprochen niedriges Zinsniveau. Fraglich ist aber, ob die Immobilienpreise bereits ihren Boden gefunden haben, oder ob sich die Marktkonsolidierung noch fortsetzen wird. Vieles spricht dafür, daß sich der Einfluß des Euro auf die Immobilien in Grenzen halten wird. Schließlich verändern sich durch die Währungsunion weder die Endnachfrage direkt, noch wird die Angebotslage von heute auf morgen auf den Kopf gestellt. Sollte tatsächlich eine Flucht in Immobilien einsetzen, werden nüchtern kalkulierende Hausbesitzer ihre Objekte zu attraktiven Preisen auf den Markt werfen. Den irrationalen Käufern wird schnell klarwerden, daß Kaufwellen ohne reale Veränderungen der Knappheiten einen Renditeverfall bringen. Absehbar ist, daß mit der Einführung des Euro die Währungsrisiken verschwinden und damit grenzüberschreitende Anlagen risikoloser werden und sich die Internationalisierung der Märkte beschleunigt. Allerdings dürften diese Veränderungen allenfalls langfristig Wirkung zeigen.

Ganz im Gegensatz zu den vielfach überzogenen Erwartungen zum Euro werden die Auswirkungen der deutschen Einkommensteuerreform auf die Immobilienmärkte häufig unterschätzt. Die geplante erhebliche Absenkung des Spitzensteuersatzes entwertet die erzielbaren Steuervorteile erheblich. In einer ersten Reaktion auf die geringeren Steueranreize dürften die Investitionen in den Mietwohnungsbau sinken. Als Folge der höheren Mieten bei Neubauten und der geringeren Investitionsneigung werden tendenziell auch die Bestandsmieten steigen. Diese Effekte stabilisieren die Immobilienpreise, die sonst wegen der wegfallenden Steuersubventionen fallen würden. Insgesamt dürfte indirekt die Eigentumsbildung und damit der selbstgenutzte Wohnungsbau gestärkt werden und dagegen der Mietwohnungsbau zurückgehen.

Ein Blick in die Vergangenheit zeigt, daß die Inflation häufig die Immobilienpreise getrieben hat. Nach einer Untersuchung der Helaba Trust Beratungs- und Managementgesellschaft mbH in Frankfurt sind die Preise von Eigentumswohnungen – ähnlich die von Einfamilienhäu-

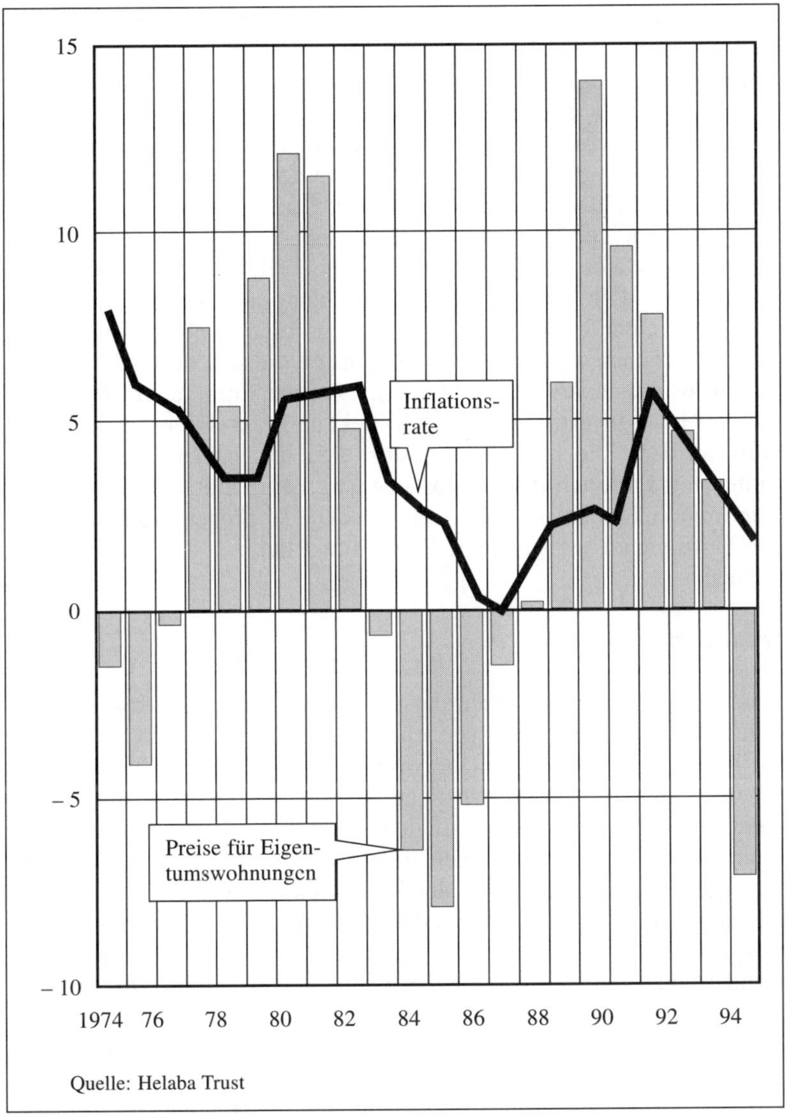


*Abbildung 3: Inflation treibt Preise für Eigentumswohnungen (Jahresveränderung in Prozent – Westdeutschland)*

sern und Bauland – im Zeitraum 1974 bis 1995 der Teuerungsentwicklung um ein bis zwei Jahre vorausgelaufen. Dabei haben die Immobilienpreise sogar überproportional auf steigende Inflationsraten reagiert. Allerdings wurde in Zeiten nachlassender Preissteigerungen auch eine entsprechende Reaktion der Immobilienpreise nach unten beobachtet. Und in einer derartigen Phase befinde sich der deutsche Markt derzeit, meinen die Fachleute vom Helaba Trust. Das Ergebnis ihrer Untersuchung liegt auf der Hand: In der Tat können Immobilien vor Inflation schützen. Andererseits scheint derzeit keine Eile bei Kaufentscheidungen geboten. Die Konjunktur in Deutschland erholt sich nur schleppend. Von einer Überhitzung der wirtschaftlichen Entwicklung kann nicht gesprochen werden. Auch für Anleger, die sich durch den Immobilienkauf vor einem vermeintlich schwachen Euro schützen wollen, gilt: Vor jeder Investition muß das Objekt und dessen Lage genau überprüft werden. Die baulichen, finanziellen und steuerlichen Aspekte sollten mit Experten durchgesprochen werden. Und schließlich sollte eine Immobilie niemals allein wegen lockender Steuervorteile oder vagen Hoffnungen auf steigende Preise mit Blick auf den Euro gekauft werden.

### *Versicherungen behalten ihren Wert*

Versicherte können der Währungsunion gelassen entgegensehen. Das sagen die deutschen Lebensversicherungsgesellschaften und verweisen auf ihre breit gestreuten Anlageportefeuilles, in denen sich kurz-, mittel- und langfristige festverzinsliche Wertpapiere, Termingelder, Investmentzertifikate und Darlehen sowie in- und ausländische Aktien, Beteiligungen und Immobilien finden. Tatsächlich kann sich sowohl das Volumen wie auch die Streuung der Kapitalanlagen der deutschen Versicherungswirtschaft sehen lassen. Vom gesamten Geldvermögen der heimischen Privathaushalte entfällt nach Berechnungen der Deutschen Bundesbank rund 20 Prozent auf Versicherungen. Mitte 1996 verwalteten die Versicherer nach eigenen Angaben knapp 1200 Milliarden DM. Der Löwenanteil davon entfiel mit 45 Prozent auf Namensschuldverschreibungen und Darlehen. Weitere 14 Prozent wurden in Anleihen, 12 Prozent in Investmentfonds und 10 Prozent in Hypotheken angelegt. Die Beteiligungen machten mehr als 6 und die Grundstücke knapp 5 Prozent aus. Und nur ein verschwindend geringer Teil von nicht einmal

| | **Milliarden DM** | **In Prozent** |
|---|---|---|
| Grundstücke | 56,367 | 4,756 |
| Hypotheken | 121,391 | 10,242 |
| Namensschuldverschreibungen/Darlehen | 536,605 | 45,277 |
| Festverzinsliche Wertpapiere | 176,622 | 14,903 |
| Aktien | 33,963 | 2,866 |
| Investmentzertifikate | 144,260 | 12,172 |
| Policedarlehen | 10,372 | 0,875 |
| Beteiligungen | 75,821 | 6,397 |
| Schuldbuchforderungen | 0,000 | 0,000 |
| Fest-, Termingelder etc. | 21,436 | 1,809 |
| Sonstiges | 8,335 | 0,703 |
| Gesamt | 1185,172 | 100,000 |
| Quelle: Gesamtverband der Deutschen Versicherungswirtschaft e.V., Bonn | | |

*Tabelle 5: Kapitalanlagen deutscher Versicherer (Mitte 1996)*

3 Prozent beziehungsweise rund 34 Milliarden DM hatten die Versicherer direkt in Aktien investiert.

Nach der Einführung des Euro kann der Lebensversicherungsvertrag nicht mehr in D-Mark weitergeführt werden. Auch kann die Versicherungsleistung nicht in einer anderen Währung ausgezahlt werden. Denn nach dem deutschen Versicherungsaufsichtsgesetz sind die Lebensversicherer gezwungen, die Kapitalanlagen weitgehend in der Währung anzulegen, in der die Zahlungsverpflichtung besteht. Deshalb erfolgt eine Auszahlung der Versicherungsleistung heute in D-Mark und später in Euro, da die D-Mark nach der Übergangsfrist keine gültige Währung mehr sein wird.

Die Währungsunion eröffnet den Versicherern zahlreiche Chancen und birgt zugleich einige Gefahren. Absehbar ist, daß sich über kurz oder lang der Wettbewerb sowohl innerhalb der Versicherungsbranche wie auch gegenüber den Banken verschärfen wird. Die Liberalisierung des europäischen Versicherungsmarktes öffnet den heimischen, bislang abgeschotteten Markt für ausländische Wettbewerber. Zusätzlichen Druck üben die Banken über ihre Investmentfondsgesellschaften auf die Versicherer aus. Wenn der Gesetzgeber tatsächlich die Zinserträge aus Lebensversicherungspolicen künftig der Steuer unterwirft, droht ein erbitterter Kampf zwischen Banken und Versicherungen um die Gelder der Anleger.

Die Liberalisierung des Marktes zusammen mit dem Wegfall des Steuerprivilegs wird dazu führen, daß mit neuen Produkten experimentiert wird und attraktive Anlagemöglichkeiten locken. Die zunehmende Bedeutung der privaten Altersvorsorge beschleunigt diesen Trend noch. Aufgeschreckt durch die jüngsten Absatzerfolge der deutschen Investmentbranche, deren Fondsgesellschaften innerhalb weniger Monate Milliardenbeträge mit sogenannten Garantiefonds und Produkten zur Altersvorsorge eingesammelt haben, starten die ersten deutschen Lebensversicherer eine Produktoffensive am deutschen Kapitalmarkt. So hat inzwischen das erste deutsche Versicherungsunternehmen eine Lebensversicherung mit Kapitalgarantie, Mindestverzinsung und Gewinnbeteiligung an Kurssteigerungen der deutschen Aktienbörse aufgelegt. Die Idee, Kapitallebensversicherungen mit dem Indexanstieg einer Börse zu kombinieren, hat in ganz Europa gezündet. In Großbritannien, der Schweiz und Italien sind indexgebundene Lebensversicherungen auf dem Vormarsch. Selbst in den Vereinigten Staaten, wo der Kapitalanlagemarkt von großen Investmentfondsgesellschaften dominiert wird, sind schon die ersten Indexprodukte am Markt.

Selbst starke Schwankungen an den internationalen Finanzmärkten schrecken die Versicherungen nach eigenem Bekunden nicht. Die breite Streuung ihrer Portefeuilles schütze vor Verlusten. Die Vergangenheit habe gezeigt, daß durch die sicherheitsorientierte Anlagestrategie selbst in Phasen hoher Inflationsraten, Aktiencrashs, Ölkrisen oder überraschend scharfer Zinsanstiege die garantierte Mindestverzinsung von 4 Prozent gezahlt worden sei. Freilich müssen die Versicherer erst noch beweisen, daß sie ihre Renditeversprechen auch nach Einführung des Euro einhalten können. Das Sicherheitsargument der Branche, die den mit weitem Abstand größten Teil ihrer Mittel in festverzinsliche Anlagen investiert, könnte sich als Bumerang erweisen. Wenn nämlich im Übergang zur einheitlichen Währung heftige Kursturbulenzen die internationalen Devisen- und Anleihemärkte erschüttern sollten, dann drohen den Versicherungen empfindliche Kurs- und Währungsverluste auf ihre Zinsanlagen. Ob sich die Versicherten in diesem Fall mit einer geringeren Verzinsung als die häufig in Aussicht gestellten 6 bis 7 Prozent jährlich rechnen müssen, wird stark von der Flexibilität der Anlagefachleuten der jeweiligen Versicherung abhängen. Wenn nicht rechtzeitig die Anlagestrategie geändert und die Mittel umgeschichtet werden, kann der Versicherte Schiffbruch erleiden.

Auf der anderen Seite bietet die Währungsunion auch den Versicherungsunternehmen viel mehr Anlagemöglichkeiten, in die ohne Währungsrisiko investiert werden kann. Insofern ist eine überstürzte Kündigung laufender Versicherungsverträge nicht ratsam. Schließlich birgt auch eine Umschichtung der Anlagen in Dollar, Pfund oder Schweizer Franken erhebliche Risiken und im Falle des Frankens auch Zinsnachteile. Darüber hinaus verlieren Versicherungskunden bei einer Kündigung ihre Absicherung für den Todesfall oder ihren Berufsunfähigkeitsschutz. Zudem muß bedacht werden, daß im Falle einer vorzeitigen Kündigung vor Ablauf der steuerlich anerkannten Zwölf-Jahres-Frist die Erträge aus einer Lebensversicherung zu versteuern sind. Auch der geplante Neuabschluß einer Versicherung sollte gründlich überlegt werden. Denn je früher ein solcher Vertrag geschlossen wird, desto günstiger sind die Konditionen, während es im Alter manchmal schwierig sein kann, überhaupt noch eine Lebensversicherung abzuschließen. Versicherungsunternehmen, die ihren Sitz in Deutschland haben, sind gesetzlich verpflichtet, die Gelder in derjenigen Währung anzulegen, die später auch ausbezahlt wird. Das ist heute die D-Mark und in Zukunft aller Voraussicht nach der Euro. Lebensversicherungsverträge in Fremdwährungen können allenfalls bei ausländischen Versicherungen abgeschlossen werden. Allerdings muß man hierbei bedenken, daß der Schutz vor einer möglichen Abwertung des Euro mit einem erheblichen Wechselkursrisiko erkauft werden muß. Gerade bei besonders langfristigen Kapitalanlagen wie Lebensversicherungen können die Verschiebungen der Wechselkurse dramatische Ausmaße erreichen. Schließlich kann niemand voraussagen, welche Währungsrelationen in 10 oder 20 Jahren gelten.

### *Mit Gold ist kein Staat zu machen*

Ein Goldschatz in der Größe von 14000 Tonnen läßt sich nicht verstekken. Etwa so viel Gold lagert in den Kellern der europäischen Notenbanken, die den Euro einführen wollen. Zu aktuellen Marktpreisen gerechnet schlummert in den Tresoren der Zentralbanken Gold im Wert von rund 250 Milliarden DM. Bis heute ist unklar, was mit dem Gold geschieht. Sollen die Schätze gehoben und über die internationalen

Edelmetallmärkte verkauft werden? Sollen die Teilnehmer an der Währungsunion ihre Goldbestände an das Europäische Währungsinstitut übertragen? Oder sollen die eisernen Reserven einfach in den Kellern der Notenbanken liegenbleiben?

Der freihändige Verkauf zu Marktpreisen scheitert am riesigen Volumen. So viel Gold ist in den vergleichsweise engen internationalen Goldmärkten praktisch unverkäuflich. Eine planmäßige Veräußerung müßte über viele Jahr gestreckt und diszipliniert durchgeführt werden. Aber selbst das dürfte langfristig die Preise drücken und das Kurspotential für Gold über Jahre hinaus deckeln.

Die Furcht vor weiteren Goldverkäufen aus den stattlichen Edelmetallreserven der europäischen Zentralbanken drückt auf die Stimmung der Edelmetallanleger und auf den Goldpreis. Nun hat auch die niederländische Notenbank eingeräumt, vor kurzem 300 Tonnen Gold verkauft zu haben, nachdem bereits Belgien 1996 ein Fünftel seiner Goldreserven verkauft hatte. Weitere Notenbankverkäufe sind denkbar und beschneiden das Kurspotential für Gold auf absehbare Zeit. Die Goldbarren in den Tresoren der EU-Notenbanken werfen keine Erträge ab, ihre Lagerung kostet nur Geld. Seine Rolle als Schutz vor Inflation hat Gold schon lange verloren. Und wenn die Europäische Zentralbank ihre Arbeit aufnimmt, verlieren die beteiligten Notenbanken die Verfügungsgewalt über ihre Reserven. Warum also nicht zumindest einen Teil der Goldreserven auf den Markt werfen, dabei möglicherweise einen kleinen Buchgewinn realisieren und das Geld in verzinsliche Dollar-Staatsanleihen investieren oder zum Abbau der Staatsverschuldung verwenden, werden sich manche EU-Notenbanken fragen.

Fast alle europäischen Notenbanken bewerten den größten Teil ihrer Goldbestände zu Marktpreisen mit rund 340 Dollar (560 DM) je Feinunze. Sollte eine Zentralbank nach vorne preschen und ihre gesamten Bestände auf einmal auf den Markt werfen, dürften andere folgen, um so die unvermeidbaren Abschreibungen auf die Goldreserven zu begrenzen. Ein überstürzter Verkauf dürfte einen Crash am Goldmarkt auslösen. Vergleichsweise gelassen könnte die Deutsche Bundesbank reagieren. Ihre Edelmetallreserven stehen zu durchschnittlichen Anschaffungspreisen von nur 144 DM je Feinunze in den Büchern. Hier könnte sich ein Bilanzierungstrick in Form einer Neubewertung anbieten, um Deutschland mit Blick auf die Konvergenzkriterien schönzurechnen.

Über den internationalen Goldmärkten hängt in jedem Fall auf Jahre hinaus ein Damoklesschwert in Form möglicher Verkäufe europäischer Zentralbanken. Hinzu kommen mögliche Goldverkäufe des Internationalen Währungsfonds. Größter Goldbesitzer der Welt sind die Vereinigten Staaten, die in Fort Knox rund 8200 Tonnen lagern. Danach folgen Deutschland mit fast 3700, Frankreich mit nahezu 3200, Italien mit knapp 2600 und die Schweiz mit rund 2500 Tonnen. Da physisches Gold keine Zinsen abwirft und in Europa das Erreichen der strengen Maastrichter Konvergenzkriterien angepeilt wird, liegt die Versuchung nahe, über Goldverkäufe die volkswirtschaftlichen Bilanzen aufzubessern.

Für den Privatanleger erscheint Gold unter diesen Umständen keine glänzende Angelegenheit. Schon in den vergangenen 15 Jahren konnte man mit Gold – von kurzfristigen Kursausschlägen abgesehen – kein Geld verdienen. Das gelbe Metall ist keine Garantie für Werterhalt, sondern ein reines Spekulationsobjekt, das freilich weder Zinsen noch Dividenden abwirft. Unter Umständen verursacht das Gold sogar noch Lagerhaltungskosten und ist mit Kauf- und Verkaufspesen belastet.

Die künftige Europäische Zentralbank muß mit einem ausreichenden Kapital ausgestattet werden. Welches Land wieviele Reserven in welcher Form (Gold oder Devisen) auf die Europäische Zentralbank übertragen muß, ist noch nicht entschieden. Doch bis zur Einführung des Euro verbleibt nicht mehr viel Zeit, denn dann verlieren die beteiligten Notenbanken die Verfügungsgewalt über ihre Goldreserven. Die fälligen Entscheidungen müssen frühzeitig getroffen werden, bevor der Euro kommt. Derzeit verhandeln die jeweiligen Notenbanken fieberhaft mit Vertretern des Europäischen Währungsinstituts und der EU. Bis zur Entscheidung muß praktisch jederzeit mit weiteren Goldverkäufen der beteiligten Notenbanken gerechnet werden, die den Goldpreis kräftig nach unten drücken dürften. Goldanleger brauchen also einen langen Atem. Auf lange Sicht könnte der Goldpreis wegen der Lücke zwischen Angebot und Nachfrage sowie der versiegenden Notenbankverkäufe wieder steigen. Zudem wächst mit steigendem Wohlstand in vielen asiatischen Ländern die dortige Goldnachfrage. Und schließlich werden die reichen asiatischen Notenbanken verstärkt darüber nachdenken, ob sie nicht einen größeren Teil ihrer Reserven außerhalb des Dollar anlegen wollen.

Auch im Anlagejahr 1996 hatten Goldkäufer kein Glück. Vielen Edelmetallanlegern sind bereits die Jahre 1994 und 1995 in schlechter

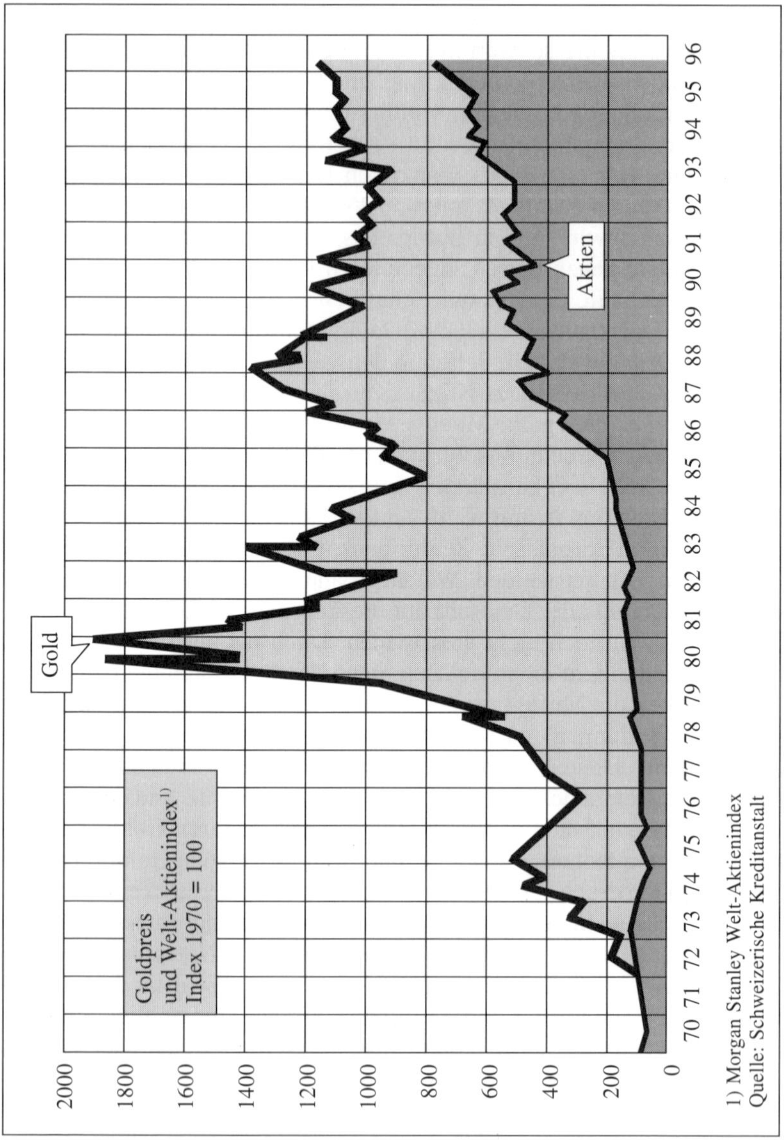


*Abbildung 4: Langfristige Goldpreisentwicklung*

Erinnerung. So fiel der Platinpreis 1995 um 13,4 Prozent und die Silber- und Goldnotierungen brachen im Anlagejahr 1994 um 14 beziehungsweise 10 Prozent ein. Das Interesse der Investoren fehle gänzlich, beschreiben Edelmetallhändler das Geschehen am Goldmarkt. Zwar sind die Umsätze mit physischem Gold größer als je zuvor. Die Goldproduktion der Minengesellschaften und der industrielle Goldverbrauch erreichen neue Höchststände. Aber der Goldpreis bewegt sich kaum von der Stelle, sondern pendelt nunmehr seit drei Jahren in einer relativ engen Bandbreite zwischen rund 340 und 417 Dollar je Feinunze. Wieder einmal scheint sich eine alte Handelserfahrung zu bestätigen: Wenn die Geschäfte an den internationalen Finanzmärkten besonders gut gehen, dann laufen die Geschäfte mit Rohstoffen häufig schlecht. Der Goldpreis profitierte Anfang 1996 nur kurzfristig von spekulativen Käufen internationaler Großanleger, die die Preise zeitweise auf über 417 Dollar getrieben hatten. Doch inzwischen ist an den internationalen Goldmärkten eine Patt-Situation entstanden, in der zwei wichtige Gruppen von Marktteilnehmern das Geschehen bestimmen. Auf der einen Seite steht eine kleine Gruppe von etwa 30 großen Minengesellschaften und Notenbanken. In Zeiten steigender Goldnotierungen reagiert diese überschaubare Gruppe schnell und verkauft auch größere Goldbestände. Diesen Marktteilnehmern stehen auf der anderen Seite rund 50000 industrielle Goldverbraucher wie etwa die Schmuckindustrie gegenüber, die in Zeiten sinkender Goldpreise erst einmal abwarten, ob die Notierungen nicht noch weiter fallen. Solange keine Anleger am Markt sind, klettert deshalb der Goldpreis nur langsam nach oben und fällt oftmals danach recht schnell.

Minengesellschaften verkaufen regelmäßig einen bestimmten Anteil ihrer erwarteten Produktion auf Termin, um eine möglichst sichere Kalkulationsgrundlage für das kommende Jahr zu haben. Eine wichtige Rolle im internationalen Goldmarkt spielen traditionell die Notenbanken, die einen Teil ihrer Goldreserven regelmäßig verleihen und manchmal auch verkaufen. Diese Gruppe schließt die seit Jahren bestehende Lücke zwischen der weltweiten Minenförderung und der industriellen Nachfrage. Auf der Basis der jüngsten Zahlen von Gold Fields Mineral Services, einer auf die Analyse des Gold- und Silbermarktes spezialisierten Gesellschaft in London, dürfte im Gesamtjahr 1996 einem globalen Goldangebot von rund 2240 Tonnen eine Industrienachfrage von etwa 3160 Tonnen gegenübergestanden haben. 1995 wurde eine ähnlich große Lücke vor allem durch Goldverkäufe der Notenbanken (186 Tonnen) sowie durch Terminverkäufe der Minengesellschafen (466 Tonnen) gedeckt. Diese Lücke kann der Markt auf Dauer nicht durch Enthortung schließen.

*Euro-Chancen für Fondsanleger*

Fondssparern eröffnet die Währungsunion interessante Chancen, gleichzeitig lauern aber auch Risiken. Letztlich sind die jeweiligen Fondsmanager den gleichen Gesetzen unterworfen wie andere Anleger an den jeweiligen Aktien- und Anleihemärkten. Sie müssen die Kursausschläge an den internationalen Finanzmärkten immer im Auge behalten und bei entscheidenden Richtungsänderungen sofort reagieren. Der große Vorteil der Fondsanlage besticht auch mit Blick auf den Euro. Die Anleger brauchen nicht täglich die Entwicklungen an den Märkten zu verfolgen. Das besorgen die Fondsgesellschaften für sie, die freilich in aller Regeln in Form von stattlichen Ausgabeaufschlägen und Verwaltungsgebühren fürstlich bezahlt werden.

Allerdings werden nicht wenige Anleger angesichts der näherrückenden Währungsunion ihre bisherige Fondsstrategie überdenken. Soll weiterhin vor allem in deutsche Rentenfonds investiert werden? Bringen Geldmarktfonds noch genug Rendite oder soll nicht zumindest ein Teil der Mittel in Aktienfonds umgeschichtet werden? Wird der Euro wirklich so stabil wie die D-Mark? Sollte nicht doch ein gewisser Betrag in Dollar, Pfund oder Schweizer Franken angelegt werden? Diese Fragen stellen sich zahlreiche Anleger, ob sie nun viel, wenig oder gar nicht in Investmentfonds investiert haben.

Eine maßgeschneiderte Lösung kann die Fondsindustrie nicht bieten, auch wenn inzwischen immer mehr Spezialitätenfonds aufgelegt werden, so daß selbst Profis den Dschungel der angebotenen Fonds nicht mehr durchdringen können, der, gemessen an der Anzahl der angebotenen Produkte, die Zahl der in Deutschland notierten Aktien um ein Vielfaches übersteigt. Auch wenn innerhalb der Fondsindustrie ein Wettlauf um die »besten Euro-Produkte« einsetzen dürfte, wird den Fondssparern häufig nichts anderes übrig bleiben, als sich auf einige ausgesuchte Kernanlagen zu beschränken. Zuerst einmal muß entschieden werden, welcher Teil in Aktien, Anleihen und am Geldmarkt investiert werden soll. Fast alle Fondsgesellschaften sitzen bereits in den Startlöchern, und einige haben sogar schon spezielle Aktienfonds angesichts der bevorstehenden Einführung des Euro aufgelegt.

In Hochglanzbroschüren werben viele Gesellschaften für europaweit anlegende Aktienfonds, um sich am Wachstumspotential der europäischen Unternehmen zu beteiligen. Keine schlechte Idee: Schließlich wird in Sachwerte investiert, deren Kursverlauf vor allem von ökonomischen Daten wie der Ertragsperspektive der jeweiligen Branche oder Gesellschaft bestimmt wird. Die Unsicherheit über die Stabilität des Euro schlägt sich nur mittelbar durch sinkende oder steigende Zinsen im Kurs nieder. Anders könnte die Rechnung bei Rentenfonds aussehen. Hier könnten steigende Zinsen und im Gegenzug fallende Anleihekurse das Anlageergebnis verhageln. In diesem Fall kommt es darauf an, ob der Fondsmanager die Mittel rechtzeitig in kurzlaufende Titel oder je nach Fondsgattung vielleicht auch in andere Währungen umgeschichtet hat. Freilich sinkt in der Regel mit jeder Verkürzung der Restlaufzeiten der in einem Rentendepot enthaltenen Titel die Rendite.

In den allermeisten Fällen orientieren sich die Fondsmanager an den sogenannten Benchmarks, das sind »Meßlatten« in Form von gebräuchlichen Aktien- oder Anleiheindizes die die Wertentwicklung der jeweiligen Märkte abbilden sollen. Und da jede Umschichtung von einem Fonds zum nächsten und vor allem der Wechsel zwischen verschiedenen Investmentgesellschaften in der Regel mit erheblichen Kosten verbunden ist, bietet sich der Kauf von sogenannten Indexzertifikaten an, die ebenfalls der allgemeinen Marktentwicklung folgen. So könnten zwei Fliegen mit einer Klappe geschlagen werden: Erstens spart man die Ausgabeaufschläge und Verwaltungskosten. Und zweitens kann man so flexibel die Chancen an den jeweiligen Märkten wahrnehmen und darüber hinaus seine Anlagen sinnvoll streuen, auch wenn man nicht über hohe Anlagebeträge verfügt.

## Strategien der Angst lohnen nicht

### *Der Euro wird international eine führende Rolle spielen*

Recht schnell dürfte der Euro die D-Mark als zweitwichtigste Reservewährung der Welt ablösen. Wie stark diese Führungsrolle sein wird, hängt von der Zahl der Teilnehmerstaaten und der Stabilität des Euro ab. Um eine hohe Stabilität zu erreichen, sind die Konvergenzkriterien strikt auszulegen. Der Maastrichter Vertrag sagt deutlich, daß die Konvergenz dauerhaft sein muß. Ein nur vorübergehender Rückgang der staatlichen Verschuldungsquote reicht nicht aus.

Zwar ist nach zähem Verhandlungspoker der von Bundesfinanzminister Theo Waigel vorgeschlagene Stabilitätspakt im Dezember 1996 beschlossen worden. Doch wurde das Kernelement, nämlich die automatisch greifenden Sanktionen für Haushaltssünder, einem komplizierten Abstimmungsverfahren geopfert. Damit ist der Stabilitätspakt ohne rechten Biß, gleichwohl wurde das Zustandekommen von den Finanzmärkten zunächst begrüßt. »Selbstverpflichtung statt automatischer Strafe«, heißt nunmehr die dehnbare Formel, mit der die Teilnehmerstaaten die Haushaltsdisziplin dauerhaft sichern wollen.

Mit der Qualifizierung für die Währungsunion ergeben sich neue Rahmenbedingungen für die Finanzmärkte und auch für die Finanzpolitik der teilnehmenden Länder. Bis zu diesem Zeitpunkt wurden hohe Haushaltsdefizite einzelner Länder mit einem Zinsanstieg und einer Abwertung der eigenen Währung bestraft. Der bisherige Sanktionsmechanismus über die Finanzmärkte, der alleine das unsolide Land trifft, wird nicht mehr greifen. Der Druck auf die eigene Währung wird entfallen und der Zinsanstieg von den übrigen Teilnehmerstaaten mitgetragen und damit abgefedert.

Die Entscheidung, welche Länder im ersten Schritt an der Europäischen Währungsunion teilnehmen werden, ist schon allein deswegen von großer Bedeutung. Die unter Umständen auch politisch motivierte Auswahl der Teilnehmerstaaten wird sich dem Urteil der Finanzmärkte stellen müssen. Sollte die Währungsunion tatsächlich gleich zu Beginn mit möglichst vielen Ländern starten, wie von der Europäischen Kommission gewünscht, steigen die wirtschaftspolitischen Anforderungen an die Beteiligten.

Je mehr Teilnehmerländer, desto schwächer wird sich aller Voraussicht nach der Euro gegenüber anderen internationalen Währungen präsentieren. Entsprechend steigen die Kursschwankungen und damit die Risiken für die Anleger. Im Vorfeld und in der Übergangsphase zum Euro muß in jedem Fall mit Turbulenzen an den internationalen Devisenmärkten gerechnet werden.

Mittelfristig sprechen überzeugende realwirtschaftliche Fakten für ein starkes Gewicht des Euro. In Zukunft dürften 25 bis 30 Prozent des

Welthandels in Euro abgewickelt werden. Die Staaten der Europäischen Union repräsentieren den größten Wirtschaftsblock der Welt. Sie sind zusammengenommen weltgrößte Importeure und Exporteure. Diese Veränderungen werden langfristig großen Einfluß auf die Verteilung der Währungsreserven der Notenbanken in der Welt haben.

| Region | Gesamt-reserven in Mill. Dollar | Dollar-Anteil in Prozent | DM-Anteil in Prozent | Andere in Prozent |
|---|---|---|---|---|
| Australien und Neuseeland | 16,3 | 31 | 12 | 57 |
| USA und Kanada | 91,6 | 11 | 44 | 46 |
| Japan | 183,3 | 82 | 13 | 5 |
| Westeuropa | 433,8 | 50 | 44 | 6 |
| Asien | 373,8 | 80 | 17 | 3 |
| Osteuropa | 83,2 | 50 | 38 | 12 |
| Naher Osten | 73,6 | 82 | 14 | 5 |
| Andere | 154,1 | 84 | 13 | 3 |
| Gesamt | 1410,0 | 65 | 28 | 7 |
| Quelle: Paribas Capital Markets | | | | |

*Tabelle 6: Globale Devisenreserven*

Auffällig ist, daß die Vereinigten Staaten von Amerika zusammen mit Kanada verhältnismäßig wenig Devisenreserven halten, während vor allem Europa, Japan und das restliche Asien über stattliche Reserven verfügen. Der Dollar-Anteil an den Reserven asiatischer Notenbanken liegt bei rund 80 Prozent. Da darüber hinaus häufig in den aufstrebenden Ländern Asiens die Kursentwicklung der heimischen Währung an den Dollar gekoppelt ist, streben viele Staaten eine größere Unabhängigkeit von Amerika an. Ähnliches gilt für manche Länder des Nahen Ostens, die ebenfalls über große Dollar-Reserven verfügen. Immer mehr dieser Länder denken darüber nach, ob sie nicht einen größeren Teil ihrer Reserven außerhalb der Vereinigten Staaten anlegen sollen, um unabhängiger zu werden. Selbst vorsichtige Umschichtungen, die über längere Zeiträume gestreckt werden, dürften angesichts der erheblichen Volumen zu kräftigen Wechselkursveränderungen führen. Zwar ist denkbar, daß mit Blick auf den Euro diese Umschichtungen zunächst zurückgestellt oder auch DM-Positionen zugunsten des Dollar aufgelöst werden. Doch auf lange Sicht werden die jeweiligen Notenbanken allein wegen fehlender Alternativen nicht am Euro vorbeikommen.

Nach Angaben des Internationalen Währungsfonds verfügten die Mitgliedstaaten der Europäischen Union im Herbst 1996 über Devisenreserven von mehr als 270 Milliarden Sonderziehungsrechten. In D-Mark umgerechnet sind das mehr als 540 Milliarden DM. Etwa ein Fünftel davon hält die Deutsche Bundesbank, gefolgt von Spanien und Italien, die ebenfalls hohe Devisenreserven haben. Die künftige Europäische Zentralbank (EZB) soll zusätzlich zu einem Kapital von 5 Milliarden Euro mit Devisenreserven von 50 Milliarden Euro ausgestattet werden. Die bei den nationalen Notenbanken verbleibenden Reserven, dürfen diese eigenständig nicht mehr nutzen, denn das könnte den geldpolitischen Kurs der EZB ins Schlingern bringen. Folglich muß die EZB die Verwendung der verbleibenden Reserven erst genehmigen.

Die Versuchung ist groß, sich zumindest von Teilen der Reserven bereits vor Beginn der Währungsunion zu trennen. Schließlich können die jeweiligen Notenbanken danach nicht mehr eigenständig darüber verfügen. Deshalb muß mit kräftigen Kursschwankungen an den Devisenmärkten gerechnet werden. Da nicht alle Länder der EU im ersten Zug an der Währungsunion teilnehmen dürften, werden auch nicht alle einzahlen und möglicherweise weniger als 50 Milliarden Euro als Devisenreserven der EZB übertragen. Offen ist, wie diejenigen Länder mit ihrem Bestand an Währungsreserven verfahren, die zunächst außerhalb bleiben. Wenn sie dem Euro vertrauen, dürften sie ihre Devisenreserven, die auf die Währungen potentieller Teilnehmerländer lauten, nicht in Drittwährungen tauschen. Geben sie dem Euro wenig Chancen, könnte es zu erheblichen Portfolioumschichtungen kommen. Freilich dürften längst nicht alle Nichtteilnahmeländer, die Mitglieder im neuen Wechselkurssystem (EWS II) sein werden, hohe Euro-Bestände halten. Denn die EZB hat das Recht, Interventionen zu verweigern, so daß es schließlich Aufgabe der nationalen Notenbanken werden könnte, ihre Währungen im Rahmen des EWS II zu halten. Deshalb könnten die nationalen Notenbanken potentieller Teilnehmerländer einen Teil ihres Goldes, Dollar, Yen und andere nichteuropäische Währungsreserven behalten.

Und wie verfahren die teilnehmenden Notenbanken mit jenen Reserven, die nicht auf die EZB übergehen? Was machen sie mit ihren restlichen Dollar-, Yen-, Schweizer-Franken- oder Goldbeständen, und was mit jenen Reserven, die im Euro aufgehen? Vielleicht versuchen sie, die

Devisenreserven, die auf Euro umgestellt und damit zu heimischen Aktiva werden, vorher in Drittwährungen zu tauschen, zum Beispiel in Dollar. Denn während heimische Aktiva strikt der EZB unterliegen, könnte es bei Drittwährungen noch einen gewissen Spielraum geben.

*Welche Währungen gewinnen, welche verlieren*

Für Anleger brechen interessante Zeiten an. Auf dem europäischen Geldmärkten gibt es mit Beginn der Währungsunion nur noch Euro. Auf den Devisenmärkten der Union bleibt zum 1. Januar 1999 auf einmal nur noch eine einzige handelbare Währung übrig. Zwar entscheiden die Staats- und Regierungschefs bereits Anfang 1998, welche Länder sich für die Währungsunion qualifizieren. Über die Umrechnungskurse zum Euro muß laut Vertrag aber erst zu Beginn der dritten Stufe entschieden werden.

Die zeitliche Lücke lädt zu Devisenspekulationen geradezu ein. Ein knappes Jahr der Ungewißheit müßte überwunden werden. Deshalb könnte zusammen mit der Länderauswahl bereits Anfang 1998 über das Verfahren zur Wechselkursumrechnung entschieden werden.

Zu Beginn der dritten Stufe werden die Umrechnungskurse zwischen den beteiligten Währungen untereinander und zum Euro durch einstimmigen Beschluß der teilnehmenden Länder unwiderruflich festgelegt. Gleichzeitig übertragen die beteiligten nationalen Notenbanken die Verantwortung für die Geldpolitik auf das Europäische System der Zentralbanken (ESZB), das sofort den Euro verwendet. Die Geldpolitik soll über die Einführung eines europaweiten Echtzeit-Brutto-Zahlungssystems, dem sogenannten TARGET (Trans-European Automated Real-Time Gross Settlement Express Transfer System) durchgesetzt werden, daß darüber hinaus eine rasche und effiziente Abwicklung von grenzüberschreitenden Zahlungen ermöglichen soll.

Ab 1. Januar 1999 folgt eine dreijährige Übergangsperiode (Stufe 3a), in der der Euro zwar bereits als Währung existiert, auf ihn lautende Banknoten aber noch nicht verfügbar sind. Spätestens am 1. Januar 2002 beginnt die Ausgabe von Euro-Banknoten und -Münzen. Innerhalb von sechs Monaten soll der Umtausch abgeschlossen und das bisherige nationale Geld aus dem Verkehr gezogen werden. Freilich tauschen die Zentralbanken die jeweiligen nationalen Banknoten und Münzen noch später um, auch wenn sie kein gesetzliches Zahlungsmittel mehr sind.

Dem bisherigen Europäischen Währungssystem folgt ein EWS II, daß einige Konstruktionsmängel des bisherigen Systems vermeiden soll. Künftig sollen notwendige Leitkurse gegenüber den noch nicht teilnehmenden Währungen rascher und geräuschloser angepaßt werden, um reale Wechselkursverschiebungen aufzufangen, die früher heftige Turbulenzen an den Devisenmärkten ausgelöst hatten. Die Zentralbanken sollen eine Überprüfung der Leitkurse einleiten und gegebenenfalls ihre Interventionen zur Wechselkursstützung einstellen können. Über die genauen Bandbreiten für Wechselkursschwankungen um die Euro-Leitkurse ist noch nicht entschieden worden. Wahrscheinlich werden diese so breit wie möglich festgelegt.

Die wichtigste Anlagealternative zum Euro ist der Dollar. Der Yen scheidet für viele Anleger wegen der derzeit außerordentlich niedrigen Zinsen für japanische Anleihen aus. Zudem kämpft Japan mit schweren hausgemachten Konjunkturproblemen sowie einer handfesten Banken- und Immobilienkrise. Darüber hinaus fließen die Informationen aus Fernost vergleichsweise spärlich. Und schließlich sind viele finanz- und wirtschaftspolitischen Entscheidungen Japans auf spezifische Interessengruppen zugeschnitten und von außen kaum nachvollziehbar.

Der Schweizer Franken ist vom Volumen her viel zu klein, um eine mögliche Massenflucht aus europäischen Hartwährungsländern aufzufangen. Außerdem hat die Schweizer Nationalbank frühzeitig deutlich gemacht, daß sie einen tieferen Kurs als rund 80 Franken für 100 DM nicht hinnehmen will. Sollte diese Marke nachhaltig unterschritten werden, dürfte die schweizerische Notenbank entweder mit abermaligen Zinssenkungen gegensteuern, oder sie führt sogar Strafzinsen für Franken-Anlagen für ausländische Investoren ein, wie sie es schon einmal früher gemacht hatte.

Als weitere Ausweichmöglichkeit bietet sich das britische Pfund an. Aber auch hier ist der Anleihemarkt zu klein, um nennenswerte Umschichtungen von internationalen Großinvestoren und privaten Anlegern aufzufangen. Hinzu kommt, daß Großbritannien der Währungsunion jederzeit beitreten könnte und früher oder später wohl auch wird. Einen möglichen Beitrittswunsch Großbritanniens könnte und wollte der Rest Europas nicht abschlagen. Insofern könnten vor allem wegen der gegenwärtig vergleichsweise hohen Zinsen in Großbritannien zwar kurzfristige Gelder in Pfund-Konten geparkt oder mit Pfund-Anleihen auf einen Beitritt mit den damit verbundenen Konvergenzspekulationen gesetzt werden. Auf lange Sicht ist das Pfund aber keine Alternative zum Euro.

Die Europäische Zentralbank wird langfristig versuchen, mit einer straffen Zins- und Geldpolitik für einen starken Euro zu sorgen. Sie wird die Inflationsbekämpfung hoffentlich so ernst nehmen, wie heute die Deutsche Bundesbank. Der Euro wird zwar dem Dollar als wichtigste Währung der Welt nicht ablösen, doch immerhin von ähnlich großer internationaler Bedeutung sein. Allerdings wird sich die Europäische Zentralbank das Vertrauen der Anleger erst mühsam erarbeiten müssen. Außerdem führt der Versuch der Teilnahmekandidaten der Währungsunion, die Aufnahmekriterien zu erfüllen, zumindest kurzfristig zu niedrigeren Zinsen, was ausländische Anleger nicht gerade anlockt. Darüber hinaus dürften mögliche Turbulenzen an den Devisenmärkten manche potentielle Anleger abschrecken.

Mit den heftigsten Kursausschlägen muß in der Übergangsphase zwischen 1999 und 2002 gerechnet werden. Dann werden diejenigen Staaten, die nicht von Anfang an dabeisein können, nach wie vor über eine eigene Währung verfügen, die durch fixe Wechselkursbandbreiten an den Euro gekoppelt sind. Je nach Festlegung der Bandbreiten bieten diese Währungen Spekulanten eine mehr oder weniger reizvolle Angriffsfläche.

In der Übergangsphase dürften neben dem Dollar auch der Schweizer Franken und das Pfund Stärke zeigen. Mögliche Übertreibungen der Finanzmärkte werden allerdings mittelfristig immer wieder korrigiert. Schon seit Anfang 1995 sind Dollaranlagen stark begehrt. Die amerikanischen Renditen liegen vor allem im kurz- und mittelfristigen Laufzeitenbereich spürbar über den vergleichbaren deutschen Zinssätzen. Außerdem unterscheiden sich die deutsche und die amerikanische Zinsstrukturkurve deutlich. Während die deutsche Zinskurve über alle Laufzeiten von rund 3 Prozent am Geldmarkt über etwa 4 Prozent für dreijährige Bundesanleihen steil auf rund 6 Prozent für zehnjährige Papiere ansteigt, verläuft die amerikanische Zinskurve recht flach von 5 Prozent am Geldmarkt bis rund 7 Prozent am langen Marktende für dreißigjährige Dollar-Staatsanleihen.

Bei allen Kurshoffnungen, die viele Analysten in- und ausländischer Banken verbreiten, muß bedacht werden, daß der Dollarkurs immer auch politischen Einflüssen unterliegt. Der bloße Verweis auf ein vermeintlich faires, handelsgewichtetes oder kaufpreisadäquates Kursniveau ist kein Argument. Schon viel zu lange führt der Dollarkurs ein Eigenleben, daß sich ökonomisch nicht eindeutig fassen läßt. Erstens sind die wichtigsten Einflußfaktoren wie beispielsweise Zinsentwicklung, Inflationsraten, Geld- und Wirtschaftspolitik sowie Handels- oder Haushaltsdefizite zu vielschichtig. Und zweitens sind Wechselkurse besonders im Verhältnis zwischen den Vereinigten Staaten und Japan immer auch politische Druckmittel. Über das Dreiecksverhältnis der Triade Amerika, Asien und Europa bestimmen so über die sogenannten Cross-Rates die Dollar-Yen-Preise auch den DM-Dollar-Wechselkurs. Im Falle einer Flucht aus einem möglicherweise schwachen Euro dürfte der Dollarkurs spürbar steigen. Wesentlichen Einfluß auf diese Entwicklung haben die asiatischen Notenbanken, die stattliche Währungsreserven in Dollar angelegt haben.

Aber auch andere, von der Dollarentwicklung mehr oder wenigerabhängige Fluchtwährungen bieten sich an. Dazu zählt neben dem kanadischen Dollar der australische Dollar, der mit vergleichsweise attraktiven Renditen lockt. Kurzfristig wenig empfehlenswert sind osteuropäische Währungen, die derzeit in der Regel über einen künstlichen Währungskorb an den Dollar und die D-Mark gekoppelt sind. Erst mittelfristig dürften sich in den Länder Osteuropas effiziente Kapitalmärkte mit relativ stabilen Währungen entwickeln, Spekulativen Charakter hätte ein Engagement in diejenigen südeuropäische Währungen, die nicht zu den ersten Teilnehmern der Währungsunion zählen. Hier ist erstens das Rückschlagsrisiko groß. Zweitens sind deren Währungen über das EWS II mit dem Euro verbunden. Und drittens dürften diese Währungen früher oder später in Euro umgetauscht werden.

### *Der Euro bringt einen riesigen Rentenmarkt*

Der Euro bringt einen riesigen Rentenmarkt. Mit der Europäischen Währungsunion entsteht ein großer Kapitalmarkt mit einheitlicher Währung, auf dem viele Schuldner um die Gunst der Anleger werben. Für die Finanzzentren Europas ergeben sich völlig neue Wettbewerbsbedingungen. Der Finanzplatz Deutschland verliert mit der D-Mark seinen Heimvorteil im Kampf um Marktanteile, und die deutschen Banken verlieren ihr wichtigstes Marketinginstrument im lukrativen und prestigeträchtigen Geschäft mit Anleihen.

Heute ist der deutsche Rentenmarkt wegen der stabilen Währung,

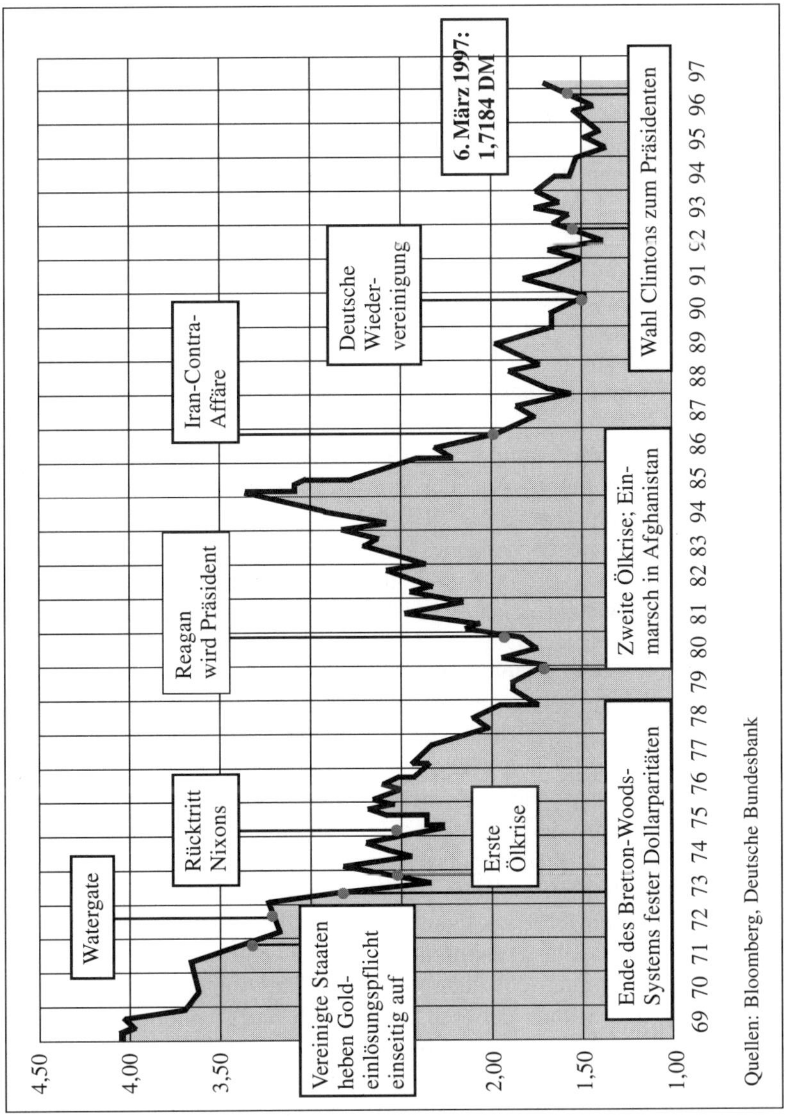


*Abbildung 5: Entwicklung des Dollarkurs seit 1969 (Januar 1969 bis 6. März 1997 (DM je Dollar)*

der hohen Liquidität, der ausgezeichneten Bonität und der schnellen technischen Abwicklung einer der attraktivsten Märkte der Welt. In Europa weisen Bundesanleihen deshalb nach Schweizer-Franken-Anleihen die niedrigsten Renditen auf. Die Kursentwicklung deutscher Staatstitel gilt als Orientierungsgröße für Europas Kapitalmärkte. Im Börsenjargon sind Bundesanleihen die Benchmark in Europa, an dessen Rendite und Wertentwicklung müssen sich alle anderen Anleihen messen lassen. Mit der Einführung des Euro werden die Karten im europäischen Zinsgeschäft neu gemischt. Das gilt auch für die Börsenplätze. Der Wettlauf um Euro-Anleihen hat schon begonnen. Die Börsen in London, Frankfurt und Paris sitzen in den Startlöchern. Alle wissen: Wer sich nicht rechtzeitig umstellt, neue Produkte auf den Markt bringt und den besten Service zu den günstigsten Kosten bietet, verliert.

Bundesregierung, Bundesbank, Deutsche Börse AG und die deutschen Banken werden sich nicht auf den Lorbeeren der Vergangenheit ausruhen können. Die Erfolgsgeschichte der D-Mark wird nicht ohne weiteres mit der neuen Währung Euro fortgeschrieben. In der Europäischen Währungsunion muß sich der Finanzplatz Deutschland ohne DM-Bonus bewähren. Bislang hat Frankfurt vor allem vom deutschen Rentenmarkt profitiert. Die hiesigen Aktienbörsen sind im internationalen Vergleich zu klein. Doch selbst bei Anleihen hat London seinen Vorsprung weiter ausgebaut. Inzwischen werden rund 70 Prozent aller Bundesanleihen an der Themse gehandelt. Zudem wächst in Paris ernsthafte Konkurrenz für den Marktplatz Frankfurt heran.

Jeder Anleihemarkt definiert sich zunächst über die Bonität der Emittenten. Doch reicht der gute Name des Schuldners allein nicht aus, um den Wettbewerb um das begehrte Kapital zu gewinnen. Noch ist nicht absehbar, welcher europäische Finanzplatz den Wettlauf um Euro-Anleihen für sich entscheiden kann. Doch melden die aussichtsreichsten Kandidaten bereits ihre Ansprüche an. London hat zwar damit zu kämpfen, daß aller Voraussicht nach Großbritannien nicht zu den Teilnehmern der ersten Stunde gehören wird. Doch wirft London in der englischsprachigen Finanzwelt seinen Ruf, seinen unbestreitbaren Vorsprung, seine Tradition und nicht zuletzt die mit Abstand größte Terminbörse Europas in die Waagschale.

Frankreichs Regierung unterstützt nach Kräften die Ambitionen von Paris. Der französische Rentenmarkt für Staatstitel ist mit rund 800

Milliarden DM Handelsvolumen heute schon so groß wie der deutsche. Hinsichtlich Liquidität und Bonität brauchen Franc-Papiere den Vergleich mit Bundesanleihen nicht zu scheuen. In mancherlei Hinsicht bietet Paris vielleicht sogar entscheidende Vorteile. So existieren liquide Märkte am langen Laufzeitenende bis 30 Jahre. Darüber hinaus werden französische Staatsanleihen nach angelsächsischem Vorbild über eine kleine Gruppe von Banken (Primärhändler) begeben und in einem effizienten Verfahren öffentlich versteigert. Und die französische Terminbörse bietet eine umfangreiche Produktpalette über das gesamte Laufzeitenspektrum an.

Mit der Einführung des Euro wird ein Anleihemarkt entstehen, der wesentlich größer, tiefer und liquider sein wird, als die heutigen nationalen Märkte. Nach Berechnungen von Deutsche Bank Research erreichen all EU-Länder, gemessen am Volumen der ausstehenden Anleihen im Gegenwert von 4815 Milliarden Dollar oder rund 7200 Milliarden DM, gut 60 Prozent der Größe des amerikanischen Kapitalmarks. Verglichen damit kommt der Yen-Kapitalmarkt auf ein Volumen von knapp 3100 Milliarden und der für DM-Anleihen auf rund 1600 Milliarden Dollar. Auf absehbare Zeit werden die nationalen Regierungen die wichtigsten Schuldner der europäischen Rentenmärkte bleiben. Den Anlegern stehen somit weiterhin liquide Märkte für Bundesanleihen oder beispielsweise Franc-Anleihen – freilich in derselben Währung – zur Verfügung. Bei Anleihen, die nach Beginn der Währungsunion fällig werden, dürften die Zinskupons weiter gelten. Ob die Zins- und Tilgungszahlungen in der Übergangsphase 1999 bis 2201 in Euro oder nationalen Währungen gezahlt werden, hängt sowohl vom Emittenten als auch von den Anlegern ab. Der französische Finanzminister hat bereits frühzeitig angekündigt, daß so schnell wie möglich alle umlaufenden Franc-Staatsanleihen auf Euro umgestellt werden. Das Bundesfinanzministerium hat nachgezogen und favorisiert ebenfalls die rasche Umstellung der DM-Bundesanleihen auf Euro.

Mit dem Start der Währungsunion werden Regierungen der Teilnehmerstaaten ihre Schuldtitel in Euro ausgeben. Nur Private können in der Übergangsperiode noch in nationaler Währung Anleihen emittieren. Wahrscheinlich werden alle multinationalen Unternehmen sich den Regierungen anschließen und nur noch Euro-Anleihen begeben. Wie die in nationalen Währungen lautenden alten Schulden in der Praxis zu konvertieren seien, steht noch nicht fest. Schon bald soll eine europäische Verordnung eingeführt werden, die die Äquivalenz zwischen dem Euro und nationalen Währungen regeln soll.

In jedem Fall können alte und neue Schulden und damit auch ausstehende Verpflichtungen aus der Begebung von Anleihen bis spätestens 1. Januar 2002 parallel bestehen. Wer Währungsrisiken bewußt eingehen will, kann Anlagen in Drittwährungen wählen. Die Umwandlung von Darlehensschulden in verkehrsfähige Wertpapiere dürfte in Europa zunehmen. Als Richtschnur für die Risikoeinschätzung für die Anleger gewinnt das Kredit-Rating künftig eine größere Bedeutung. Über kurz oder lang wird eine Situation wie in den Vereinigten Staaten entstehen, wo jede Anleihe-Emission mit einem Rating verbunden ist. Im Finanzsektor entwickelt sich ein schärferer Wettbewerb. Vor allem bei Emissionsgeschäften sind dann große Adressen im Vorteil. Andererseits bietet der größere Euro-Markt den Finanzinstituten mehr Möglichkeiten zur Spezialisierung in bestimmten Nischen.

### *Es wird weiterhin Renditeunterschiede geben*

Mit der unwiderruflichen Fixierung der Wechselkurse entfallen Zinsunterschiede, die auf erwarteten Wechselkursveränderungen beruhen. Die Anleiherenditen der verschiedenen nationalen Märkte werden sich angleichen, was zum guten Teil bereits passiert ist. Zwar werden in vielen Marktsegmenten die regionalen Rentenbewertungen verwischen, Renditeunterschiede wird es wegen unterschiedlicher Bonität der Schuldner und der Liquidität der jeweiligen Märkte aber weiterhin geben. Im Euro-Raum ist die Notenpresse als »Fluchtweg« aus der Bedienung untragbarer Schuldenlasten versperrt. Die EU sieht keine gemeinschaftliche Haftung für Staatsschulden vor. Deshalb werden die jeweiligen Fiskalpolitiken der teilnehmenden Länder in den Vordergrund rükken und zum bestimmenden Rating-Kriterium werden.

Die Bonität fußt auf der Wirtschaftskraft eines Landes, der Verschuldung und der Finanzpolitik. Wegen der langfristigen Verschuldung der meisten Staaten und des Ausschlusses jeder EU-Haftung für nationale Staatsschulden dürfte sich an der Bonitätseinschätzung kurzfristig kaum etwas ändern. Die Kapitalmärkte verlangen für Länder mit schlechterem Rating einen Zinsaufschlag. Darüber hinaus ist es aus markttechnischen Gründen wichtig, ob die entsprechenden Euro-Anleihen im Falle von Verpflichtungen aus Termingeschäften mit Euro-

Zinsfutures geliefert werden können. Die Lieferfähigkeit führt ebenfalls zu kleinen Renditevorteilen.

| Land | Standard & Poor's | Moody's |
|---|---|---|
| Belgien | AA+ | Aa1 |
| Dänemark | AA+ | Aa1 |
| Deutschland | AAA | Aaa |
| Finnland | AA- | Aa2 |
| Frankreich | AAA | Aaa |
| Großbritannien | AAA | Aaa |
| Irland | AA- | Aa2 |
| Italien | AA | A1 |
| Luxemburg | AAA | Aaa |
| Niederlande | AAA | Aaa |
| Österreich | AAA | Aaa |
| Portugal | AA- | Aa3 |
| Spanien | AA | Aa2 |
| Quelle: Commerzbank | | |

*Tabelle 7: Bonität einiger Euro-Teilnahmekandidaten*

Steuerliche Aspekte spielen natürlich ein große Rolle, insbesondere Unterschiede bei der Zinsbesteuerung. Hier zeigt Europa bislang noch wenig Gemeinsamkeit. Schon heute verzerren unterschiedliche Steuern das Bild und beeinflussen die Kapitalverteilung. Wenn diese Regelungen bestehen bleiben, wird sich dies in unterschiedlichen Renditen bemerkbar machen. Marktsegmente, in denen Inländer besteuert werden, aber Ausländer von der Steuer befreit sind, dürften einen Zustrom von ausländischen Kapital erfahren. Und falls ausländische Anleger steuerlich benachteiligt werden, dürften im Vergleich zu Anlagealternativen in anderen Ländern Renditeunterschiede entstehen. Mögliche Steuerrückerstattungen entschädigen die Investoren nicht für den zeitanteiligen Zinsverlust. Außerdem müßte die Anlage offengelegt werden. Als Konsequenz können Unterschiede in der Zinsbesteuerung die ohnehin vorhandenen Renditeunterschiede noch verstärken oder aber abschwächen.

| | Quellensteuer | | |
|---|---|---|---|
| **Land** | **Inländer (in Prozent)** | **Ausländer (in Prozent)** | **Erstattungsfähigkeit** |
| Belgien | 13,4 / 25,75 | 13,4 / 25,75 | teilweise |
| Dänemark | Keine Quellensteuer, Kontrollmitteilung | frei | |
| Deutschland | 30 | frei (Nachweis) | |
| Finnland | 20–25 | frei (Nachweis) | |
| Frankreich | 10 | 15 / 0 | Ja |
| Großbritannien | 25 | 25 | Ja |
| Irland | 27 | 27 | Ja |
| Italien | 12,5 / 6,5 | 12,5 / 6,5 | Ja |
| Luxemburg | Keine Quellensteuer | | |
| Niederlande | Keine Quellensteuer, Kontrollmitteilung | | |
| Österreich | 22 | 22 | Ja |
| Portugal | 0–25 | 10–15 | teilweise |
| Schweden | Keine Quellensteuer | | |
| Spanien | 25 | 25 | teilweise |
| Quelle: Commerzbank | | | |

*Tabelle 8: Unterschiedliche steuerliche Regelungen der EU-Staaten*

Auf Dauer werden die Euro-Zinsen nicht die Durchschnittsrendite der Teilnehmerländer widerspiegeln, sondern in erster Linie von der Geldpolitik der Europäischen Zentralbank bestimmt werden. Deren Geldpolitik wird zunächst Orientierungsgröße für das kurze Ende des Marktes sein. Die EZB dürfte zumindest in den ersten Jahren bemüht sein, sich durch eine besonders restriktive Politik den Ruf zu erwerben, daß sie es mit der Geldwertstabilität wirklich ernst meint, um an die Erfolge der Deutschen Bundesbank anzuknüpfen. Während am Euro-Geldmarkt die EZB den Zinssatz bestimmt, dürften am langen Marktende in erster Linie die deutschen und französischen Kapitalmärkte wegen ihrer Größe und ihres Gewichts die Renditen bestimmen, wobei freilich immer auch die Vorgaben der amerikanischen Rentenmärkte zu berücksichtigen sind.

An den europäischen Anleihemärkten rechnen die meisten Akteure mit einem pünktlichen Start der Europäischen Währungsunion einschließlich der Länder Italien und Spanien. Der Markt ist bereit, eine große Währungsunion ohne nennenswerte Risikoaufschläge für lange Anleihelaufzeiten zu akzeptieren, da mit einer stabilitätsorientierten Geldpolitik der künftigen Europäischen Zentralbank gerechnet wird. Die Renditen in einem Europa mit gemeinsamer Währung werden sich eng am deutschen Zinsniveau orientieren. Das sind die Ergebnisse von Untersuchungen verschiedener Banken, die entweder mit Hilfe ökonometrischer Modelle Schlüsse aus den Veränderungen des europäischen Zinsgefüges auf die Markteinschätzung des Renditeniveaus nach Eintritt der Währungsunion ziehen oder aus den Zinssätzen an den Terminmärkten Beitrittswahrscheinlichkeiten ableiten.

In Konsensus-Marktumfragen im Herbst 1996 hatten weit über 80 Prozent der Befragten die Einschätzung vertreten, daß die Währungsunion wie geplant Anfang 1999 in einem kleineren Kreis beginnen werde. Als nahezu sichere Teilnehmerkandidaten nannten sie Deutschland, Frankreich, Niederlande, Österreich und Belgien. Dagegen wurden die Chancen für eine Teilnahme von Schweden, Großbritannien, Spanien und Italien als gering eingeschätzt. Diese Erwartungen schlugen sich in den Zinsen an den Kapitalmärkten der jeweiligen Länder nieder. Kein Wunder, schließlich wird bereits der heutige Kauf einer zweijährigen DM-Anleihe in Euro zurückbezahlt.

Anfang 1997 kam es dann zu einer ausgeprägten Kurs-Rallye bei langlaufenden Staatsanleihen der europäischen Hochzinsländer. Immer mehr Marktteilnehmer rechneten mit einer großen Währungsunion einschließlich Italien und Spanien. Das erwartete europäische Renditeniveau deutet auf eine leicht steigende gesamteuropäische Zinsstrukturkurve über alle Laufzeiten hin. Die Stärke des möglichen Zinsanstiegs hängt vom Teilnehmerkreis ab und dürfte am Geldmarkt und bei Anleihen mit kurzen Restlaufzeiten ausgeprägter als am langen Marktende sein. Die Rendite zehnjähriger Anleihen in einer großen Währungsgemeinschaft liegt nach der aktuellen Einschätzung des Marktes lediglich 20 Basispunkte über derjenigen in einer kleinen Währungsunion.

Freilich muß bis zur Einführung des Euro mit kräftigen Kursschwankungen gerechnet werden, falls in einzelnen Ländern Zweifel an der Qualifikation für die Währungsunion oder an der Stabilitätspolitik der Europäischen Zentralbank aufkommen. Sollte keine Währungsunion zustande kommen, werden die Renditen der europäischen Rentenmärkte wieder auseinanderdriften. Die Stabilitätsbemühungen der einzelnen

Länder dürften nachlassen, was die Zinsen nach oben treibt. Es entstünde ein erheblicher Glaubwürdigkeitsverlust. Neue Turbulenzen an den Devisenmärkten dürften nicht lange auf sich warten lassen. Davon dürfte vor allem die D-Mark in ihrer Funktion als sicherer Hafen für in- und ausländische Anleger profitieren. Deshalb müssen die Anlagechancen an den europäischen Rentenmärkten immer wieder neu bewertet werden.

*Auch mit Anleihen kann am Euro verdient werden*

Die großen Zinsdifferenzen in Europa aus dem Jahr 1995 sind Vergangenheit. Renditeunterschiede von 5,5 Prozentpunkten zwischen deutschen und italienischen Staatsanleihen wird es nicht mehr geben, es sei denn, der Euro scheitert und Italien kehrt zu seiner früheren Politik des leichten Geldes zurück. Eine beispiellose Konvergenz-Ralley trieb die Kurse südeuropäischer Anleihen 1996 auf historische Rekordhöhen. Im Gegenzug fielen die Zinsen in einem atemberaubenden Tempo. Ein Zinsrutsch von rund 3 Prozentpunkten in Italien oder von 2,5 Prozentpunkten in Spanien in einem einzigen Jahr wird sich nicht wiederholen. Schließlich liegen die Renditen in Italien nur noch rund 1,5 Prozentpunkte und in Spanien lediglich etwa einen Punkt über vergleichbaren Bundesanleihen.

| **Laufzeit:** | **2 Jahre** | **5 Jahre** | **10 Jahre** |
|---|---|---|---|
| Kanada | 250 | 190 | 150 |
| Japan | 83 | 115 | 122 |
| Belgien | 42 | 65 | 60 |
| Dänemark | 73 | 78 | 40 |
| Frankreich | 115 | 116 | 73 |
| Italien | 338 | 339 | 295 |
| Spanien | 309 | 316 | 272 |
| Schweden | 314 | 230 | 161 |
| Großbritannien | – 250 | – 56 | – 25 |
| In Basispunkten; Vergleichsmaßstab für Kanada und Japan sind amerikanische Staatsanleihen; deutsche Bundesanleihen mit den entsprechenden Laufzeiten sind Eckwert für alle europäischen Länder. | | | |
| Quelle: Salomon Brothers, London | | | |

*Tabelle 9: Konvergenz der Kapitalmärkte 1996: Verringerung der Renditedifferenz ausgewählter Staatsanleihen gegenüber Benchmark-Anleihen*

Für Spekulationen auf eine Fortsetzung der Angleichung der europäischen Zinsen bestehen inzwischen kaum noch Spielräume. Zwar könnte das Renditeziel beispielsweise für den Zinsvorsprung Spaniens auf nur noch rund 0,3 Prozentpunkte lauten. Dies ist etwa der Aufschlag, der für DM-Anleihen Spaniens verlangt wird. Doch ist das Rückschlagrisiko gewaltig. Auch wenn inzwischen die europäischen Inflationsraten so niedrig wie nie zuvor sind und vor allem südeuropäische Länder einschneidende institutionelle Veränderungen eingeleitet haben und eine strenge Sparpolitik verfolgen, dürften Zweifel an einer Teilnahme Italiens, Spaniens oder Portugals mit heftigen Kursverlusten an den Anleihemärkten quittiert werden.

Als mögliche Anlagestrategie im Vorfeld des Euro wird immer wieder geraten, keine Laufzeiten über das Jahr 1998 hinaus zu kaufen. Freilich, die kurze Laufzeit begrenzt das Kursrisiko und bietet rechtzeitig vor der Währungsunion die Möglichkeit, in andere Währungen zu investieren. Aber der Preis dafür ist hoch. Er muß in Form entgangener Rendite bezahlt werden. Schließlich werfen zweijährige DM-Anleihen derzeit gerade einmal rund 3,5 Prozent Zinsen ab. Ecu-Anleihen sind nicht zu empfehlen. Auch wenn der Ecu eins zu eins in Euro umgetauscht wird, besteht bis zur tatsächlichen Umstellung noch ein gewisses Abwertungsrisiko. Denn der Ecu-Währungskorb besteht nicht nur aus relativ stabilen Währungen, die im Euro aufgehen werden.

Wenig verlockende Renditen bieten Schweizer Franken-Anleihen, die darüber hinaus noch durch weitere Zinssenkungen der Schweizer Notenbank im Falle einer massiven Flucht aus den Nachbarländern weiter fallen könnten. Um den Zinsnachteil der Schweiz gegenüber Deutschland auszugleichen, müßte der Franken zur D-Mark kräftig aufwerten. Damit ist nicht zu rechnen. Die Schweizer Wirtschaft leidet ohnehin bereits unter der starken Währung. Die Flucht in die Schweiz ist eine sichere Alternative für diejenigen Anleger, die einen schwachen Euro fürchten. Doch der Schutz davor ist teuer.

In Europa sind sicherlich Pfund-Anleihen eine attraktive Ausweichmöglichkeit. Das Pfund gilt inzwischen als eine der wenigen verbliebenen europäischen Hochzinswährungen. Großbritanniens Konjunktur ist im Schlepptau der Vereinigten Staaten von Amerika in den vergangenen Jahren Kontinentaleuropa weit vorausgelaufen. Als eines der wenigen Industrieländer hat die britische Notenbank wegen drohender Inflationsgefahren bereits wieder die Geldmarktzinsen erhöht. Zusätzliche

Kursphantasie am Pfund-Anleihemarkt könnte die Hoffnung auf eine, wenn auch wahrscheinlich verspätete Teilnahme an der Währungsunion bringen. Wenn wie zuvor in Südeuropa auch in Großbritannien die Konvergenzspekulationen einsetzen, können stattliche Gewinne erzielt werden.

Interessant sind auch irische Punt-Anleihen oder Staatsanleihen aus Finnland. Hier besteht zwar noch ein gewisses Währungsrisiko, doch stehen die Chancen dieser Länder auf eine Teilnahme an der Währungsunion nicht schlecht. Ähnliches gilt für Dänemark. Das Land hält sich geschickt alle Optionen auf eine Teilnahme offen. Bis auf den Schuldenstand erfüllt Dänemark sogar alle Konvergenzkriterien. Noch wollen die Dänen den Euro nicht, so daß an den Märkten keine übertriebenen Erwartungen hinsichtlich einer Mitgliedschaft bestehen. Doch könnte der Renditeabstand zu künftigen Euro-Anleihen schnell schrumpfen, wenn Dänemark seine Meinung später ändern sollte.

Und schließlich bieten sich Dollar-Anleihen an. Der amerikanische Rentenmarkt wirft derzeit deutlich höhere Zinsen als der deutsche ab. Das gilt über alle Laufzeiten hinweg. Zudem steckt in der amerikanischen Währung selbst eine gehörige Portion Kursphantasie. Großen Einfluß auf die Dollar-Zinsen hat die amerikanische Konjunktur. Hier rechnen viele Beobachter mit einer weiterhin robusten Wirtschaftsentwicklung, was die amerikanische Notenbank vielleicht veranlassen könnte, schon frühzeitig die Zinsen zu erhöhen, um mögliche Inflationsgefahren aufgrund einer konjunkturellen Überhitzung zu bekämpfen. Allerdings ist durchaus auch denkbar, daß sich die Wirtschaft in den Vereinigten Staaten verhaltener entwickelt, als die meisten Ökonomen erwarten. In diesem Fall sind weitere Zinssenkungen an den Kapitalmärkten möglich, womit entsprechende Kursgewinne von Dollar-Anleihen verbunden wären.

Ähnliche Entwicklungen könnten andere Anleihemärkte nehmen, die eng mit dem Dollar verbunden sind. Jedoch drohen beispielsweise bei kanadischen oder australischen Anleihen mögliche Währungsverluste, die politisch oder fiskalpolitisch begründet sein könnten. Häufig verkaufen die Banken in jüngster Zeit sogenannte Doppelwährungsanleihen, die später den Umtausch in Dollar ermöglichen oder wahlweise die Rückzahlung in D-Mark oder Dollar vorsehen. Wer eine solche Anleihe kauft, besitzt eine Option, für die er zahlen muß. Deshalb ist die Rendite deutlich niedriger als bei vergleichbaren DM-Anleihen ohne Option.

Doppelwährungsanleihen lohnen nur dann, wenn der Dollar zur D-Mark deutlich aufwertet. Keine Alternative zum Euro sind die neu auf den Euro-Markt kommenden sogenannten Parallel-Anleihen. Dabei werden gleichzeitig mehrere Tranchen in verschiedenen Währungen begeben, die später alle in Euro umgetauscht werden. Wie diese Emissionen später genannt werden, steht noch nicht fest. Jedenfalls klingt Euro-Euro-Anleihe alles andere als schön. Deshalb haben Händler in London diese Anleihen schon Yo-Yo-Bonds getauft.

## Welche Aktien sind die Gewinner der Währungsunion?

### *Drei Börsen dominieren den europäischen Aktienmarkt*

Mit der Währungsunion wird sich das Gefüge der europäischen Aktienbörsen verändern. Wahrscheinlich werden einige der derzeit 32 offiziellen Aktienbörsen in Europa ihre Tore schließen oder mit anderen fusionieren. Langfristig dürfte eine gemeinsame europäische Aktienbörse entstehen. Die Franzosen haben bereits angekündigt, ihre Aktien in Paris ab 1999 in Euro zu handeln. Andere Börsen dürften ihnen folgen. Nur diejenigen Börsenplätze haben eine Überlebenschance, die effizient arbeiten, ihre Dienstleistungen zu geringen Kosten anbieten und über eine ausgefeilte Infrastruktur verfügen. Der Euro dürfte den Strukturwandel der gesamten Finanzbranche erheblich vorantreiben. Der absehbare Konzentrationsprozeß wird Kassa- und Terminbörsen sowie Börsen für Aktien- und Anleihemärkte gleichermaßen erfassen. Dann stellt sich die Frage, welche der heute noch wichtigen europäischen Börsenplätze verschwinden werden. Hier lohnt sich ein Vergleich mit den Vereinigten Staaten von Amerika. Neben der New York Stock Exchange gibt es nur einige kleinere Regionalbörsen, den Chicago Board of Trade und die Nasdaq. Aller Voraussicht nach wird Europa eine ähnliche Entwicklung durchmachen.

Mit der Währungsunion entsteht einer der größten supranationaler Finanzmärkte der Welt. Nach den Vereinigten Staaten und Japan dürften die Euro-Börsen gemessen an der Marktkapitalisierung noch vor Großbritannien den dritten Rang einnehmen. Vermutlich werden die drei nationalen Börsen Deutschland, Frankreich und Niederlande den europäischen Aktienmarkt dominieren. Der gemeinsame Markt wird allein wegen der Größe für internationale Investoren zum Muß. Gemessen an der Marktkapitalisierung käme er auf mehr als zehn Prozent des globalen Aktienvolumens. Davon dürfte auch der deutsche Aktienmarkt profitieren, der, wie auch der französische, etwa ein Drittel der Kapitalisierung der wahrscheinlichen Euro-Börsen ausmacht. Ein möglicher Beitritt Großbritanniens dürfte – allein schon wegen der Größe der Londoner Börse – den Euro-Aktienmärkten zusätzlichen Schub bringen.

Der deutsche Aktienmarkt ist absolut gesehen – mit deutlichem Abstand zu den Vereinigten Staaten von Amerika, Japan und Großbritannien – der viertgrößte der Welt; im Verhältnis zur wirtschaftlichen Leistung belegt die deutsche Börse gegenüber anderen OECD-Ländern lediglich einen unteren Rang. Selbst die kräftigen Kursgewinne seit Anfang der achtziger Jahre und die zunehmende Internationalisierung der Finanz- und Gütermärkte hätten daran kaum etwas geändert, schreibt die Deutsche Bundesbank in ihrem Monatsbericht Januar 1997. Die geringe gesamtwirtschaftliche Bedeutung der deutschen Börse spiegele sich auf der Anlageseite. Die Aktie als Anlageinstrument findet bei breiten Bevölkerungskreisen keine Resonanz. Daran habe auch die Börseneinführung der Deutschen Telekom kaum etwas geändert, stellt die Bundesbank fest.

Längerfristig betrachtet haben Aktien bei Privatanlegern sogar an Bedeutung verloren. Nach Berechnungen der Bundesbank hat Anfang der siebziger Jahre der Anteil von Aktien am Geldvermögen privater Haushalte etwa doppelt so hoch gelegen wie heute, obwohl der Gesamtertrag aus Aktienengagements seit Mitte der siebziger Jahre durchweg höher gewesen ist als der von Rentenwerten. Ein internationaler Vergleich unterstreicht die geringe Anlagebedeutung von Aktien in Deutschland. Ende 1995 hielten private Haushalte lediglich 14,6 Prozent des gesamten Umlaufs an Aktien. Etwas höher liegt der Anteil Privater in Japan und Frankreich (22,2 und 19,4 Prozent). Dagegen besitzen Privathaushalte in den Vereinigten Staaten mehr als ein Drittel des gesamten Aktienbestands. Auch wenn mittlerweile auch in Deutschland Aktienfonds eine gewisse Bedeutung gewonnen haben, deutet die Struktur des Geldvermögens der Privaten auf ein ausgeprägtes Sicherheitsbedürfnis hin.

Aktien könnten einen wichtigen Beitrag leisten, die sich aus der Altersstruktur der Gesellschaft ergebenden Finanzierungsprobleme zu lösen, meint die Bundesbank. Eine stärkere Aktienfinanzierung für die

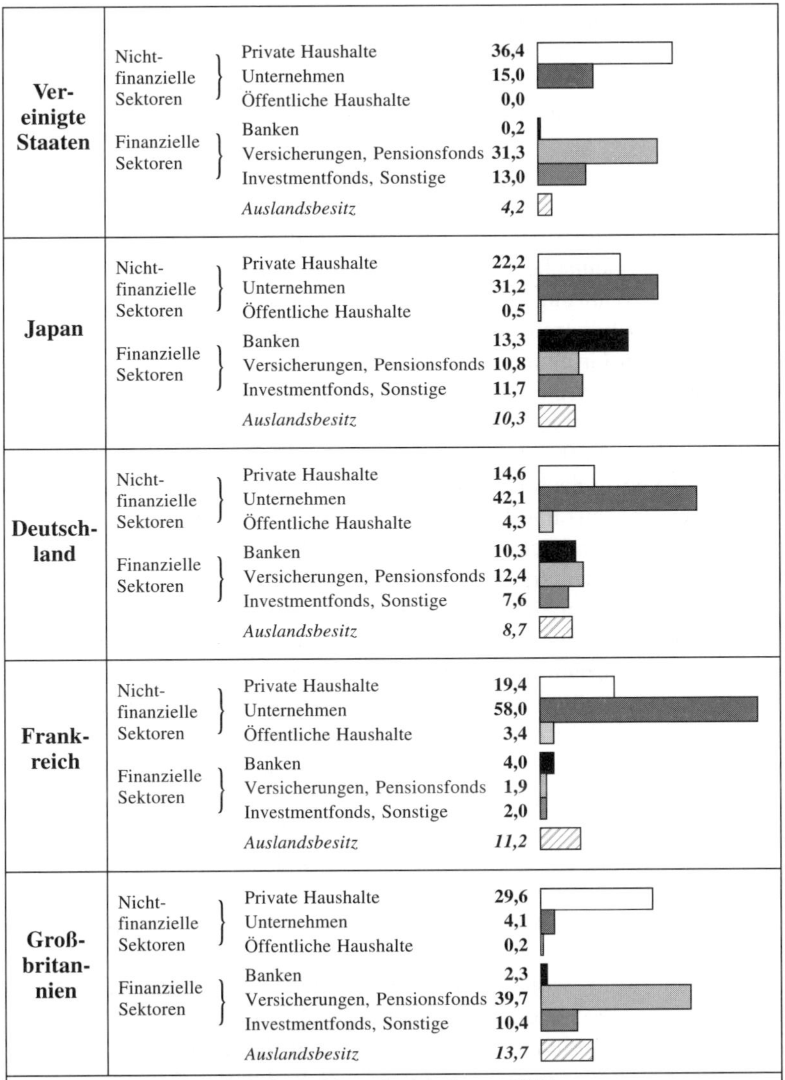


Quelle: Deutsche Bundesbank, Monatsbericht Januar 1997

*Abbildung 6: Aktienbesitz: Große Unterschiede in der Anlegerstruktur (Anteile am Gesamtumlauf an Aktien im jeweiligen Land Ende 1995 in Prozent)*

deutsche Wirtschaft sei dringend geboten. Der Aktienmarkt sollte mehr als bisher Anreiz- und Steuerungsfunktionen übernehmen. Eine stärkere Betonung der Aktionärsinteressen könnte zu einer klareren Zielorientierung der Unternehmen beitragen.

*Deutsche Unternehmen sind für den Euro*

Die deutsche Industrie ist für die Währungsunion bestens gerüstet. Von den gesamten deutschen Exporten gehen knapp 60 Prozent in die EU. Das größere Währungsgebiet stabilisiere die Gewinnentwicklung und führe zu einer höheren Bewertung der Gesellschaften, hoffen die meisten deutschen Großunternehmen. Zwei Drittel der im Deutschen Aktienindex Dax vertretenen Unternehmen haben einen Exportanteil von mehr als 25 Prozent innerhalb Europas. Bei einigen Gesellschaften entfällt sogar knapp 50 Prozent des Umsatzes auf Europa. Hinzu kommen noch die Exporte nach Übersee und Fernost. Diese Zahlen der Bayerischen Hypotheken- und Wechsel-Bank, München, zeigen, wie wichtig die Wechselkursentwicklung für die deutsche Wirtschaft und damit für die Gewinne der Unternehmen sind.

In der Vergangenheit sind immer wieder starken DM-Aufwertungen Phasen abnehmender deutscher Exportzuwächse gefolgt und umgekehrt. Denn eine jährliche Aufwertung der D-Mark um 2 Prozent seit 1980 bedeutet, daß die Produktivität mindestens ebenso schnell wachsen muß, um die Wettbewerbsfähigkeit zu halten. Verschärft wurde diese Situation durch im Vergleich zum europäischen Ausland überdurchschnittliche Lohnsteigerungen von nominal 5 Prozent jährlich seit 1980. Auf Dauer sei dies ein schwieriges Unterfangen, urteilen die Ökonomen der Hypobank. Die Konsequenz dieser Entwicklungen liegen auf der Hand. Immer mehr deutsche Unternehmen verlagerten ihre Produktion ins Ausland. Allein 1995 wurden insgesamt 50 Milliarden DM außerhalb Deutschlands investiert, 62 Prozent davon entfielen auf EU-Länder. Kein Wunder, daß hierzulande die Arbeitslosenstatistik traurige Rekordhöhen erreicht, während sich auf der anderen Seite beispielsweise Großbritannien oder Irland über die deutschen Investitionen freuen. »Die Deutschen sind gut im Schaffen von Arbeitsplätzen – im Ausland«, sagen angelsächsische Ökonomen.

Länder wie Belgien, Dänemark, Niederlande, Österreich und Deutschland haben in Europa mit die höchsten Exportquoten, die gemessen am jeweiligen Bruttoinlandsprodukt von 70 bis 33 Prozent reichen. Im Vergleich zu Frankreich, Großbritannien oder Italien exportiert die deutsche Wirtschaft wesentlich mehr. Setzt man die Exportquote ins Verhältnis zur Börsenkapitalisierung, so wächst der Abstand Deutschlands sogar noch spürbar. Gemessen an der Marktkapitalisierung sind 44 Prozent aller deutscher Unternehmen exportlastig. Dagegen liegt die vergleichbare Quote in Frankreich bei 22, in Großbritannien bei 18 und in Italien lediglich bei 17 Prozent.

| | **Deutschland** | **Italien** | **Frankreich** | **Großbritannien** |
|---|---|---|---|---|
| Chemie/Pharma | 15,0 | 2,9 | 8,3 | 10,3 |
| Auto | 9,4 | 8,8 | 5,4 | – |
| Maschinenbau/Stahl | 9,9 | 1,2 | 1,6 | 6,0 |
| Elektro | 9,7 | 3,7 | 6,7 | 2,0 |
| Summe | 44,0 | 16,6 | 22,0 | 18,3 |
| Quelle: Bayerische Hypotheken- und Wechselbank, München | | | | |

*Tabelle 10: Anteil exportlastiger Unternehmen an der Marktkapitalisierung (in Prozent)*

Aus der Sicht der Börse profitieren vor allem exportlastige und währungsstarke Länder von der Währungsunion. Länder wie beispielsweise Italien, die sich über Jahrzehnte einen Wettbewerbsvorteil über Abwertungen verschafft hatten, dürften in dieser Hinsicht mit der Umstellung auf den Euro ihre Probleme haben. Außerdem sind die Sparbemühungen mit Blick auf die Konvergenzkriterien in traditionellen Schwachwährungsländern besonders ausgeprägt. Die strikte fiskal- und geldpolitische Disziplin verschärft die konjunkturellen Probleme noch. Dies dürfte deutliche Spuren in der Gewinnentwicklung der Unternehmen und damit auch an den Kurszetteln der jeweiligen Börsen hinterlassen. Auch im Vorfeld der Währungsunion könnte der Euro währungsstarke Länder begünstigen.

Angesichts der kräftigen Aufwertung der D-Mark in den vergangenen Jahren und der Exportlastigkeit der deutschen Wirtschaft ist es kein Wunder, daß die überwältigende Mehrheit der Führungskräfte der heimischen Wirtschaft für die Währungsunion stimmt. Das erhoffte steigende Interesse in- und ausländischer Anleger an deutschen Aktien wird zunächst den bekannten, marktbreiten Standardwerten zugute kommen. In zweiter Linie werden interessante Nebenwerte profitieren, die einen großen Teil ihrer Produkte oder Dienstleistungen exportieren. Weniger Beachtung dürften diejenigen Gesellschaften finden, die sich vor allem auf den deutschen Markt konzentrieren und denen der Euro kaum Vorteile bringt.

*Exportstarke Branchen profitieren vom Euro*

Viele Börsianer spekulieren auf eine große Währungsunion und eine reibungslose Einführung des Euro. Damit setzen die Akteure an den deutschen Aktienbörsen gegenwärtig auf das kurz- bis mittelfristig günstigste Szenario für die Börse. Die Zinsdifferenz zwischen langlaufenden französischen und deutschen Anleihen sind auf Null zusammengeschmolzen. Und auch die Zinsvorsprünge italienischer und spanischer Anleihen sind auf historische Tiefststände gesunken. Diese Entwicklungen verdeutlichten, daß sich die Finanzmärkte auf eine Aufweichung der Maastrichter Konvergenzkriterien und auf einen großen Teilnehmerkreis bei der Währungsunion einstellen, meinen die Analysten der Bayerischen Vereinsbank, München.

Im Kern speist sich die Euro-Phantasie für die deutschen Börsen aus der frühzeitigen Vorwegnahme der veränderten Rahmenbedingungen. Mit der Einführung des Euro verschwindet das Wechselkursrisiko für einen großen Teil des deutschen Außenhandels. Dadurch steigt die Wettbewerbsfähigkeit deutscher Unternehmen mit entsprechend positiven Wirkungen auf die Gewinnentwicklung. Darüber hinaus profitierten die Aktienmärkte aller beteiligten Länder von verstärkten Fusionen und Übernahmen, wobei Deutschland sicherlich im Zentrum stehen wird. Die Branchenauswahl gewinnt dann gerade auch mit Blick auf die Risikoverteilung an Bedeutung. Schließlich sinken mit der absehbaren Globalisierung europäischer Rentenportefeuilles die Möglichkeiten zur Risikostreuung; ein stärkere Berücksichtigung von Aktien im Rahmen von Diversifizierungsstrategien ist die Folge.

Hinsichtlich der Branchenaufteilung weisen die nationalen Aktienmärkte große Unterschiede auf. Im Automobil- und Maschinenbau überwiegen deutsche Werte den potentiellen Euro-Aktienindex. Dagegen spielen deutsche Titel in den Bereichen Einzelhandel/Nahrungsmittel und Medien nur eine untergeordnete Rolle. Bei Branchen wie Banken und Chemie, die in allen nationalen Indizes recht gut vertreten sind, wird es zu stärkeren unternehmensspezifischen Investitionsvergleichen kommen.

Anleger müssen damit rechnen, daß sich vor der Einführung des Euro die sogenannte Branchenrotation beschleunigt. Die Börsianer werden immer neue Branchenfavoriten an den Börsen ausgucken und ihre Mittel häufig umschichten. Je nach Erwartungen über einen kleineren oder größeren Teilnehmerkreis dürften konjunkturempfindliche Aktien überdurchschnittlich abschneiden. Eine Kernwährungsunion wäre positiv, wovon konjunktursensible (zyklische) Aktien von Industrieunternehmen und Wachstumswerte überdurchschnittlich profitieren würden.

Dagegen haben Banken sowie Handels- und Konsumwerte einen großen Teil der Kosten der Währungsumstellung zu tragen. Beim planmäßigen Start der Währungsunion fehlen den Banken ein Teil der Einnahmen aus dem Devisenhandel. Zusätzlich entstehen hohe Kosten durch notwendige Investitionen. Für deutsche Banken kommt erschwerend hinzu, daß sie mit dem Euro ihren wichtigsten Heimvorteil, nämlich die starke D-Mark, verlieren und sich im schärfer werdenden internationalen Wettbewerb behaupten müssen.

Anders sieht es bei Industrieunternehmen aus. Sie profitieren vom Wegfall der Kurssicherungs- und Teilen der Transaktionskosten bei Auslandsgeschäften. Das gilt vor allem für den deutschen Automobil- und Maschinenbau. Wenn der Wechselkurs als Ausgleich für unterschiedliche Wettbewerbsfähigkeit wegfällt, rücken Löhne und Produktivität in den Blickpunkt. Der Zwang zu Modernisierungsinvestitionen in vielen Branchen und Ländern dürfte speziell den deutschen Maschinenbauaktien zugute kommen. Währungsunionsgewinner dürften auch die international ausgerichteten, kapitalintensiven deutschen Chemie- und Pharmawerte sein.

Die Ausgangslage für den Bau ist zwiespältig. Die schwache Konjunktur und restriktive Fiskalpolitik verstärkt die rezessiven Tendenzen in der Baubranche. Auf der anderen Seite könnten die mit der Einführung des Euro verbundenen Inflationsängste vieler Menschen zu einer steigenden Immobiliennachfrage führen, wobei freilich diese Hoffnungen auf tönernen Füßen stehen. Der Einzelhandel muß einen erheblichen Teil der Umstellungskosten auf den Euro tragen, ohne direkt von der Währungsunion zu profitieren, da sich die Branche überwiegend auf den Binnenmarkt konzentriert. Zudem leidet der Einzelhandel stark unter der gegenwärtig schlechten Konjunktur.

| | **Kern-EWU** | **große EWU** | **Verschiebung** | **Aufgabe** |
|---|---|---|---|---|
| Deutsche Aktien besser als Renten | ja | deutlich | nein | nein |
| Deutsche Aktien Outperformer innerhalb Europas (3–9 Monate) | ja | ja | nein | nein |
| Rentenmarktimpuls für Aktien | neutral | negativ | positiv | positiv |
| **Sektorperformance** | | | | |
| Zyklische Titel (Auto, Maschinen, Chemie, Stahl, Luftfahrt | Outperformance | starke Outperformance | Underperformance | Underperformance |
| Banken | Underperformance | starke Underperformance | Underperformance | Outperformance |
| Versicherungen | neutral | neutral | Outperformance | Outperformance |
| Handel/Konsum, Bau | Underperformance | Underperformance | neutral | Outperformance |
| Wachstumswerte (Versorger, Telekom, Pharma) | Outperformance | neutral | Outperformance | Outperformance |
| Quelle: Vereinsbank Research, München | | | | |

*Tabelle 11: Auswirkungen verschiedener EWU-Szenarien*

Eine große Währungsunion mit allen EU-Staaten mit Ausnahme von Großbritannien, Schweden und Griechenland wäre kurzfristig optimal für zyklische deutsche Aktien. Die Erwartung eines schwachen Euro verbindet sich in diesem Fall mit währungsbedingten Wettbewerbsvorteilen für die deutschen Exportunternehmen. Die Transaktionskosten und die Kosten der Währungsabsicherung fielen deutlich. Allerdings stünden diesen positiven Währungseffekten negative Auswirkungen in Form steigender Zinsen gegenüber. Die Verlierer wären die Banken. »Innerhalb Europas wären deutsche Aktien Outperformer«, heißt es in der Studie der Vereinsbank. Generell würden in diesem Szenario Aktien besser als Renten abschneiden.

Allerdings erscheint die große Lösung für die Börse allenfalls kurzfristig attraktiv und langfristig sogar riskant. Dieses Szenario realisiert die gesamte Kursphantasie sofort und bietet kaum Potential für die Zukunft. Bei einer Verschiebung des Projekts stiegen die Währungsrisiken für die Börsen deutlich. Dies könnte sich zum Debakel für die Aktienmärkte der Hartwährungsländer ausweiten. Nur wenn glaubhaft gemacht werden könnte, daß die Verschiebung nicht als Beginn der Aufgabe des EWU-Projekts zu werten ist, dürften sich die negativen Auswirkungen begrenzen lassen.

Jedenfalls würde eine Verschiebung das produzieren, was die Finanzmärkte am wenigsten schätzen: Unsicherheit. Die Schwankungsfreudigkeit der Kurse dürfte sprunghaft steigen. Eine Währungskrise wäre möglich, die Währungen des DM-Blocks würden sich befestigen. In diesem Fall dürften Anleger mit Wachstumswerten aus den Bereichen Versorger und Pharma am besten aufgehoben sein. Eine Aufgabe der Währungsunion wäre das Schlimmste für deutsche Aktien, eine neue Währungskrise in Europa mit der D-Mark als sicherer Hafen Europas die Folge. Ein möglicher Ausverkauf zyklischer deutscher Aktien könnte mit einer Ralley am Rentenmarkt einhergehen, wovon die Finanzwerte nach kurzer Reaktionszeit profitieren könnten.

*Diese Aktien gehören in ein Euro-Portfolio*

Die europäischen Börsen bewegen sich heute schon in einer Quasi-Währungsunion. Die immer stärker gleichgerichtete Wirtschaftsentwicklung der Mitgliedsländer bedeutet, daß sich die Anleger ihre Aktien anders auswählen müssen als bisher. Schließlich spielen der Konjunkturzyklus eines Landes, die Wechselkursrisiken sowie die Fiskalpolitik kaum noch ein Rolle, und die Geldpolitk wird von der Europäischen Zentralbank gemacht. Diese Faktoren verlieren bei der Aktienbewertung und -auswahl an Bedeutung. Auf Dauer wird es weniger wichtig, ob ein Unternehmen aus Frankreich, Deutschland oder den Niederlanden kommt. Die Marktbewertungen der großen Gesellschaften gleichen sich an, sie werden stärker geprägt von der internationalen Branchenverfassung, globalen Aktienrenditen sowie den Wechselkursveränderungen zwischen Amerika, Japan und Europa. Grenzüberschreitend in die richtige Branche und das beste Unternehmen zu investieren heißt die Zauberformel für die erfolgreiche Aktienanlage der Zukunft.

Allein mit Blick auf den Euro könnte für deutsche Aktien ein Auswahlkriterium lauten: Wie sensibel reagiert das Unternehmen auf Währungsschwankungen. Die Analysten der Hypobank haben die letzten fünf Jahre zurückgerechnet und geprüft, wie sich Schwankungen des Ecu auf die Dax-Werte ausgewirkt haben. Bei 12 Unternehmen haben sie einen spürbaren Einfluß festgestellt. Ganz oben auf der Liste tauchen Stahl- und Maschinenbauwerte auf: Thyssen, MAN und Mannesmann. Unter den Autoaktien fällt auf, daß Volkswagen und BMW stärker auf Währungsschwankungen reagieren als Daimler-Benz. Andere exportlastige Gesellschaften wie Schering, SAP, Metallgesellschaft und Siemens fallen nicht besonders aus dem Rahmen. Und bei den Großchemiewerten liegen BASF und Bayer vor Hoechst.

Ein anderer Ratschlag könnte lauten: In bekannte, internationale Top-Unternehmen zu investieren, die auf Dauer in ihren Bereichen zu den Weltmarktführern zählen. Diese Empfehlung ist alt und hat viele berühmte Vorbilder, wie Warran Buffett, Peter Lynch, Bill Gates oder André Kostolany, reich gemacht. Auf diesen Trend setzen inzwischen auch viele Aktienfonds, die in der ganzen Welt Milliardenbeträge bei privaten und institutionellen Anlegern einsammeln und in die entsprechenden Aktien stecken. Auf dem deutschen Investmentmarkt ist DWS, die Investmentgruppe der Deutschen Bank Vorreiter. Unter dem Namen Top 50 Welt und Top 50 Europa hat sie zwei Fondsprodukte aufgelegt, die in die vermeintlich aussichtsreichsten Aktien der Welt beziehungsweise Euopas investieren.

Als Megatrends der Zukunft gelten erstens das Bevölkerungswachstum in den Schwellenländern (Emerging Markets), wo künftige Absatzmärkte entstehen. Zweitens die Überalterung der Bevölkerung in den Industrieländern mit wachsenden Ausgaben für die Gesundheit, wovon die Pharmaindustrie profitiert. Drittens der Weg in die Informationsgesellschaft, mit neuen Kommunikationstechnologien und Märkten. Viertens die Zugkraft von Markennamen, die nicht nur bei jungen Generationen in den Industrieländern »in« sind, sondern auch in Schwellenländern begehrt sind. Und fünftens der Energieverbrauch, der mit der Bevölkerungsentwicklung steigt.

Als mögliche Aktien in einem solchen Portfolio nennt DWS: Carrefour, eine französische Supermarktkette mit Expansionsplänen in den Emerging Markets, Coca-Cola, vielleicht die am besten bekannte Marke der Welt aus den Vereinigten Staaten, Hoechst, ein schlagkräftiger deutscher Chemie- und Pharmakonzern, Johnson & Johnson, ein amerikanischer Medizintechnik- und Körperpflegemulti, LVMH, ein französischer Luxusgüterproduzent, Microsoft, der Softwaregigant aus den Vereinigten Staaten, Reuters, der britische Marktführer elektronischer Medien, Royal Dutch, die größte Ölgesellschaft der Welt aus den Niederlanden und Großbritannien, Sony, der bekannte Unterhaltungselektronikkonzern aus Japan und schließlich Walt Disney, der Unterhaltungsmarktführer aus den Vereinigten Staaten.

Freilich zahlen diejenigen Anleger, die heute erst in die Top-Unternehmen einsteigen, astronomische Preise. Und an der Börse gilt: Wer zuerst kommt, malt zuerst. Und wer zuletzt kommt, den beißen die Hunde. Die Börse zahlt für jede Investment-Story nur einmal. Wer weiß, ob die rasanten Wachstumsraten der Marktführer tatsächlich beibehalten werden können. Sollten die Gewinnhoffnungen der Anleger enttäuscht werden, folgen kräftige Kursverluste auf den Fuß. Deshalb sollten aussichtsreiche Aktien aus der zweiten und dritten Reihe bei Investitionsentscheidungen nicht ganz außen vor bleiben. Erstens könnte sich hier ein beträchtlicher Nachholbedarf aufgestaut haben. Und zweitens dürften im Falle eines Rückschlags an den Weltbörsen die Abschläge bei den Nebenwerten weniger stark sein.

Trotz aller Kurshoffnungen an den Börsen, die mit der Einführung des Euro verbunden werden, sollte beim Aktienkauf die Währungsunion nicht im Vordergrund stehen. Allemal wichtiger als der Euro sind das fundamentale wirtschaftliche Umfeld, die Branchenentwicklung sowie besonders die individuellen Gewinnaussichten des Unternehmens und dessen Management.

Nachdem Europas Staats- und Regierungschefs auf dem Gipfeltreffen in Dublin Ende 1996 den Stabilitätspakt beschlossen hatten, frohlockten die Börsianer. »Damit wurde eine wichtige Hürde genommen. Das Konvergenzspiel kann sich fortsetzen«, hieß es auf dem Börsenparkett. Allerdings bestehen erhebliche Risiken. Nicht nur der atemberaubende Gipfelsturm an den internationalen Aktienmärkten mahnt zur Vorsicht. Wer kauft schon gern zu Höchstpreisen? Und auf politischer Ebene droht ein möglicher Streit zwischen Frankreich und Deutschland über die Unabhängigkeit und Geldpolitik der künftigen Europäischen Zentralbank. Schließlich birgt auch die Auslegung der Konvergenzkriterien und die Auswahl der Teilnehmer Zündstoff für die Märkte. Und auf volkswirtschaftlicher Ebene könnten eine drastische Zinswende oder eine schleppende Wirtschaftsentwicklung mit Blick auf das Erreichen der Maastrichter Zielmarken den Spekulationen auf einen reibungslosen Übergang zum Euro einen Strich durch die Rechnung machen.

Ein kurzfristiges Scheitern des »Konvergenzspiels« könnte gewaltige spekulative Kursbewegungen auslösen. Die möglichen Turbulenzen an den Devisen-, Renten- und Aktienmärkten könnten vergleichbare Dimensionen wie in der europäischen Währungskrise von 1992 erreichen. Eine zwanzigprozentige Korrektur an den Börsen wäre leicht möglich. Freilich locken im günstigsten Fall mindestens ebensolche Gewinnchancen. So funktioniert die Börse: Jede Gewinnhoffnung muß mit entsprechenden Risiken erkauft werden.

## Was passiert, wenn der Euro scheitert

Ob der Euro kommt, weiß man erst 1999. Auch wenn die politische Entscheidung über die Einführung längst gefallen und die Währungsunion bis in viele Details schon vorbereitet ist, zweifeln noch viele Europäer. Schließlich nimmt der Euro vielen nationalen europäischen Regierungen ein zentrales wirtschaftspolitisches Instrument: die Währungspolitik. Angesichts einer nur schleppenden Konjunktur in Europa, der drückenden Schuldenlast vieler Staaten, der gewaltigen Sozial- und Rentenversicherungsprobleme sowie der erschreckend hohen Arbeitslosigkeit in den meisten Teilnahmeländern könnte sich noch in allerletzter Minute Unheil zusammenbrauen, unken Skeptiker.

Auf der einen Seite betont das Europäische Währungsinstitut in seinen Konvergenzberichten immer wieder, daß die Kriterien dauerhaft erfüllt werden müssen. Aber auf der anderen Seite reden die Europäische Kommission und viele Politiker in Europa einem möglichst großen Teilnehmerkreis das Wort. Das paßt nicht zusammen. Ein Blick auf die Zahlen ernüchtert. Selbst der ehemalige Musterschüler Deutschland könnte das Klassenziel verfehlen. Es ist damit ziemlich sicher, daß die Konvergenzkriterien nicht allzu streng ausgelegt werden.

Eine mögliche Verschiebung der Währungsunion, vielleicht mit Rückgriff auf Artikel 109j (4) des Maastrichter Vertrags, könnte schnell als Einstieg in den Ausstieg aus dem Projekt gedeutet werden. Außerdem dürften die Anstrengungen zur Konsolidierung der Staatshaushalte in vielen Ländern schlagartig erlahmen. Zudem ist fraglich, ob eine Verschiebung um ein, zwei oder drei Jahre überhaupt Vorteile bringt. Und ein längerer Aufschub wäre alles andere als glaubwürdig. Jede Verschiebung würde zudem heftige Folgen an den Finanzmärkten mit sich bringen. Bei ersten Anzeichen dafür würde eine Flucht des beweglichen internationalen Kapitals in vermeintlich sichere Häfen einsetzen. In Europa müßte mit einer massiven Aufwertung der D-Mark gerechnet werden – mit einschneidenden Folgen für die deutsche Wirtschaft sowie die Renten- und Aktienmärkte. Steigende D-Mark-Anleihekurse bei gleichzeitig rapide fallenden Renditekursen an den meisten anderen EU-Kapitalmärkten gingen mit kräftigen Kursverlusten an der deutschen Börse einher. Die Zinsdifferenz vor allem gegenüber südeuropäischen Anleihen stiege sprunghaft an. Aber auch Franc-Anleihen dürften zu Bundesanleihen deutlich an Boden verlieren. Die beeindruckende Hausse an den internationalen Finanzmärkten könnte abrupt abbrechen. Dort, wo sich spekulative Blasen gebildet haben, muß mit einem Crash gerechnet werden. Möglicherweise könnten die heftigen Kursturbulenzen an den Devisen-, Anleihe- und Aktienmärkten sogar eine ernste internationale Finanzkrise auslösen mit weitreichenden Folgen für die reale Wirtschaft.

Allerdings ist eine Verschiebung der Europäischen Währungsunion wenig wahrscheinlich. Ein Scheitern dieses historisch einmaligen Experiments ist zwar nicht ausgeschlossen, doch unwahrscheinlich. Dagegen ist die Wahrscheinlichkeit einer pünktlichen Einführung des Euro mit möglichst vielen Teilnehmern spürbar gestiegen. Das sind die Ergebnisse einer Umfrage des Zentrums für Europäische Wirtschaftsforschung GmbH (ZEW) in Mannheim. Das Institut hat Anfang 1997 insgesamt 223 inländische Großanleger aus Banken, Versicherungen, Fondsgesellschaften und Industrieunternehmen befragt und deren Einschätzung zur Währungsunion und zu möglichen Auswirkungen auf die Finanzmärkte ausgewertet.

Die Wahrscheinlichkeit einer Verschiebung wurde mit 14 Prozent doppelt so hoch bewertet wie ein Scheitern mit 7 Prozent. Sollte der Euro nicht wie geplant zum 1. Januar 1999 eingeführt werden, sei nach Meinung der Fachleute lediglich mit mit einer Verschiebung um ein bis zwei Jahre zu rechnen. Eine glaubwürdige und begrenzte Verschiebung sei den Investoren lieber als eine Aufweichung der Kriterien oder gar der Ausstieg aus dem Projekt, faßt das ZEW die Gespräche mit den

Großanlegern zusammen. Einige Fachleute meinten sogar: Sollte die Währungsunion scheitern, sei ein Crash an Europas Finanzmärkten unvermeidlich.

Mit weitem Abstand favorisieren die befragten deutschen und ausländischen Großanleger mit Sitz in Deutschland mit einer Wahrscheinlichkeit von 79 Prozent einen pünktlichen Start der Union. Dabei werden den Ländern des sogenannten Club-Med (Italien, Spanien und Portugal) inzwischen große Chancen auf eine sofortige Teilnahme eingeräumt. Bei Deutschland rechnen 99,6 Prozent der Befragten mit einer Teilnahme, obwohl aller Voraussicht nach das Drei-Prozent-Konvergenzkriterium verfehlt werden wird. Insgesamt gehen knapp 37 Prozent der Großanleger von einer großen Union aus; mit einer Kern-Währungsunion ohne Großbritannien, Schweden und den vier Südeuropäern rechnen 42 Prozent.

Im Fall einer großen Währungsunion muß der Umfrage zufolge von einem Anstieg der Inflation um 0,87 Prozentpunkte und einem kräftigen Zinsanstieg um 0,91 Prozentpunkte für zehnjährige Staatsanleihen ausgegangen werden. Dagegen dürften Zins- und Inflationsanstieg bei einer Kern-Währungsunion wesentlich geringer ausfallen (rund 0,37 Prozentpunkte). Die Verlierer der großen Union sind den Ergebnissen zufolge langlaufende D-Mark-Anleihen. Die Mehrzahl der Großanleger wollte in diesem Fall den Anteil der D-Mark-Anleihen in den Portefeuilles abbauen. Damit gehe die Absicht einher, den Anteil deutscher Aktien aufzustocken. Für das Kurspotential an den Aktienbörsen sei die Unterscheidung kleine oder große Währungsunion kaum von Bedeutung.

An den Devisenmärkten überwiegen Euro-Abwertungserwartungen. Am stärksten wird der Dollar eingeschätzt. Eine große Mehrheit der vom ZEW Befragten bescheinigt dem Dollarkus bei einer großen Währungsunion weiteren Spielraum nach oben. Auch die Kurse des Schweizer Franken, Pfund und Yen könnten steigen. Sollte es zu einer großen Union kommen, wollen die meisten Großanleger den Dollaranteil in ihren Portefeuilles spürbar erhöhen. Insbesondere das Pfund wird der Umfrage zufolge dann pessimistischer eingeschätzt. Düster sieht es für Südeuropas Währungen aus, wenn diese nicht im Euro aufgehen. Für Lira, Pesete und Escudo bestehen dann massive Abwertungserwartungen.

Aller Voraussicht nach wird es aber keine Verschiebung geben. Der politische Wille scheint stark genug, das Projekt jetzt auch zu verwirklichen. Die wirtschaftlichen Rahmenbedingungen dürften kaum besser werden, die Eigendynamik des Konvergenzprozesses hat ihre Wirkung getan. Die europäische Währungsunion nähert sich mit großen Schritten ihrer Realisierung. Es ist an der Zeit, sich darauf einzustellen.

# Kapitel V
# Die Hauptquellen im Originaltext

# Vertrag zur Gründung der Europäischen Wirtschaftsgemeinschaft[1] (EWG)

Vom 25. März 1957[2]

Seine Majestät der König der Belgier, der Präsident der Bundesrepublik Deutschland, der Präsident der Französischen Republik, der Präsident der Italienischen Republik, Ihre Königliche Hoheit die Großherzogin von Luxemburg, Ihre Majestät die Königin der Niederlande –

In dem festen Willen, die Grundlagen für einen immer engeren Zusammenschluß der europäischen Völker zu schaffen,

entschlossen, durch gemeinsames Handeln den wirtschaftlichen und sozialen Fortschritt ihrer Länder zu sichern, indem sie die Europa trennenden Schranken beseitigen,

in dem Vorsatz, die stetige Besserung der Lebens- und Beschäftigungsbedingungen ihrer Völker als wesentliches Ziel anzustreben,

in der Erkenntnis, daß zur Beseitigung der bestehenden Hindernisse ein einverständliches Vorgehen erforderlich ist, um eine beständige Wirtschaftsausweitung, einen ausgewogenen Handelsverkehr und einen redlichen Wettbewerb zu gewährleisten,

in dem Bestreben, ihre Volkswirtschaften zu einigen und deren harmonische Entwicklung zu fördern, indem sie den Abstand zwischen einzelnen Gebieten und den Rückstand weniger begünstigter Gebiete verringern,

in dem Wunsch, durch eine gemeinsame Handelspolitik zur fortschreitenden Beseitigung der Beschränkungen im zwischenstaatlichen Wirtschaftsverkehr beizutragen,

in der Absicht, die Verbundenheit Europas mit den überseeischen Ländern zu bekräftigen, und in dem Wunsch, entsprechend den Grundsätzen der Satzung der Vereinten Nationen den Wohlstand der überseeischen Länder zu fördern,

entschlossen, durch diesen Zusammenschluß ihrer Wirtschaftskräfte Frieden und Freiheit zu wahren und zu festigen und mit der Aufforderung an die anderen Völker Europas, die sich mit zu dem gleichen hohen Ziel bekennen, sich diesen Bestrebungen anzuschließen –

---

[1] BGBl. 1957, II, S. 766, Berichtigung BGBl. 1957, II, S. 1678, Berichtigung BGBl. 1958 II, S. 64, geändert durch Abkommen vom 13. 11. 1962, BGBl. 1964, II, S. 232, geändert durch Vertrag (Fusionsvertrag) vom 8. 4. 1965, BGBl. 1965, II, S. 1454, siehe S. 262, geändert durch Vertrag vom 22. 4. 1970, BGBl. 1970, II, s. 1282, siehe S. 285. Siehe auch Vorbemerkung S. 296.

[2] Erstmals in Kraft getreten am 1. 1. 1958, in der vorliegenden Fassung am 1. 1. 1971.

haben beschlossen, eine Europäische Wirtschaftsgemeinschaft zu gründen; sie haben zu diesem Zweck zu ihren Bevollmächtigten ernannt:

[Es folgen die Namen]

Diese sind nach Austausch ihrer als gut und gehörig befundenen Vollmachten wie folgt übereingekommen:

## ERSTER TEIL – GRUNDSÄTZE

**Art. 1 [Gründung der Europäischen Wirtschaftsgemeinschaft]**

Durch diesen Vertrag gründen die Hohen Vertragsparteien untereinander eine Europäische Wirtschaftsgemeinschaft.

**Art. 2 [Aufgabe der Gemeinschaft]**

Aufgabe der Gemeinschaft ist es, durch die Errichtung eines Gemeinsamen Marktes und die schrittweise Annäherung der Wirtschaftspolitik der Mitgliedsstaaten eine harmonische Entwicklung des Wirtschaftslebens innerhalb der Gemeinschaft, eine beständige und ausgewogene Wirtschaftsausweitung, eine größere Stabilität, eine beschleunigte Hebung der Lebenshaltung und engere Beziehungen zwischen den Staaten zu fördern, die in dieser Gemeinschaft zusammengeschlossen sind.

**Art. 3 [Tätigkeit der Gemeinschaft]**

Die Tätigkeit der Gemeinschaft im Sinne des Artikels 2 umfaßt nach Maßgabe dieses Vertrages und der darin vorgesehenen Zeitfolge

a) die Abschaffung der Zölle und mengenmäßigen Beschränkungen bei der Ein- und Ausfuhr von Waren sowie aller sonstigen Maßnahmen gleicher Wirkung zwischen den Mitgliedstaaten;

b) die Einführung eines Gemeinsamen Zolltarifes und einer gemeinsamen Handelspolitik gegenüber dritten Ländern;

[...]

## Titel II. Die Wirtschaftspolitik

### Kapitel 1. Die Konjunkturpolitik

**Art. 103 [Konjunkturpolitik]**

(1) Die Mitgliedstaaten betrachten ihre Konjunkturpolitik als eine Angelegenheit von gemeinsamem Interesse. Sie setzen sich miteinander und mit der Kommission über die unter den jeweiligen Umständen zu ergreifenden Maßnahmen ins Benehmen.

(2) Auf Vorschlag der Kommission kann der Rat unbeschadet der sonstigen in diesem Vertrag vorgesehenen Verfahren einstimmig über die der Lage entsprechenden Maßnahmen entscheiden.

(3) Der Rat erläßt mit qualifizierter Mehrheit auf Vorschlag der Kommission gegebenenfalls die erforderlichen Richtlinien zur Durchführung der gemäß Absatz 2 getroffenen Entscheidungen.

(4) Das in diesem Artikel vorgesehene Verfahren gilt auch für den Fall, daß Schwierigkeiten in der Versorgung mit bestimmten Waren auftreten.

## Kapitel 2. Die Zahlungsbilanz

### Art. 104 [Sicherung des Gleichgewichts der Gesamtzahlungsbilanz]

Jeder Mitgliedstaat betreibt die Wirtschaftspolitik, die erforderlich ist, um unter Wahrung eines hohen Beschäftigungsstands und eines stabilen Preisniveaus das Gleichgewicht seiner Gesamtzahlungsbilanz zu sichern und das Vertrauen in seine Währung aufrechtzuerhalten.

### Art. 105 [Koordinierung der Wirtschafts- und Währungspolitik]

(1) Um die Verwirklichung der Ziele des Artikels 104 zu erleichtern, koordinieren die Mitgliedstaaten ihre Wirtschaftspolitik. Sie richten zu diesem Zweck eine Zusammenarbeit zwischen ihren zuständigen Verwaltungsstellen und zwischen ihren Zentralbanken ein. Die Kommission unterbreitet dem Rat Empfehlungen zur Herbeiführung dieser Zusammenarbeit.

(2) Um die Koordinierung der Währungspolitik der Mitgliedstaaten in dem für das Funktionieren des Gemeinsamen Marktes erforderlichen Umfang zu fördern, wird ein Beratender Währungsausschuß eingesetzt, der die Aufgabe hat,

– die Währungs- und Finanzlage der Mitgliedstaaten und der Gemeinschaft sowie den allgemeinen Zahlungsverkehr der Mitgliedstaaten zu beobachten und dem Rat und der Kommission regelmäßig darüber Bericht zu erstatten,

– auf Ersuchen des Rates oder der Kommission oder von sich aus Stellungnahmen an diese Organe abzugeben.

Jeder Mitgliedstaat sowie die Kommission ernennen zwei Mitglieder des Währungsausschusses.

### Art. 106 [Zahlungsverkehr]

(1) Jeder Mitgliedstaat verpflichtet sich, in der Währung des Mitgliedstaates, in dem der Gläubiger oder der Begünstigte ansässig ist, die Zahlungen zu genehmigen, die sich auf den Waren-, Dienstleistungs- und Kapitalverkehr beziehen sowie den Transfer von Kapitalbeträgen und Arbeitsentgelten zu gestatten, soweit der Waren-, Dienstleistungs-, Kapital- und Personenverkehr zwischen den Mitgliedstaaten nach diesem Vertrag liberalisiert ist.

Die Mitgliedstaaten sind bereit, über die im vorstehenden Unterabsatz vorgesehene Liberalisierung des Zahlungsverkehrs hinauszugehen, soweit ihre Wirtschaftslage im allgemeinen und der Stand ihrer Zahlungsbilanz im besonderen dies zulassen.

(2) Soweit der Waren-, Dienstleistungs- und Kapitalverkehr nur durch Beschränkungen der diesbezüglichen Zahlungen begrenzt ist, werden diese Beschränkungen durch entsprechende Anwendung der Kapitel über die Beseitigung der mengenmäßigen Beschränkungen, die Liberalisierung der Dienstleistungen und den freien Kapitalverkehr schrittweise beseitigt.

(3) Die Mitgliedstaaten führen untereinander keine neuen Beschränkungen für die Transferierungen ein, die sich auf die in der Liste des Anhangs III[1] zu diesem Vertrag aufgeführten unsichtbaren Transaktionen beziehen.

Die bestehenden Beschränkungen werden gemäß den Artikeln 63 bis 65 schrittweise beseitigt, soweit hierfür nicht die Absätze 1 und 2 des vorliegenden Artikels oder das Kapitel über den freien Kapitalverkehr maßgebend sind.

(4) Im Bedarfsfall verständigen sich die Mitgliedstaaten über die Maßnahmen, die zur Gewährleistung der in diesem Artikel vorgesehenen Zahlungen und Transferierungen zu treffen sind; diese Maßnahmen dürfen die in diesem Kapitel genannten Ziele nicht beeinträchtigen.

**Art. 107 [Wechselkurse]**

(1) Jeder Mitgliedstaat behandelt seine Politik auf dem Gebiet der Wechselkurse als eine Angelegenheit von gemeinsamen Interesse.

(2) Nimmt ein Mitgliedstaat eine Änderung seines Wechselkurses vor, die den Zielen des Artikels 104 nicht entspricht und die Wettbewerbsbedingungen schwerwiegend verfälscht, so kann die Kommission nach Anhörung des Währungsausschusses andere Mitgliedstaaten ermächtigen, für eine begrenzte Frist die erforderlichen Maßnahmen zu treffen, um den Folgen dieses Vorgehens zu begegnen; sie legt die Bedingungen und Einzelheiten dieser Maßnahmen fest.

**Art. 108 [Verfahren bei Schwierigkeiten einer Zahlungsbilanz]**

(1) Ist ein Mitgliedstaat hinsichtlich seiner Zahlungsbilanz von Schwierigkeiten betroffen oder ernstlich bedroht, die sich entweder aus einem Ungleichgewicht seiner Gesamtzahlungsbilanz oder aus der Art der ihm zur Verfügung stehenden Devisen ergeben und sind diese Schwierigkeiten geeignet, insbesondere das Funktionieren des Gemeinsamen Marktes oder die schrittweise Verwirklichung der gemeinsamen Handelspolitik zu gefährden, so prüft die Kommission unverzüglich die Lage dieses Staates sowie die Maßnahmen, die er

---

[1] Hier nicht abgedruckt.

getroffen hat oder unter Einsatz aller ihm zur Verfügung stehenden Mittel gemäß Artikel 104 treffen kann. Die Kommission gibt die Maßnahmen an, die sie dem betreffenden Staat empfiehlt.

Erweisen sich die von einem Mitgliedstaat ergriffenen und die von der Kommission angeregten Maßnahmen als unzureichend, die aufgetretenen oder drohenden Schwierigkeiten zu beheben, so empfiehlt die Kommission dem Rat nach Anhörung des Währungsausschusses einen gegenseitigen Beistand und die dafür geeigneten Methoden.

Die Kommission unterrichtet den Rat regelmäßig über die Lage und ihre Entwicklung

(2) Der Rat gewährt den gegenseitigen Beistand mit qualifizierter Mehrheit; er erläßt Richtlinien oder Entscheidungen, welche die Bedingungen und Einzelheiten hierfür festlegen. Der gegenseitige Beistand kann insbesondere erfolgen

a) durch ein abgestimmtes Vorgehen bei anderen internationalen Organisationen, an die sich die Mitgliedstaaten wenden können;
b) durch Maßnahmen, die notwendig sind, um Verkehrsverlagerungen zu vermeiden, falls der in Schwierigkeiten befindliche Staat mengenmäßige Beschränkungen gegenüber dritten Ländern beibehält oder wieder einführt;
c) durch Bereitstellung von Krediten in begrenzter Höhe seitens anderer Mitgliedstaaten; hierzu ist ihr Einverständnis erforderlich.

Während der Übergangszeit kann der gegenseitige Beistand ferner durch besondere Senkungen von Zollsätzen oder durch Erweiterung von Kontingenten erfolgen, um eine Steigerung der Einfuhren aus dem in Schwierigkeiten befindlichen Staat zu begünstigen; hierzu ist das Einverständnis der Staaten, die diese Maßnahme treffen sollen, erforderlich.

(3) Stimmt der Rat dem von der Kommission empfohlenen gegenseitigen Beistand nicht zu oder sind der gewährte Beistand und die getroffenen Maßnahmen unzureichend, so ermächtigt die Kommission den in Schwierigkeiten befindlichen Staat, Schutzmaßnahmen zu treffen, deren Bedingungen und Einzelheiten sie festlegt.

Der Rat kann mit qualifizierter Mehrheit diese Ermächtigung aufheben und die Bedingungen und Einzelheiten ändern.

**Art. 109 [Verfahren bei plötzlicher Zahlungsbilanzkrise]**

(1) Gerät ein Mitgliedstaat in eine plötzliche Zahlungsbilanzkrise und wird eine Entscheidung im Sinne des Artikels 108 Absatz 2 nicht unverzüglich getroffen, so kann der betreffende Staat vorsorglich die erforderlichen Schutzmaßnahmen treffen. Sie dürfen nur ein Mindestmaß an Störungen im Funktionieren des Gemeinsamen Marktes hervorrufen und nicht über das zur Behe-

bung der plötzlich aufgetretenen Schwierigkeiten unbedingt erforderliche Ausmaß hinausgehen.

(2) Die Kommission und die anderen Mitgliedstaaten werden von den Schutzmaßnahmen spätestens bei deren Inkrafttreten benachrichtigt. Die Kommission kann dem Rat den gegenseitigen Beistand nach Artikel 108 empfehlen.

(3) Nach Stellungnahme der Kommission und nach Anhörung des Währungsausschusses kann der Rat mit qualifizierter Mehrheit entscheiden, daß der betreffende Staat diese Schutzmaßnahmen zu ändern, auszusetzen oder aufzuheben hat.

# 1. Vertrag über die Europäische Union (EU)

Vom 7. Februar 1992[1]

SEINE MAJESTÄT DER KÖNIG DER BELGIER, IHRE MAJESTÄT DIE KÖNIGIN VON DÄNEMARK, DER PRÄSIDENT DER BUNDESREPUBLIK DEUTSCHLAND, DER PRÄSIDENT DER GRIECHISCHEN REPUBLIK, SEINE MAJESTÄT DER KÖNIG VON SPANIEN, DER PRÄSIDENT DER FRANZÖSISCHEN REPUBLIK, DER PRÄSIDENT IRLANDS, DER PRÄSIDENT DER ITALIENISCHEN REPUBLIK, SEINE KÖNIGLICHE HOHEIT DER GROß HERZOG VON LUXEMBURG, IHRE MAJESTÄT DIE KÖNIGIN DER NIEDERLANDE, DER PRÄSIDENT DER PORTUGIESISCHEN REPUBLIK, IHRE MAJESTÄT DIE KÖNIGIN DES VEREINIGTEN KÖNIGREICHES GROß BRITANNIEN UND NORDIRLAND –

ENTSCHLOSSEN, den mit der Gründung der Europäischen Gemeinschaften eingeleiteten Prozeß der europäischen Integration auf eine neue Stufe zu heben,

EINGEDENK der historischen Bedeutung der Überwindung der Teilung des europäischen Kontinents und der Notwendigkeit, feste Grundlagen für die Gestalt des zukünftigen Europas zu schaffen,

IN BESTÄTIGUNG ihres Bekenntnisses zu den Grundsätzen der Freiheit, der Demokratie und der Achtung der Menschenrechte und Grundfreiheiten und der Rechtsstaatlichkeit,

IN DEM WUNSCH, die Solidarität zwischen ihren Völkern unter Achtung ihrer Geschichte, ihrer Kultur und ihrer Traditionen zu stärken,

IN DEM WUNSCH, Demokratie und Effizienz in der Arbeit der Organe weiter zu stärken, damit diese in die Lage versetzt werden, die ihnen übertragenen Aufgaben in einem einheitlichen institutionellen Rahmen besser wahrzunehmen,

ENTSCHLOSSEN, die Stärkung und die Konvergenz ihrer Volkswirtschaften herbeizuführen und eine Wirtschafts- und Währungsunion zu errichten, die im Einklang mit diesem Vertrag eine einheitliche, stabile Währung einschließt,

IN DEM FESTEN WILLEN, im Rahmen der Verwirklichung des Binnenmarktes sowie der Stärkung des Zusammenhalts und des Umweltschutzes den wirtschaftlichen und sozialen Fortschritt ihrer Völker zu fördern und Politiken zu verfolgen, die gewährleisten, daß Fortschritte bei der wirtschaftlichen Integration mit parallelen Fortschritten auf anderen Gebieten einhergehen,

---

1 Quelle: BGBl. 1992 II S. 1253; in Kraft getreten am 1. November 1993 gem. Bek. v. 19. Oktober 1993 (BGBl. 1993 II S. 1947). Vgl. auch die Erklärungen zum EU-Vertrag, w.u. S. 92ff. Vertragsparteien sind Belgien, die Bundesrepublik Deutschland, Dänemark, Frankreich, Griechenland, Irland, Italien, Luxemburg, die Niederlande, Portugal, Spanien und das Vereinigte Königreich Großbritannien und Nordirland.

Entschlossen, eine gemeinsame Unionsbürgschaft für die Staatsangehörigen ihrer Länder einzuführen,

Entschlossen, eine gemeinsame Außen- und Sicherheitspolitik zu verfolgen, wozu auf längere Sicht auch die Festlegung einer gemeinsamen Verteidigungspolitik gehört, die zu gegebener Zeit zu einer gemeinsamen Verteidigung führen könnte, und so die Identität und Unabhängigkeit Europas zu stärken, um Frieden, Sicherheit und Fortschritt in Europa und in der Welt zu fördern,

In Bekräftigung ihres Zieles, die Freizügigkeit unter gleichzeitiger Gewährleistung der Sicherheit ihrer Bürger durch die Einfügung von Bestimmungen über Justiz und Inneres in diesen Vertrag zu fördern,

Entschlossen, den Prozeß der Schaffung einer immer engeren Union der Völker Europas, in der die Entscheidungen entsprechend dem Subsidiaritätsprinzip möglichst bürgernah getroffen werden, weiterzuführen,

Im Hinblick auf weitere Schritte, die getan werden müssen, um die europäische Integration voranzutreiben,

Haben beschlossen, eine Europäische Union zu gründen; sie haben zu diesem Zweck zu ihren Bevollmächtigten ernannt:

*(es folgen die Namen)*

Diese sind nach Austausch ihrer als gut und gehörig befundenen Vollmachten wie folgt übereingekommen:

## Titel I
## Gemeinsame Bestimmungen

**Art. A [Grundlage und Aufgabe der Union]** Durch diesen Vertrag gründen die Hohen Vertragsparteien untereinander eine Europäische Union, im folgenden als „Union" bezeichnet.

Dieser Vertrag stellt eine neue Stufe bei der Verwirklichung einer immer engeren Union der Völker Europas dar, in der die Entscheidungen möglichst bürgernah getroffen werden.

Grundlage der Union sind die Europäischen Gemeinschaften, ergänzt durch die mit diesem Vertrag eingeführten Politiken und Formen der Zusammenarbeit. Aufgabe der Union ist es, die Beziehungen zwischen den Mitgliedstaaten sowie zwischen ihren Völkern kohärent und solidarisch zu gestalten.

**Art. B [Ziele der Union]** Die Union setzt sich folgende Ziele:

– Die Förderung eines ausgewogenen und dauerhaften wirtschaftlichen und sozialen Fortschritts, insbesondere durch Schaffung eines Raumes ohne Binnengrenzen, durch Stärkung des wirtschaftlichen und sozialen Zusammenhalts und durch Errichtung einer Wirtschafts- und Währungsunion, die auf

längere Sicht auch eine einheitliche Währung nach Maßgabe dieses Vertrages umfaßt;
- die Behauptung ihrer Identität auf internationaler Ebene, insbesondere durch eine Gemeinsame Außen- und Sicherheitspolitik, wozu auf längere Sicht auch die Festlegungen einer gemeinsamen Verteidigungspolitik gehört, die zu gegebener Zeit zu einer gemeinsamen Verteidigung führen könnte;
- die Stärkung des Schutzes der Rechte und Interessen der Angehörigen ihrer Mitgliedstaaten durch Einführung einer Unionsbürgerschaft;
- die Entwicklung einer engen Zusammenarbeit in den Bereichen Justiz und Inneres;
- die volle Wahrung des gemeinschaftlichen Besitzstandes und seine Weiterentwicklung, wobei nach dem Verfahren des Artikels N Absatz 2 geprüft wird, inwieweit die durch diesen Vertrag eingeführten Politiken und Formen der Zusammenarbeit mit dem Ziel zu revidieren sind, die Wirksamkeit der Mechanismen und Organe der Gemeinschaft sicherzustellen.

Die Ziele der Union werden nach Maßgabe dieses Vertrages entsprechend den darin enthaltenen Bedingungen und der darin vorgesehenen Zeitfolge unter Beachtung des Subsidiaritätsprinzips, wie es in Artikel 3b des Vertrages zur Gründung der Europäischen Gemeinschaft bestimmt ist, verwirklicht.

**Art. C [Einheitlicher Rahmen; Struktur der Union, Kohärenz]** Die Union verfügt über einen einheitlichen institutionellen Rahmen, der die Kohärenz und Kontinuität der Maßnahmen zur Erreichung ihrer Ziele unter gleichzeitiger Wahrung und Weiterentwicklung des gemeinschaftlichen Besitzstandes sicherstellt.

Die Union achtet insbesondere auf die Kohärenz aller von ihr ergriffenen außenpolitischen Maßnahmen im Rahmen ihrer Außen-, Sicherheits-, Wirtschafts- und Entwicklungspolitik. Der Rat und die Kommission sind für diese Kohärenz verantwortlich. Sie stellen jeweils in ihrem Zuständigkeitsbereich die Durchführung der betreffenden Politiken sicher.

**Art. D [Europäischer Rat; Vorsitz]** Der Europäische Rat gibt der Union die für ihre Entwicklung erforderlichen Impulse und legt die allgemeinen politischen Zielvorstellungen für diese Entwicklung fest.

Im Europäischen Rat kommen die Staats- und Regierungschefs der Mitgliedstaaten sowie der Präsident der Kommission zusammen. Sie werden von den Ministern für auswärtige Angelegenheiten der Mitgliedstaaten und einem Mitglied der Kommission unterstützt. Der Europäische Rat tritt mindestens zweimal jährlich unter dem Vorsitz des Staats- oder Regierungschefs des Mitgliedstaates zusammen, der im Rat den Vorsitz innehat.

Der Europäische Rat erstattet dem Europäischen Parlament nach jeder Tagung Bericht und legt ihm alljährlich einen schriftlichen Bericht über die Fortschritte der Union vor.

**Art. E [Handlungsbefugnis der Organe]** Das Europäische Parlament, der Rat, die Kommission und der Gerichtshof üben ihre Befugnisse nach Maßgabe und im Sinne der Verträge zur Gründung der Europäischen Gemeinschaften sowie der nachfolgenden Verträge und Akte zu deren Änderung oder Ergänzung einerseits und der übrigen Bestimmungen des vorliegenden Vertrages andererseits aus.

**Art. F [Demokratiegebot; Menschenrechte und Grundfreiheiten]**

(1) Die Union achtet die nationale Identität ihrer Mitgliedstaaten, deren Regierungssysteme auf demokratischen Grundsätzen beruhen.

(2) Die Union achtet die Grundrechte, wie sie in der am 4. November 1950 in Rom unterzeichneten Europäischen Konvention zum Schutze der Menschenrechte und Grundfreiheiten gewährleistet sind und wie sie sich aus den gemeinsamen Verfassungsüberlieferungen der Mitgliedstaaten als allgemeine Grundsätze des Gemeinschaftsrechts ergeben.

(3) Die Union stattet sich mit den Mitteln aus, die zum Erreichen ihrer Ziele und zur Durchführung ihrer Politiken erforderlich sind.

## Titel VI
## Die Wirtschafts- und Währungspolitik

### Kapitel 1
### Die Wirtschaftspolitik

**Art. 102a [Ausrichtung der Wirtschaftspolitik]** Die Mitgliedstaaten richten Wirtschaftspolitik so aus, daß sie im Rahmen der in Artikel 103 Absatz 2 genannten Grundzüge zur Verwirklichung der Ziele der Gemeinschaft im Sinne des Artikels 2 beitragen. Die Mitgliedstaaten und die Gemeinschaft handeln im Einklang mit dem Grundsatz einer offenen Marktwirtschaft mit freiem Wettbewerb, wodurch ein effizienter Einsatz der Ressourcen gefördert wird, und halten sich dabei an die in Artikel 3a genannten Grundsätze.

**Art. 103 [Koordinierung der Wirtschaftspolitik; Überwachung]**

(1) Die Mitgliedstaaten betrachten ihre Wirtschaftspolitik als eine Angelegenheit von gemeinsamem Interesse und koordinieren sie im Rat nach Maßgabe des Artikels 102a.

(2) Der Rat erstellt mit qualifizierter Mehrheit auf Empfehlung der Kommission einen Entwurf für die Grundzüge der Wirtschaftspolitik der Mitgliedstaaten und der Gemeinschaft und erstattet dem Europäischen Rat hierüber Bericht.

Der Europäische Rat erörtert auf der Grundlage dieses Berichtes des Rates eine Schlußfolgerung zu den Grundzügen der Wirtschaftspolitik der Mitgliedstaaten und der Gemeinschaft.

Auf der Grundlage dieser Schlußfolgerung verabschiedet der Rat mit qualifizierter Mehrheit eine Empfehlung, in der diese Grundzüge dargelegt werden. Der Rat unterrichtet das Europaische Parlament über seine Empfehlung.

(3) Um eine engere Koordinierung der Wirtschaftspolitik und eine dauerhafte Konvergenz der Wirtschaftsleistungen der Mitgliedstaaten zu gewährleisten, überwacht der Rat anhand von Berichten der Kommission die wirtschaftliche Entwicklung in jedem Mitgliedstaat und in der Gemeinschaft sowie die Vereinbarkeit der Wirtschaftspolitik mit den in Absatz 2 genannten Grundzügen und nimmt in regelmäßigen Abständen eine Gesamtbewertung vor.

Zum Zwecke dieser multilateralen Überwachung übermitteln die Mitgliedstaaten der Kommission Angaben zu wichtigen einzelstaatlichen Maßnahmen auf dem Gebiet ihrer Wirtschaftspolitik sowie weitere ihnen für erforderliche erachtete Angaben.

(4) Wird im Rahmen des Verfahrens nach Absatz 3 festgestellt, daß die Wirtschaftspolitik eines Mitgliedstaates nicht mit den in Absatz 2 genannten Grundzügen vereinbar ist oder das ordnungsgemäße Funktionieren der Wirtschafts- und Währungsunion zu gefährden droht, so kann der Rat mit qualifizierter Mehrheit auf Empfehlung der Kommission die erforderlichen Empfehlungen an den betreffenden Mitgliedstaat richten. Der Rat kann mit qualifizierter Mehrheit auf Vorschlag der Kommission beschließen, seine Empfehlungen zu veröffentlichen.

Der Präsident des Rates und die Kommission erstatten dem Europäischen Parlament über die Ergebnisse der multilateralen Überwachung Bericht. Der Präsident des Rates kann ersucht werden, vor dem zuständigen Ausschuß des Europäischen Parlaments zu erscheinen, wenn der Rat seine Empfehlungen veröffentlicht hat.

(5) Der Rat kann nach dem Verfahren des Artikels 189c die Einzelheiten des Verfahrens der multilateralen Überwachung im Sinne der Absätze 3 und 4 festlegen.

**Art. 103a [Finanzieller Beistand]** (1) Der Rat kann auf Vorschlag der Kommission unbeschadet der sonstigen in diesem Vertrag vorgesehenen Verfahren einstimmig über die der Wirtschaftslage angemessenen Maßnahmen entscheiden, insbesondere falls gravierende Schwierigkeiten in der Versorgung mit bestimmten Waren auftreten.

(2) Ist ein Mitgliedstaat aufgrund außergewöhnlicher Ereignisse, die sich seiner Kontrolle entziehen, von Schwierigkeiten betroffen oder von gravierenden Schwierigkeiten ernstlich bedroht, so kann der Rat einstimmig auf Vorschlag der Kommission beschließen, dem betreffenden Mitgliedstaat unter bestimmten Bedingungen einen finanziellen Beistand der Gemeinschaft zu gewähren. Sind die gravierenden Schwierigkeiten auf Naturkatastrophen zurückzuführen, so beschließt der Rat mit qualifizierter Mehrheit. Der Präsident des Rates unterrichtet das Europäische Parlament über den Beschluß.

**Art. 104 [Überziehungsverbot]** (1) Überziehungs- oder andere Kreditfazilitäten bei der EZB oder den Zentralbanken der Mitgliedstaaten (im folgenden als „nationale Zentralbanken" bezeichnet) für Organe oder Einrichtungen der Gemeinschaft, Zentralregierungen, regionale oder lokale Gebietskörperschaften oder andere öffentlich-rechtliche Körperschaften, sonstige Einrichtungen des öffentlichen Rechts oder öffentliche Unternehmen der Mitgliedstaaten sind ebenso verboten wie der unmittelbare Erwerb von Schuldtiteln von diesen durch die EZB oder die nationalen Zentralbanken.

(2) Die Bestimmungen des Absatzes 1 gelten nicht für Kreditinstitute im öffentlichen Eigentum; diese werden von der jeweiligen nationalen Zentralbank und der EZB, was die Bereitstellung von Zentralbankgeld betrifft, wie private Kreditinstitute behandelt.

**Art. 104a [Aufsichtsrechtliche Maßnahmen]** (1) Maßnahmen, die nicht aus aufsichtsrechtlichen Gründen getroffen werden und einen bevorrechtigten Zugang der Organe und Einrichtungen der Gemeinschaft, der Zentralregierungen, der regionalen oder lokalen Gemeinschaft, der Zentralregierungen, der regionalen oder lokalen Gebietskörperschaften oder anderen öffentlich-rechtlichen Körperschaften, sonstiger Einrichtungen des öffentlichen Rechts oder öffentlicher Unternehmen der Mitgliedstaaten zu den Finanzinstituten schaffen, sind verboten.

(2) Der Rat legt vor dem 1. Januar 1994 nach dem Verfahren des Artikels 189c die Begriffsbestimmungen für die Anwendung des in Absatz 1 vorgesehenen Verbots fest.

**Art. 104b [Haftung der Gemeinschaft und der Mitgliedstaaten]** (1) Die Gemeinschaft haftet nicht für die Verbindlichkeiten der Zentralregierungen, der regionalen oder lokalen Gebietskörperschaften oder anderen öffentlich-rechtlichen Körperschaften, sonstiger Einrichtungen des öffentlichen Rechts oder öffentlicher Unternehmen von Mitgliedstaaten und tritt nicht für derartige Verbindlichkeiten ein; dies gilt unbeschadet der gegenseitigen finanziellen Garantien für die gemeinsame Durchführung eines bestimmten Vorhabens.

Ein Mitgliedstaat haftet nicht für die Verbindlichkeiten der Zentralregierungen, der regionalen oder lokalen Gebietskörperschaften oder anderen öffentlich-rechtlichen Körperschaften, sonstiger Einrichtungen des öffentlichen Rechts oder öffentlicher Unternehmen eines anderen Mitgliedstaates und tritt nicht für derartige Verbindlichkeiten ein; dies gilt unbeschadet der gegenseitigen finanziellen Garantien für die gemeinsame Durchführung eines bestimmten Vorhabens.

(2) Der Rat kann erforderlichenfalls nach dem Verfahren des Artikels 189c Definitionen für die Anwendung der in Artikel 104 und in diesem Artikel vorgesehenen Verbote näher bestimmen.

**Art. 104c [Überwachung der Haushaltslage in den Mitgliedstaaten]**

(1) Die Mitgliedstaaten vermeiden übermäßige öffentliche Defizite.

(2) Die Kommission überwacht die Entwicklung der Haushaltslage und der Höhe des öffentlichen Schuldenstandes in den Mitgliedstaaten im Hinblick auf die Feststellung schwerwiegender Fehler. Insbesondere prüft sie die Einhaltung der Haushaltsdisziplin anhand von zwei Kriterien, nämlich daran,

a) ob das Verhältnis des geplanten oder tatsächlichen öffentlichen Defizits zum Bruttoinlandsprodukt einen bestimmten Referenzwert überschreitet, es sei denn, daß
  - entweder das Verhältnis erheblich und laufend zurückgegangen ist und einen Wert in der Nähe des Referenzwertes erreicht hat
  - oder der Referenzwert nur ausnahmsweise und vorübergehend überschritten wird und das Verhältnis in der Nähe des Referenzwertes bleibt;

b) ob das Verhältnis des öffentlichen Schuldenstandes zum Bruttoinlandsprodukt einen bestimmten Referenzwert überschreitet, es sei denn, daß das Verhältnis hinreichend rückläufig ist und sich rasch genug dem Referenzwert nähert.

Die Referenzwerte werden in einem diesem Vertrag beigefügten Protokoll über das Verfahren bei einem übermäßigen Defizit im einzelnen festgelegt.

(3) Erfüllt ein Mitgliedstaat keines oder nur eines dieser Kriterien, so erstellt die Kommission einen Bericht. In diesem Bericht wird berücksichtigt, ob das öffentliche Defizit die öffentlichen Ausgaben für Investitionen übertrifft; berücksichtigt werden ferner alle sonstigen einschlägigen Faktoren, einschließlich der mittelfristigen Wirtschafts- und Haushaltslage des Mitgliedstaates.

Die Kommission kann ferner einen Bericht erstellen, wenn sie ungeachtet der Erfüllung der Kriterien der Auffassung ist, daß in einem Mitgliedstaat die Gefahr eines übermäßigen Defizits besteht.

(4) Der Ausschuß nach Artikel 109c gibt eine Stellungnahme zu dem Bericht der Kommission ab.

(5) Ist die Kommission der Auffassung, daß in einem Mitgliedstaat ein übermäßiges Defizit besteht oder sich ergeben könnte, so legt sie dem Rat eine Stellungnahme vor.

(6) Der Rat entscheidet mit qualifizierter Mehrheit auf Empfehlung der Kommission und unter Berücksichtigung der Bemerkungen, die der betreffende Mitgliedstaat gegebenenfalls abzugeben wünscht, nach Prüfung der Gesamtlage, ob ein übermäßiges Defizit besteht.

(7) Wird nach Absatz 6 ein übermäßiges Defizit festgestellt, so richtet der Rat an den betreffenden Mitgliedstaat Empfehlungen mit dem Ziel, dieser Lage innerhalb einer bestimmten Frist abzuhelfen. Vorbehaltlich des Absatzes 8 werden diese Empfehlungen nicht veröffentlicht.

(8) Stellt der Rat fest, daß seine Empfehlungen innerhalb der gesetzten Frist keine wirksamen Maßnahmen ausgelöst haben, so kann er seine Empfehlungen veröffentlichen.

(9) Falls ein Mitgliedstaat den Empfehlungen des Rates weiterhin nicht Folge leistet, kann der Rat beschließen, den Mitgliedstaat mit der Maßgabe in Verzug zu setzen, innerhalb einer bestimmten Frist Maßnahmen für den nach Auffassung des Rates zur Sanierung erforderlichen Defizitabbau zu treffen.

Der Rat kann in diesem Fall den betreffenden Mitgliedstaat ersuchen, nach einem konkreten Zeitplan Berichte vorzulegen, um die Anpassungsbemühungen des Mitgliedstaates überprüfen zu können.

(10) Das Recht auf Klageerhebung nach den Artikeln 169 und 170 kann im Rahmen der Absätze 1 bis 9 dieses Artikels nicht ausgeübt werden.

(11) Solange ein Mitgliedstaat einen Beschluß nach Absatz 9 nicht befolgt, kann der Rat beschließen, eine oder mehrere der nachstehenden Maßnahmen anzuwenden oder gegebenenfalls zu verschärfen, nämlich

- von dem betreffenden Mitgliedstaat verlangen, vor der Emission von Schuldverschreibungen und sonstigen Wertpapieren vom Rat näher zu bezeichnende zusätzliche Angaben zu veröffentlichen,
- die Europäische Investitionsbank ersuchen, ihre Darlehenspolitik gegenüber dem Mitgliedstaat zu überprüfen,
- von dem Mitgliedstaat verlangen, eine unverzinsliche Einlage in angemessener Höhe bei der Gemeinschaft zu hinterlegen, bis das übermäßige Defizit nach Ansicht des Rates korrigiert worden ist,
- Geldbußen in angemessener Höhe verhängen.

Der Präsident des Rates unterrichtet das Europäische Parlament von den Beschlüssen.

(12) Der Rat hebt einige oder sämtliche Entscheidungen nach den Absätzen 6 bis 9 und 11 so weit auf, wie das übermäßige Defizit in dem betreffenden Mitgliedstaat nach Ansicht des Rates korrigiert worden ist. Hat der Rat zuvor Empfehlungen veröffentlicht, so stellt er, sobald die Entscheidung nach Absatz

8 aufgehoben worden ist. In einer öffentlichen Erklärung fest, daß in dem betreffenden Mitgliedstaat kein übermäßiges Defizit mehr besteht.

(13) Die Beschlussfassung des Rates nach den Absätzen 7 bis 9 sowie 11 und 12 erfolgt auf Empfehlung der Kommission mit einer Mehrheit von zwei Dritteln der gemäß Artikel 148 Absatz 2 gewogenen Stimmen der Mitgliedstaaten mit Ausnahme der Stimmen des Vertreters des betroffenen Mitgliedstaates.

(14) Weitere Bestimmungen über die Durchführung des in diesem Artikel beschriebenen Verfahrens sind in dem diesem Vertrag beigefügten Protokoll über das Verfahren bei einem übermäßigen Defizit enthalten.

Der Rat verabschiedet einstimmig auf Vorschlag der Kommission und nach Anhörung des Europäischen Parlaments sowie der EZB die geeigneten Bestimmungen, die sodann das genannte Protokoll ablösen.

Der Rat beschließt vorbehaltlich der sonstigen Bestimmungen dieses Absatzes vor dem 1. Januar 1994 mit qualifizierter Mehrheit auf Vorschlag der Kommission und nach Anhörung des Europäischen Parlaments nähere Einzelheiten und Begriffsbestimmungen für die Durchführung des genannten Protokolls.

## Kapitel 2
## Die Währungspolitik

**Art. 105 [Ziele und Aufgaben des ESZB]** (1) Das vorrangige Ziel des ESZB ist es, die Preisstabilität zu gewährleisten. Soweit dies ohne Beeinträchtigung des Zieles der Preisstabilität möglich ist, unterstützt das ESZB die allgemeine Wirtschaftspolitik in der Gemeinschaft, um zur Verwirklichung der in Artikel 2 festgelegten Ziele der Gemeinschaft beizutragen. Das ESZB handelt im Einklang mit dem Grundsatz einer offenen Marktwirtschaft mit freiem Wettbewerb, wodurch ein effizienter Einsatz der Ressourcen gefördert wird, und hält sich dabei an die in Artikel 3a genannten Grundsätze.

(2) Die grundlegenden Aufgaben des ESZB bestehen darin,
- die Geldpolitik der Gemeinschaft festzulegen und auszuführen,
- Devisengeschäfte im Einklang mit Artikel 109 durchzuführen,
- die offiziellen Währungsreserven der Mitgliedstaaten zu halten und zu verwalten,
- das reibungslose Funktionieren der Zahlungssysteme zu fördern.

(3) Absatz 2 dritter Gedankenstrich berührt nicht die Haltung und Verwaltung von Arbeitsguthaben in Fremdwährungen durch die Regierungen der Mitgliedstaaten.

(4) Die EZB wird gehört
- zu allen Vorschlägen für Rechtsakte der Gemeinschaft im Zuständigkeitsbereich der EZB,

– von den nationalen Behörden zu allen Entwürfen für Rechtsvorschriften im Zuständigkeitsbereich der EZB, und zwar innerhalb der Grenzen und unter den Bedingungen, die der Rat nach dem Verfahren des Artikels 106 Absatz 6 festlegt.

Die EZB kann gegenüber den zuständigen Organen und Einrichtungen der Gemeinschaft und gegenüber den nationalen Behörden Stellungnahmen zu in ihren Zuständigkeitsbereich fallenden Fragen abgeben.

(5) Das ESZB trägt zur reibungslosen Durchführung der von den zuständigen Behörden auf dem Gebiet der Aufsicht über die Kreditinstitute und der Stabilität des Finanzsystems ergriffenen Maßnahmen bei.

(6) Der Rat kann durch einstimmigen Beschluß auf Vorschlag der Kommission nach Anhörung der EZB und nach Zustimmung des Europäischen Parlaments der EZB besondere Aufgaben im Zusammenhang mit der Aufsicht über Kreditinstitute und sonstige Finanzinstitute mit Ausnahme von Versicherungsunternehmen übertragen.

**Art. 105a [Ausgabe von Banknoten und Münzen]** (1) Die EZB hat das ausschließliche Recht, die Ausgabe von Banknoten innerhalb der Gemeinschaft zu genehmigen. Die EZB und die nationalen Zentralbanken sind zur Ausgabe von Banknoten berechtigt. Die von der EZB und den nationalen Zentralbanken ausgegebenen Banknoten sind die einzigen Banknoten, die in der Gemeinschaft als gesetzliches Zahlungsmittel gelten.

(2) Die Mitgliedstaaten haben das Recht zur Ausgabe von Münzen, wobei der Umfang dieser Ausgabe der Genehmigung durch die EZB bedarf. Der Rat kann nach dem Verfahren des Artikels 189c und nach Anhörung der EZB Maßnahmen erlassen, um die Stückelung und die technischen Merkmale aller für den Umlauf bestimmten Münzen so weit zu harmonisieren, wie dies für deren reibungslosen Umlauf innerhalb der Gemeinschaft erforderlich ist.

**Art. 106 [Zusammensetzung des ESZB; Rechtspersönlichkeit]**

(1) Die ESZB besteht aus der EZB und den nationalen Zentralbanken.

(2) Die EZB besitzt Rechtspersönlichkeit.

(3) Das ESZB wird von den Beschlußorganen der EZB, nämlich dem EZB–Rat und dem Direktorium, geleitet.

(4) Die Satzung des ESZB ist in einem diesem Vertrag beigefügten Protokoll festgelegt.

(5) Der Rat kann die Artikel 5.1, 5.2, 5.3, 17, 18, 19.1, 22, 23, 24, 26, 32.2, 32.3, 32.4, 32.6, 33.1.a und 36 der Satzung des ESZB entweder mit qualifizierter Mehrheit auf Empfehlung der EZB nach Anhörung der Kommission oder einstimmig auf Vorschlag der Kommission nach Anhörung der EZB ändern. Die Zustimmung des Europäischen Parlaments ist dabei jeweils erforderlich.

(6) Der Rat erläßt mit qualifizierter Mehrheit entweder auf Vorschlag der Kommission und nach Anhörung des Europäischen Parlaments und der EZB oder auf Empfehlung der EZB und nach Anhörung des Europäischen Parlaments und der Kommission die in den Artikeln 4, 5.4, 19.2, 20, 28.1, 29.2, 30.4 und 34.3 der Satzung des ESZB genannten Bestimmungen.

**Art. 107 [Weisungsunabhängigkeit der EZB]** Bei der Wahrnehmung der ihnen durch diesen Vertrag und die Satzung des ESZB übertragenen Befugnisse, Aufgaben und Pflichten darf weder die EZB noch eine nationale Zentralbank noch ein Mitglied ihrer Beschlußorgane Weisungen von Organen oder Einrichtungen der Gemeinschaft, Regierungen der Mitgliedstaaten oder anderen Stellen einholen oder entgegennehmen. Die Organe und Einrichtungen der Gemeinschaft sowie die Regierungen der Mitgliedstaaten verpflichten sich, diesen Grundsatz zu beachten und nicht zu versuchen, die Mitglieder der Beschlußorgane der EZB oder der nationalen Zentralbanken bei der Wahrnehmung ihrer Aufgaben zu beeinflussen.

**Art. 108 [Anpassung innerstaatlicher Rechtsvorschriften]** Jeder Mitgliedstaat stellt sicher, daß spätestens zum Zeitpunkt der Errichtung des ESZB seine innerstaatlichen Rechtsvorschriften einschließlich der Satzung seiner Zentralbank mit diesem Vertrag sowie mit der Satzung des ESZB im Einklang stehen.

**Art. 108a [Handlungsbefugnisse der EZB; Veröffentlichung und Bekanntgabe; Zwangsmittel]** (1) Zur Erfüllung der dem ESZB übertragenen Aufgaben werden von der EZB gemäß diesem Vertrag und unter den in der Satzung des ESZB vorgesehenen Bedingungen

- Verordnungen erlassen, insoweit dies für die Erfüllung der in Artikel 3.1 erster Gedankenstrich, Artikel 19.1, Artikel 22 oder Artikel 25.2 der Satzung des ESZB festgelegten Aufgaben erforderlich ist; sie erläßt Verordnungen ferner in den Fällen, die in den Rechtsakten des Rates nach Artikel 106 Absatz 6 vorgesehen werden,
- Entscheidungen erlassen, die zur Erfüllung der dem ESZB nach diesem Vertrag und der Satzung des ESZB übertragenen Aufgaben erforderlich sind,
- Empfehlungen und Stellungnahmen abgegeben.

(2) Die Verordnung hat allgemeine Geltung. Sie ist in allen ihren Teilen verbindlich und gilt unmittelbar in jedem Mitgliedstaat.

Die Empfehlungen und Stellungnahmen sind nicht verbindlich.

Die Entscheidung ist in allen ihren Teilen für diejenigen verbindlich, an die sie gerichtet ist.

Die Artikel 190, 191 und 192 des Vertrages gelten für die Verordnungen und Entscheidungen der EZB.

Die EZB kann die Veröffentlichung ihrer Entscheidungen, Empfehlungen und Stellungnahmen beschließen.

(3) Innerhalb der Grenzen und unter den Bedingungen, die der Rat nach dem Verfahren des Artikels 106 Absatz 6 festlegt, ist die EZB befugt, Unternehmen bei Nichteinhaltung der Verpflichtungen, die sich aus ihren Verordnungen und Entscheidungen ergeben, mit Geldbußen oder in regelmäßigen Abständen zu zahlenden Zwangsgeldern zu belegen.

**Art. 109 [Vereinbarungen mit Dritten; Währungsabkommen]**

(1) Abweichend von Artikel 228 kann der Rat einstimmig auf Empfehlung der EZB oder der Kommission und nach Anhörung der EZB in dem Bemühen, zu einem mit dem Ziel der Preisstabilität im Einklang stehenden Konsens zu gelangen, nach Anhörung des Europäischen Parlaments gemäß den in Absatz 3 für die Festlegung von Modalitäten vorgesehenen Verfahren förmliche Vereinbarungen über ein Wechselkurssystem für die ECU gegenüber Drittlandswährungen treffen. Der Rat kann mit qualifizierter Mehrheit auf Empfehlung der EZB oder der Kommission und nach Anhörung der EZB in dem Bemühen, zu einem mit dem Ziel der Preisstabilität im Einklang stehenden Konsens zu gelangen, die ECU-Leitkurse innerhalb des Wechselkurssystems festlegen, ändern oder aufgeben. Der Präsident des Rates unterrichtet das Europäische Parlament von der Festlegung, Änderung oder Aufgabe der ECU-Leitkurse.

(2) Besteht gegenüber einer oder mehreren Drittlandswährungen kein Wechselkurssystem nach Absatz 1, so kann der Rat mit qualifizierter Mehrheit entweder auf Empfehlung der Kommission und nach Anhörung der EZB oder auf Empfehlung der EZB allgemeine Orientierungen für die Wechselkurspolitik gegenüber diesen Währungen aufstellen. Diese allgemeinen Orientierungen dürfen das vorrangige Ziel des ESZB, die Preisstabilität zu gewährleisten, nicht beeinträchtigen.

(3) Wenn von der Gemeinschaft mit einem oder mehreren Staaten oder internationalen Organisationen Vereinbarungen im Zusammenhang mit Währungsfragen oder Devisenregelungen auszuhandeln sind, beschließt der Rat abweichend von Artikel 228 mit qualifizierter Mehrheit auf Empfehlung der Kommission und nach Anhörung der EZB die Modalitäten für die Aushandlung und den Abschluß solcher Vereinbarungen. Mit diesen Modalitäten wird gewährleistet, daß die Gemeinschaft einen einheitlichen Standpunkt vertritt. Die Kommission wird an den Verhandlungen in vollem Umfang beteiligt.

Die nach diesem Absatz getroffenen Vereinbarungen sind für die Organe der Gemeinschaft, die EZB und die Mitgliedstaaten verbindlich.

(4) Vorbehaltlich des Absatzes 1 befindet der Rat auf Vorschlag der Kommission und nach Anhörung der EZB mit qualifizierter Mehrheit über den Standpunkt der Gemeinschaft auf internationaler Ebene zu Fragen, die von be-

sonderer Bedeutung für die Wirtschafts- und Währungsunion sind sowie einstimmig über ihre Vertretung unter Einhaltung der in den Artikeln 103 und 105 vorgesehenen Zuständigkeitsverteilung.

(5) Die Mitgliedstaaten haben das Recht, unbeschadet der Gemeinschaftszuständigkeit und der Gemeinschaftsvereinbarungen über die Wirtschafts- und Währungsunion in internationalen Gremien Verhandlungen zu führen und internationale Vereinbarungen zu treffen.

### Kapitel 3
### Institutionelle Bestimmungen

**Art. 109a [EZB-Rat]** (1) Der EZB-Rat besteht aus den Mitgliedern des Direktoriums der EZB und den Präsidenten der nationalen Zentralbanken.

(2) a) Das Direktorium besteht aus dem Präsidenten, dem Vizepräsidenten und vier weiteren Mitgliedern.

b) Der Präsident, der Vizepräsident und die weiteren Mitglieder des Direktoriums werden von den Regierungen der Mitgliedstaaten auf der Ebene der Staats- und Regierungschefs auf Empfehlung des Rates, der hierzu das Europäische Parlament und den EZB-Rat anhört, aus dem Kreis der in Währungs- oder Bankfragen anerkannten und erfahrenen Persönlichkeiten einvernehmlich ausgewählt und ernannt.
Ihre Amtszeit beträgt acht Jahre; Wiederernennung ist nicht zulässig.
Nur Staatsangehörige der Mitgliedstaaten können Mitglieder des Direktoriums werden.

**Art. 109 b [Beratungen, Teilnahme; Jahresbericht]** (1) Der Präsident des Rates und ein Mitglied der Kommission können ohne Stimmrecht an den Sitzungen des EZB-Rates teilnehmen.

Der Präsident des Rates kann dem EZB-Rat einen Antrag zur Beratung vorlegen.

(2) Der Präsident der EZB wird zur Teilnahme an den Tagungen des Rates eingeladen, wenn dieser Fragen im Zusammenhang mit den Zielen und Aufgaben des ESZB erörtert.

(3) Die EZB unterbreitet dem Europäischen Parlament, dem Rat und der Kommission sowie auch dem Europäischen Rat einen Jahresbericht über die Tätigkeit des ESZB und die Geld- und Währungspolitik im vergangenen und im laufenden Jahr. Der Präsident der EZB legt den Bericht dem Rat und dem Europäischen Parlament vor, das auf dieser Grundlage eine allgemeine Aussprache durchführen kann.

Der Präsident der EZB und die anderen Mitglieder des Direktoriums können auf Ersuchen des Europäischen Parlaments oder auf ihre Initiative hin von den zuständigen Ausschüssen des Europäischen Parlaments gehört werden.

**Art. 109c [Beratender Währungsausschuß; Wirtschafts- und Finanzausschuß]** (1) Um die Koordinierung der Politiken der Mitgliedstaaten in dem für das Funktionieren des Binnemarktes erforderlichen Umfang zu fördern, wird ein Beratender Währungsausschuß eingesetzt.

Dieser hat die Aufgabe,

- die Währungs- und Finanzlage der Mitgliedstaaten und der Gemeinschaft sowie den allgemeinen Zahlungsverkehr der Mitgliedstaaten zu beobachten und dem Rat und der Kommission regelmäßig darüber Bericht zu erstatten,
- auf Ersuchen des Rates oder der Kommission oder von sich aus Stellungnahmen an diese Organe abzugeben,
- unbeschadet des Artikels 151 an der Vorbereitung der in Artikel 73f, Artikel 73g, Artikel 103 Absätze 2, 3, 4 und 5, Artikel 103a, Artikel 104a, Artikel 104, Artikel 104c, Artikel 109e Absatz 2, Artikel 109f Absatz 6, Artikel 109h, Artikel 109i, Artikel 109j Absatz 2 sowie Artikel 109k Absatz 1 genannten Arbeiten des Rates mitzuwirken,
- mindestens einmal jährlich die Lage hinsichtlich des Kapitalverkehrs und der Freiheit des Zahlungsverkehrs, wie sie sich aus der Anwendung dieses Vertages und der Maßnahmen des Rates ergeben, zu prüfen; die Prüfung erstreckt sich auf alle Maßnahmen im Zusammenhang mit dem Kapital- und Zahlungsverkehr; der Ausschuß erstattet der Kommission und dem Rat Bericht über das Ergebnis dieser Prüfung.

Jeder Mitgliedstaat sowie die Kommission ernennen zwei Mitglieder des Währungsausschusses.

(2) Mit Beginn der dritten Stufe wird ein Wirtschafts- und Finanzausschuß eingesetzt.

Der in Absatz 1 vorgesehene Währungsausschuß wird aufgelöst.

Der Wirtschafts- und Finanzausschuß hat die Aufgabe,

- auf Ersuchen des Rates oder der Kommission oder von sich aus Stellungnahmen an diese Organe abzugeben,
- die Wirtschafts- und Finanzlage der Mitgliedstaaten und der Gemeinschaft zu beobachten und dem Rat und der Kommission regelmäßig darüber Bericht zu erstatten, insbesondere über die finanziellen Beziehungen zu dritten Ländern und internationalen Einrichtungen,
- unbeschadet des Artikels 151 an der Vorbereitung der in Artikel 73f, Artikel 73g, Artikel 103 Absätze 2, 3, 4 und 5, Artikel 103a, Artikel 104a, Artikel 104b, Artikel 104c, Artikel 105 Absatz 6, Artikel 105a Absatz 2, Artikel 106 Absätze 5 und 6, Artikel 109, Artikel 109h, Artikel 109i Absätze 2 und 3, Artikel 109k Absatz 2, Artikel 109l Absätze 4 und 5 genannten Arbeiten des Rates mitzuwirken und die sonstigen ihm vom Rat übertragenen Beratungsaufgaben und vorbereitenden Arbeiten auszuführen,
- mindestens einmal jährlich die Lage hinsichtlich des Kapitalverkehrs und

der Freiheit des Zahlungsverkehrs, wie sie sich aus der Anwendung dieses Vertrags und der Maßnahmen des Rates ergeben, zu prüfen; die Prüfung erstreckt sich auf alle Maßnahmen im Zusammenhang mit dem Kapital- und Zahlungsverkehr; der Ausschuß erstattet der Kommission und dem Rat Bericht über das Ergebnis dieser Prüfung.

Jeder Mitgliedstaat sowie die Kommission und die EZB ernennen jeweils höchstens zwei Mitglieder des Ausschusses.

(3) Der Rat legt mit qualifizierter Mehrheit auf Vorschlag der Kommission und nach Anhörung der EZB und des in diesem Artikel genannten Ausschusses im einzelnen fest, wie sich der Wirtschafts- und Finanzausschuß zusammensetzt. Der Präsident des Rates unterrichtet das Europäische Parlament über diesen Beschluß.

(4) Sofern und solange es Mitgliedstaaten gibt, für die eine Ausnahmeregelung nach den Artikeln 109k und 109l gilt, hat der Ausschuß zusätzlich zu den in Absatz 2 beschriebenen Aufgaben die Währungs- und Finanzlage sowie den allgemeinen Zahlungsverkehr der betreffenden Mitgliedstaaten zu beobachten und dem Rat und der Kommission regelmäßig darüber Bericht zu erstatten.

**Art. 109d [Ersuchen an die Kommission]** Bei Fragen, die in den Geltungsbereich von Artikel 103 Absatz 4, Artikel 104c mit Ausnahme von Absatz 14, Artikel 109, Artikel 109j, Artikel 109k und Artikel 109l Absätze 4 und 5 fallen, kann der Rat oder ein Mitgliedstaat die Kommission ersuchen, je nach Zweckmäßigkeit eine Empfehlung oder einen Vorschlag zu unterbreiten. Die Kommission prüft dieses Ersuchen und unterbreitet dem Rat umgehend ihre Schlußfolgerungen.

## Kapitel 4
## Übergangsbestimmungen

**Art. 109e [Übergang zur zweiten Stufe]** (1) Die zweite Stufe für die Verwirklichung der Wirtschafts- und Währungsunion beginnt am 1. Januar 1994.

(2) Vor diesem Zeitpunkt wird

a) jeder Mitgliedstaat
   - soweit erforderlich, geeignete Maßnahmen erlassen, um die Beachtung der Verbote sicherzustellen, die in Artikel 73b – unbeschadet des Artikels 73e – sowie Artikel 104 und Artikel 104a Absatz 1 niedergelegt sind,
   - erforderlichenfalls im Hinblick auf die unter Buchstabe b vorgesehene Bewertung mehrjährige Programme festlegen, die die für die Verwirklichung der Wirtschafts– und Währungsunion notwendige dauerhafte Konvergenz, insbesondere hinsichtlich der Preisstabilität und gesunder öffentlicher Finanzen, gewährleisten sollen,

b) der Rat auf der Grundlage eines Berichtes der Kommission die Fortschritte bei der Konvergenz im Wirtschafts- und Währungsbereich, insbesondere hinsichtlich der Preisstabilität und gesunder öffentlicher Finanzen, sowie bei der Umsetzung der gemeinschaftlichen Rechtsvorschriften über den Binnenmarkt bewerten.

(3) Artikel 104, Artikel 104a Absatz 1, Artikel 104b Absatz 1 und Artikel 104c mit Ausnahme der Absätze 1, 9, 11 und 14 gelten ab Beginn der zweiten Stufe.

Artikel 103a Absatz 2, Artikel 104c Absätze 1, 9 und 11, Artikel 105, Artikel 105a Artikel 107, Artikel 109, Artikel 109a, Artikel 109b und Artikel 109c Absätze 2 und 4 gelten ab Beginn der dritten Stufe.

(4) In der zweiten Stufe sind die Mitgliedstaaten bemüht, übermäßige öffentliche Defizite zu vermeiden.

(5) In der zweiten Stufe leitet jeder Mitgliedstaat, soweit angezeigt, nach Artikel 108 das Verfahren ein, mit dem die Unabhängigkeit seiner Zentralbank herbeigeführt wird.

**Art. 109f [Europäisches Währungsinstitut, Aufgaben, Satzung; Stellungnahmen und Empfehlungen; Veröffentlichung]** (1) Zu Beginn der zweiten Stufe wird ein Europäisches Währungsinstitut (im folgenden als „EWI" bezeichnet) errichtet und nimmt seine Tätigkeit auf; es besitzt Rechtspersönlichkeit und wird von einem Rat geleitet und verwaltet; dieser besteht aus einem Präsidenten und den Präsidenten der nationalen Zentralbanken, von denen einer zum Vizepräsidenten bestellt wird.

Der Präsident wird von den Regierungen der Mitgliedstaaten auf der Ebene der Staats- und Regierungschefs auf Empfehlung des Ausschusses der Präsidenten der Zentralbanken der Mitgliedstaaten (im folgenden als „Ausschuß der Präsidenten der Zentralbanken" bezeichnet) bzw. des Rates des EWI und nach Anhörung des Europäischen Parlaments und des Rates einvernehmlich ernannt. Der Präsident wird aus dem Kreis der in Währungs- und Bankfragen anerkannten und erfahrenen Persönlichkeiten ausgewählt. Nur Staatsangehörige der Mitgliedstaaten können Präsident des EWI sein. Der Rat des EWI ernennt den Vizepräsidenten.

Die Satzung des EWI ist in einem diesem Vertrag beigefügten Protokoll festgelegt.

Der Ausschuß der Präsidenten der Zentralbanken wird mit Beginn der zweiten Stufe aufgelöst.

(2) Das EWI hat die Aufgabe,

- die Zusammenarbeit zwischen den nationalen Zentralbanken zu verstärken;
- die Koordinierung der Geldpolitiken der Mitgliedstaaten mit dem Ziel zu verstärken, die Preisstabilität aufrechtzuerhalten;

- das Funktionieren des Europäischen Währungssystems zu überwachen;
- Konsultationen zu Fragen durchzuführen, die in die Zuständigkeit der nationalen Zentralbanken fallen und die Stabilität der Finanzinstitute und -märkte berühren;
- die Aufgaben des Europäischen Fonds für währungspolitische Zusammenarbeit, der aufgelöst wird, zu übernehmen; die Einzelheiten der Auflösung werden in der Satzung des EWI festgelegt;
- die Verwendung der ECU zu erleichtern und deren Entwicklung einschließlich des reibungslosen Funktionierens des ECU-Verrechnungssystems zu überwachen.

(3) Bei der Vorbereitung der dritten Stufe hat das EWI die Aufgabe,

- die Instrumente und Verfahren zu entwickeln, die zur Durchführung einer einheitlichen Geld- und Währungspolitik in der dritten Stufe erforderlich sind;
- bei Bedarf die Harmonisierung der Bestimmungen und Gepflogenheiten auf dem Gebiet der Erhebung, Zusammenstellung und Weitergabe statistischer Daten in seinem Zuständigkeitsbereich zu fördern;
- die Regeln für die Geschäfte der nationalen Zentralbanken im Rahmen des ESZB auszuarbeiten;
- die Effizienz des grenzüberschreitenden Zahlungsverkehrs zu fördern;
- die technischen Vorarbeiten für die ECU-Banknoten zu überwachen.

Das EWI legt bis zum 31. Dezember 1996 in regulatorischer, organisatorischer und logistischer Hinsicht den Rahmen fest, den das ESZB zur Erfüllung seiner Aufgaben in der dritten Stufe benötigt. Dieser wird der EZB zum Zeitpunkt ihrer Errichtung zur Beschlußfassung unterbreitet.

(4) Das EWI kann mit der Mehrheit von zwei Dritteln der Mitglieder seines Rates

- Stellungnahmen oder Empfehlungen zu der allgemeinen Orientierung er Geld- und der Wechselkurspolitik der einzelnen Mitgliedstaaten sowie zu deren diesbezüglichen Maßnahmen abgeben;
- den Regierungen und dem Rat Stellungnahme oder Empfehlungen zu Maßnahmen unterbreiten, die die interne oder externe Währungssituation in der Gemeinschaft und insbesondere das Funktionieren des Europäischen Währungssystems beeinflussen könnten;
- den Währungsbehörden der Mitgliedstaaten Empfehlungen zur Durchführung ihrer Währungspolitik geben.

(5) Das EWI kann einstimmig beschließen, seine Stellungnahmen und Empfehlungen zu veröffentlichen.

(6) Das EWI wird vom Rat zu allen Vorschlägen für Rechtsakte der Gemeinschaft in seinem Zuständigkeitsbereich angehört.

Innerhalb der Grenzen und unter den Bedingungen, die der Rat mit qualifizierter Mehrheit auf Vorschlag der Kommission und nach Anhörung des Europäischen Parlaments und des EWI festlegt, wird das EWI von den Behörden der Mitgliedstaaten zu allen Entwürfen für Rechtsvorschriften in seinem Zuständigkeitsbereich angehört.

(7) Der Rat kann auf Vorschlag der Kommission und nach Anhörung des Europäischen Parlaments und des EWI diesem durch einstimmigen Beschluß weitere Aufgaben im Rahmen der Vorbereitung der dritten Stufe übertragen.

(8) In den Fällen, in denen dieser Vertrag eine beratende Funktion für die EZB vorsieht, ist vor der Errichtung der EZB unter dieser das EWI zu verstehen.

In den Fällen, in denen dieser Vertrag eine beratende Funktion für das EWI vorsieht, ist vor dem 1. Januar 1994 unter diesem der Ausschuß der Präsidenten der Zentralbanken zu verstehen.

(9) Für die Dauer der zweiten Stufe bezeichnet der Ausdruck „EZB" in den Artikeln 173, 175, 176, 177, 180 und 215 des EWI.

**Art. 109g [ECU-Währungskorb]** Die Zusammensetzung des ECU-Währungskorbs wird nicht geändert.

Mit Beginn der dritten Stufe wird der Wert der ECU nach Artikel 109l Absatz 4 unwiderruflich festgesetzt.

**Art. 109h [Verfahren bei Zahlungsbilanzschwierigkeiten]** (1) Ist ein Mitgliedstaat hinsichtlich seiner Zahlungsbilanz von Schwierigkeiten betroffen oder ernstlich bedroht, die sich entweder aus einem Ungleichgewicht seiner Gesamtzahlungsbilanz oder aus der Art der ihm zur Verfügung stehenden Devisen ergeben, und sind diese Schwierigkeiten geeignet, insbesondere das Funktionieren des Gemeinsamen Marktes oder die schrittweise Verwirklichung der gemeinsamen Handeslpolitik zu gefährden, so prüft die Kommission unverzüglich die Lage dieses Staates sowie die Maßnahmen, die er getroffen hat oder unter Einsatz aller ihm zur Verfügung stehenden Mittel nach diesem Vertrag treffen kann. Die Kommission gibt die Maßnahmen an, die sie dem betreffenden Staat empfiehlt.

Erweisen sich die von einem Mitgliedstaat ergriffenen und die von der Kommission angeregten Maßnahmen als unzureichend, die aufgetretenen oder drohenden Schwierigkeiten zu beheben, so empfiehlt die Kommission dem Rat nach Anhörung des in Artikel 109c bezeichneten Ausschusses einen gegenseitigen Beistand und die dafür geeigneten Methoden.

Die Kommission unterrichtet den Rat regelmäßig über die Lage und ihre Entwicklung.

(2) Der Rat gewährt den gegenseitigen Beistand mit qualifizierter Mehrheit; er erläßt Richtlinien oder Entscheidungen, welche die Bedingungen und Ein-

zelheiten hierfür festlegen. Der gegenseitige Beistand kann insbesondere erfolgen

a) durch ein abgestimmtes Vorgehen bei anderen internationalen Organisationen, an die sich die Mitgliedstaaten wenden können;
b) durch Maßnahmen, die notwendig sind, um Verlagerungen von Handelsströmen zu vermeiden, falls der in Schwierigkeiten befindliche Staat mengenmäßige Beschränkungen gegenüber dritten Ländern beibehält oder wieder einführt;
c) durch Bereitstellung von Krediten in begrenzter Höhe seitens anderer Mitgliedstaaten; hierzu ist ihr Einverständnis erforderlich.

(3) Stimmt der Rat dem von der Kommission empfohlenen gegenseitigen Beistand nicht zu oder sind der gewährte Beistand und die getroffenen Maßnahmen unzureichend, so ermächtigt die Kommission den in Schwierigkeiten befindlichen Staat, Schutzmaßnahmen zu treffen, deren Bedingungen und Einzelheiten sie festlegt.

Der Rat kann mit qualifizierter Mehrheit diese Ermächtigung aufheben und die Bedingungen und Einzelheiten ändern.

(4) Unbeschadet des Artikels 109k Absatz 6 endet die Geltungsdauer dieses Artikels zum Zeitpunkt des Beginns der dritten Stufe.

**Art. 109i [Verfahren bei plötzlicher Zahlungsbilanzkrise]** (1) Gerät ein Mitgliedstaat in eine plötzliche Zahlungsbilanzkrise und wird eine Entscheidung im Sinne des Artikels 109h Absatz 2 nicht unverzüglich getroffen, so kann der betreffende Staat vorsorglich die erforderlichen Schutzmaßnahmen ergreifen. Sie dürfen nur ein Mindestmaß an Störungen im Funktionieren des Gemeinsamen Marktes hervorrufen und nicht über das zur Behebung der plötzlich aufgetretenen Schwierigkeiten unbedingt erforderliche Ausmaß hinausgehen.

(2) Die Kommission und die anderen Mitgliedstaaten werden über die Schutzmaßnahmen spätestens bei deren Inkrafttreten unterrichtet. Die Kommission kann dem Rat den gegenseitigen Beistand nach Artikel 109h empfehlen.

(3) Nach Stellungnahme der Kommission und nach Anhörung des in Artikel 109c bezeichneten Ausschusses kann der Rat mit qualifizierter Mehrheit entscheiden, daß der betreffende Staat diese Schutzmaßnahmen zu ändern, auszusetzen oder aufzuheben hat.

(4) Unbeschadet des Artikels 109k Absatz 6 endet die Geltungsdauer dieses Artikels zum Zeitpunkt des Beginns der dritten Stufe.

**Art. 109j [Konvergenzkriterien; Eintritt in die dritte Stufe]** (1) Die Kommission und das EWI berichten dem Rat, inwieweit die Mitgliedstaaten bei der Verwirklichung der Wirtschafts- und Währungsunion ihren Verpflichtungen bereits nachgekommen sind. In ihren Berichten wird auch die Frage geprüft, inwieweit die innerstaatlichen Rechtsvorschriften der einzelnen Mitgliedstaaten einschließlich der Satzung der jeweiligen nationalen Zentralbank mit Artikel 107 und Artikel 108 dieses Vertrages sowie der Satzung des ESZB vereinbar sind. Ferner wird darin geprüft, ob ein hoher Grad an dauerhafter Konvergenz erreicht ist; Maßstab hierfür ist, ob die einzelnen Mitgliedstaaten folgende Kriterien erfüllen:

- Erreichung eines hohen Grades an Preisstabilität, ersichtlich aus einer Inflationsrate, die der Inflationsrate jener – höchstens drei – Mitgliedstaaten nahe kommt, die auf dem Gebiet der Preisstabilität das beste Ergebnis erzielt haben;
- eine auf Dauer tragbare Finanzlage der öffentlichen Hand, ersichtlich aus einer öffentlichen Haushaltslage ohne übermäßiges Defizit im Sinne des Artikels 104c Absatz 6;
- Einhaltung der normalen Bandbreiten des Wechselkursmechanismus des Europäischen Währungssystems seit mindestens zwei Jahren ohne Abwertung gegenüber der Währung eines anderen Mitgliedstaates;
- Dauerhaftigkeit der von dem Mitgliedstaat erreichten Konvergenz und seiner Teilnahme am Wechselkursmechanismus des Europäischen Währungssystems, die im Niveau der langfristigen Zinssätze zum Ausdruck kommt.

Die vier Kriterien in diesem Absatz sowie die jeweils erforderliche Dauer ihrer Einhaltung sind in einem diesem Vertrag beigefügten Protokoll näher festgelegt. Die Berichte der Kommission und des EWI berücksichtigen auch die Entwicklung der ECU, die Ergebnisse bei der Integration der Märkte, den Stand und die Entwicklung der Leistungsbilanzen, die Entwicklung bei den Lohnstückkosten und andere Preisindizes.

(2) Der Rat beurteilt auf der Grundlage dieser Berichte auf Empfehlung der Kommission mit qualifizierter Mehrheit,

- ob die einzelnen Mitgliedstaaten die notwendigen Voraussetzungen für die Einführung einer einheitlichen Währung erfüllen,
- ob eine Mehrheit der Mitgliedstaaten die notwendigen Voraussetzungen für die Einführung einer einheitlichen Währung erfüllt,

und empfiehlt seine Feststellungen dem Rat, der in der Zusammensetzung der Staats- und Regierungschefs tagt. Das Europäische Parlament wird angehört und leitet seine Stellungnahme dem Rat in der Zusammensetzung der Staats- und Regierungschefs zu.

(3) Unter gebührender Berücksichtigung der Berichte nach Absatz 1 sowie der Stellungnahme des Europäischen Parlaments nach Absatz 2 verfährt der Rat, der in der Zusammensetzung der Staats- und Regierungschefs tagt, spätestens am 31. Dezember 1996 mit qualifizierter Mehrheit wie folgt:

- er entscheidet auf der Grundlage der in Absatz 2 genannten Empfehlungen

des Rates, ob eine Mehrheit der Mitgliedstaaten die notwendigen Voraussetzungen für die Einführung einer einheitlichen Währung erfüllt;
- er entscheidet, ob es für die Gemeinschaft zweckmäßig ist, in die dritte Stufe einzutreten;

sofern dies der Fall ist,
- bestimmt er den Zeitpunkt für den Beginn der dritten Stufe.

(4) Ist bis Ende 1997 der Zeitpunkt für den Beginn der dritten Stufe nicht festgelegt worden, so beginnt die dritte Stufe am 1. Januar 1999. Vor dem 1. Juli 1998 bestätigt der Rat, der in der Zusammensetzung der Staats- und Regierungschefs tagt, nach einer Wiederholung des in den Absätzen 1 und 2 – mit Ausnahme von Absatz 2 zweiter Gedankenstrich – vorgesehenen Verfahrens unter Berücksichtigung der Berichte nach Absatz 1 sowie der Stellungnahme des Europäischen Parlaments mit qualifizierter Mehrheit auf der Grundlage der Empfehlungen des Rates nach Absatz 2, welche Mitgliedstaaten die notwendigen Voraussetzungen für die Einführung einer einheitlichen Währung erfüllen.

**Art. 109k [Entscheidung über Ausnahmeregelung; Berichtspflicht; Stimmrecht]** (1) Falls der Zeitpunkt nach Artikel 109j Absatz 3 bestimmt wurde, entscheidet der Rat auf der Grundlage der in Artikel 109j Absatz 2 genannten Empfehlungen mit qualifizierter Mehrheit auf Empfehlung der Kommission, ob – und gegebenenfalls welchen – Mitgliedstaaten eine Ausnahmeregelung im Sinne des Absatzes 3 gewährt wird. Die betreffenden Mitgliedstaaten werden in diesem Vertrag als „Mitgliedstaaten, für die eine Ausnahmeregelung gilt" bezeichnet.

Falls der Rat nach Artikel 109j Absatz 4 bestätigt hat, welche Mitgliedstaaten die notwendigen Voraussetzungen für die Einführung einer einheitlichen Währung erfüllen, wird den Mitgliedstaaten, die die Voraussetzungen nicht erfüllen, eine Ausnahmeregelung im Sinne des Absatzes 3 gewährt. Die betreffenden Mitgliedstaaten werden in diesem Vertrag ebenfalls als „Mitgliedstaaten, für die eine Ausnahmeregelung gilt" bezeichnet.

(2) Mindestens einmal alle zwei Jahre bzw. auf Antrag eines Mitgliedstaates, für den eine Ausnahmeregelung gilt, berichten die Kommission und die EZB dem Rat nach dem Verfahren des Artikels 109j Absatz 1. Der Rat entscheidet nach Anhörung des Europäischen Parlaments und nach Aussprache im Rat, der in der Zusammensetzung der Staats- und Regierungschefs tagt, auf Vorschlag der Kommission mit qualifizierter Mehrheit, welche der Mitgliedstaaten, für die eine Ausnahmeregelung gilt, die auf den Kriterien des Artikels 109j Absatz 1 beruhenden Voraussetzungen erfüllen, und hebt die Ausnahmeregelungen der betreffenden Mitgliedstaaten auf.

(3) Eine Ausnahmeregelung nach Absatz 1 hat zur Folge, daß die nachstehenden Artikel für den betreffenden Mitgliedstaat nicht gelten: Artikel 104c

Absätze 9 und 11, Artikel 105 Absätze 1, 2, 3 und 5, Artikel 105a, Artikel 108a, Artikel 109 sowie Artikel 109a Absatz 2 Buchstabe b. Der Ausschuß des betreffenden Mitgliedstaates und seiner Zentralbank von den Rechten und Verpflichtungen im Rahmen des ESZB wird in Kapitel IX der Satzung es ESZB geregelt.

(4) In Artikel 105 Absätze 1, 2 und 3, Artikel 105a, Artikel 108a, Artikel 109 sowie Artikel 109a Absatz 2 Buchstabe b bezeichnet der Ausdruck „Mitgliedstaaten" die Mitgliedstaaten, für die keine Ausnahmeregelung gilt.

(5) Das Stimmrecht der Mitgliedstaaten, für die eine Ausnahmeregelung gilt, ruht bei Beschlüssen des Rates gemäß den in Absatz 3 genannten Artikeln. In diesem Fall gelten abweichend von Artikel 148 und Artikel 189a Absatz 1 zwei Drittel der gemäß Artikel 148 Absatz 2 gewogenen Stimmen der Vertreter der Mitgliedstaaten, für die keine Ausnahmeregelung gilt, als qualifizierte Mehrheit; ist für die Änderung eines Rechtsaktes Einstimmigkeit vorgeschrieben, so ist die Einstimmigkeit dieser Mitgliedstaaten erforderlich.

(6) Artikel 109h und Artikel 109i finden weiterhin auf Mitgliedstaaten Anwendung, für die eine Ausnahmeregelung gilt.

**Art. 109l [Beginn der dritten Stufe; Ernennung des Direktoriums der EZB]** (1) Unmittelbar nach dem gemäß Artikel 109j Absatz 3 gefaßten Beschluß über den Zeitpunkt für den Beginn der dritten Stufe bzw. unmittelbar nach dem 1. Juli 1998

- verabschiedet der Rat die in Artikel 106 Absatz 6 genannten Bestimmungen;
- ernennen die Regierungen der Mitgliedstaaten, für die keine Ausnahmeregelung gilt, nach dem Verfahren des Artikels 50 der Satzung des ESZB den Präsidenten, den Vizepräsidenten und die weiteren Mitglieder des Direktoriums der EZB. Bestehen für Mitgliedstaaten Ausnahmeregelungen, so kann sich das Direktorium aus weniger Mitgliedern als in Artikel 11.1 der Satzung des ESZB vorgesehen zusammensetzen; auf keinen Fall darf es jedoch aus weniger als 4 Mitgliedern bestehen.

Unmittelbar nach Ernennung des Direktoriums werden das ESZB und die EZB errichtet und von diesen Vorkehrungen für die Aufnahme ihrer vollen Tätigkeit im Sinne dieses Vertrages und der Satzung des ESZB getroffen. Sie nehmen ihre Befugnisse ab dem ersten Tag der dritten Stufe in vollem Umfang wahr.

(2) Unmittelbar nach Errichtung der EZB übernimmt diese erforderlichenfalls die Aufgaben des EWI. Dieses wird nach Errichtung der EZB liquidiert; die entsprechenden Einzelheiten der Liquidation werden in der Satzung des EWI geregelt.

(3) Sofern und solange es Mitgliedstaaten gibt, für die eine Ausnahmeregelung gilt, wird unbeschadet des Artikels 106 Absatz 3 der in Artikel 45 der Satzung des ESZB bezeichnete Erweiterte Rat der EZB als drittes Beschlußorgan der EZB errichtet.

(4) Am ersten Tag der dritten Stufe nimmt der Rat aufgrund eines einstimmigen Beschlusses der Mitgliedstaaten, für die keine Ausnahmeregelung gilt, auf Vorschlag der Kommission und nach Anhörung der EZB die Umrechnungskurse, auf die ihre Währungen unwiderruflich festgelegt werden, sowie die unwiderruflich festen Kurse, zu denen diese Währungen durch die ECU ersetzt werden, an und wird die ECU zu einer eigenständigen Währung. Diese Maßnahme ändert als solche nicht den Außenwert der ECU. Der Rat trifft ferner nach dem gleichen Verfahren alle sonstigen Maßnahmen, die für die rasche Einführung der ECU als einheitlicher Währung dieser Mitgliedstaaten erforderlich sind.

(5) Wird nach dem Verfahren des Artikels 109k Absatz 2 beschlossen, eine Ausnahmeregelung aufzuheben, so legt der Rat aufgrund eines einstimmigen Beschlusses der Mitgliedstaaten, für die keine Ausnahmeregelung gilt, und des betreffenden Mitgliedstaates auf Vorschlag der Kommission und nach Anhörung der EZB den Kurs, zu dem dessen Währung durch die ECU ersetzt wird, fest und ergreift die sonstigen erforderlichen Maßnahmen zur Einführung der ECU als einheitlicher Währung in dem betreffenden Mitgliedstaat.

**Art. 109m [Wechselkurspolitik]** (1) Bis zum Beginn der dritten Stufe behandelt jeder Mitgliedstaat seine Wechselkurspolitik als eine Angelegenheit von gemeinsamem Interesse. Er berücksichtigt dabei die Erfahrungen, die bei der Zusammenarbeit im Rahmen des Europäischen Währungssystems (EWS) und bei der Entwicklung der ECU gesammelt worden sind, und respektiert die bestehenden Zuständigkeiten.

(2) Mit Beginn der dritten Stufe sind die Bestimmungen des Absatzes 1 auf die Wechselkurspolitik eines Mitgliedstaates, für den eine Ausnahmeregelung gilt, für die Dauer dieser Ausnahmeregelung sinngemäß anzuwenden.

# 2. Protokolle

## Protokoll über die Satzung des Europäischen Systems der Zentralbanken und der Europäischen Zentralbank

DIE HOHEN VERTRAGSPARTEIEN –

IN DEM WUNSCH, die in Artikel 4a des Vertrages zur Gründung der Europäischen Gemeinschaft vorgesehene Satzung des Europäischen Systems der Zentralbanken und der Europäischen Zentralbank festzulegen,

SIND über folgende Bestimmungen ÜBEREINGEKOMMEN, die dem Vertrag zur Gründung der Europäischen Gemeinschaft beigefügt sind:

### Kapitel I Errichtung des ESZB

#### Artikel 1 Das Europäische System der Zentralbanken

1.1. Das Europäische System der Zentralbanken („ESZB“) und die Europäische Zentralbank („EZB“) werden gemäß Artikel 4a dieses Vertrags errichtet; sie nehmen die Aufgaben und ihre Tätigkeit nach Maßgabe dieses Vertrages und dieser Satzung wahr.

1.2. Das ESZB besteht nach Artikel 106 Absatz 1 dieses Vertrages aus der EZB und den Zentralbanken der Mitgliedstaaten („nationale Zentralbanken“). Das Luxemburgische Währungsinstitut wird die Zentralbank Luxemburgs sein.

### Kapitel II Ziele und Aufgaben des ESZB

#### Artikel 2 Ziele

Nach Artikel 105 Absatz 1 dieses Vertrages ist es das vorrangige Ziel des ESZB, die Preisstabilität zu gewährleisten. Soweit dies ohne Beeinträchtigung des Zieles der Preisstabilität möglich ist, unterstützt das ESZB die allgemeine Wirtschaftspolitik in der Gemeinschaft, um zur Verwirklichung der in Artikel 2 dieses Vertrages festgelegten Ziele der Gemeinschaft beizutragen. Das ESZB handelt im Einklang mit dem Grundsatz einer offenen Marktwirtschaft mit freiem Wettbewerb, wodurch ein effizienter Einsatz der Ressourcen gefördert wird, und hält sich dabei an die in Artikel 3a dieses Vertrages genannten Grundsätze.

**Artikel 3**
**Aufgaben**

3.1. Nach Artikel 105 Absatz 2 dieses Vertrages bestehen die grundlegenden Aufgaben des ESZB darin,
- die Geldpolitik der Gemeinschaft festzulegen und auszuführen,
- Devisengeschäfte im Einklang mit Artikel 109 dieses Vertrages durchzuführen,
- die offiziellen Währungsreserven der Mitgliedstaaten zu halten und zu verwalten,
- das reibungslose Funktionieren der Zahlungssysteme zu fördern.

3.2. Nach Artikel 105 Absatz 3 dieses Vertrages berührt Artikel 3.1. dritter Gedankenstrich nicht die Haltung und Verwaltung von Arbeitsguthaben in Fremdwährungen durch die Regierungen der Mitgliedstaaten.

3.3. Das ESZB trägt nach Artikel 105 Absatz 5 dieses Vertrages zur reibungslosen Durchführung der von den zuständigen Behörden auf dem Gebiet der Aufsicht über die Kreditinstitute und der Stabilität des Finanzsystems ergriffenen Maßnahmen bei.

**Artikel 4**
**Beratende Funktionen**

Nach Artikel 105 Absatz 4 dieses Vertrages

a) wird die EZB gehört
   - zu allen Vorschlägen für Rechtsakte der Gemeinschaft im Zuständigkeitsbereich der EZB;
   - von den nationalen Behörden zu allen Entwürfen für Rechtsvorschriften im Zuständigkeitsbereich der EZB, und zwar innerhalb der Grenzen und unter den Bedingungen, die der Rat nach dem Verfahren des Artikels 42 festlegt;

b) kann die EZB gegenüber den zuständigen Organen und Einrichtungen der Gemeinschaft und gegenüber den nationalen Behörden Stellungnahmen zu in ihren Zuständigkeitsbereich fallenden Fragen abgeben.

**Artikel 5**
**Erhebung von statistischen Daten**

5.1. Zur Wahrnehmung der Aufgaben des ESZB holt die EZB mit Unterstützung der nationalen Zentralbanken die erforderlichen statistischen Daten entweder von den zuständigen nationalen Behörden oder unmittelbar von den Wirtschaftssubjekten ein. Zu diesem Zweck arbeitet sie mit den Organen und Einrichtungen der Gemeinschaft und den zuständigen Behörden der Mitgliedstaaten oder dritter Länder sowie mit internationalen Organisationen zusammen.

5.2. Die in Artikel 5.1. bezeichneten Aufgaben werden soweit wie möglich von den nationalen Zentralbanken ausgeführt.

5.3. Soweit erforderlich fördert die EZB die Harmonisierung der Bestimmungen und Gepflogenheiten auf dem Gebiet der Erhebung, Zusammenstellung und Weitergabe von statistischen Daten in den in ihre Zuständigkeit fallenden Bereichen.

5.4. Der Kreis der berichtspflichtigen natürlichen und juristischen Personen, die Bestimmungen über die Vertraulichkeit sowie die geeigneten Vorkehrungen zu ihrer Durchsetzung werden vom Rat nach dem Verfahren des Artikels 42 festgelegt.

### Artikel 6
### Internationale Zusammenarbeit

6.1. Im Bereich der internationalen Zusammenarbeit, die die dem ESZB übertragenen Aufgaben betrifft, entscheidet die EZB, wie das ESZB vertreten wird.

6.2. Die EZB und, soweit diese zustimmt, die nationalen Zentralbanken sind befugt, sich an internationalen Währungseinrichtungen zu beteiligen.

6.3. Die Artikel 6.1 und 6.2 finden unbeschadet des Artikels 109 Absatz 4 dieses Vertrages Anwendung.

## Kapitel III
## Organisation des ESZB

### Artikel 7
### Unabhängigkeit

Nach Artikel 107 dieses Vertrages darf bei der Wahrnehmung der ihnen durch diesen Vertrag und diese Satzung übertragenen Befugnisse, Aufgaben und Pflichten weder die EZB noch eine nationale Zentralbank noch ein Mitglied ihrer Beschlußorgane Weisungen von Organen oder Einrichtungen der Gemeinschaft, Regierungen der Mitgliedstaaten oder anderen Stellen einholen oder entgegennehmen. Die Organe und Einrichtungen der Gemeinschaft sowie die Regierungen der Mitgliedstaaten verpflichten sich, diesen Grundsatz zu beachten und nicht zu versuchen, die Mitglieder der Beschlußorgane der EZB oder der nationalen Zentralbanken bei der Wahrnehmung ihrer Aufgaben zu beeinflussen.

**Artikel 8**
**Allgemeiner Grundsatz**

Das ESZB wird von den Beschlußorganen der EZB geleitet.

**Artikel 9**
**Die Europäische Zentralbank**

9.1. Die EZB, die nach Artikel 106 Absatz 2 dieses Vertrages mit Rechtspersönlichkeit ausgestattet ist, besitzt in jedem Mitgliedstaat die weitestgehende Rechts- und Geschäftsfähigkeit, die juristischen Personen nach dessen Rechtsvorschriften zuerkannt ist; sie kann insbesondere bewegliches und unbewegliches Vermögen erwerben und veräußern sowie vor Gericht stehen.

9.2. Die EZB stellt sicher, daß die dem ESZB nach Artikel 105 Absätze 2, 3 und 5 dieses Vertrages übertragenen Aufgaben entweder durch ihre eigene Tätigkeit nach Maßstab dieser Satzung oder durch die nationalen Zentralbanken nach den Artikeln 12.1. und 14 erfüllt werden.

9.3. Die Beschlußorgane der EZB sind nach Artikel 106 Absatz 3 dieses Vertrages der EZB-Rat und das Direktorium.

**Artikel 10**
**Der EZB-Rat**

10.1. Nach Artikel 109a Absatz 1 dieses Vertrages besteht der EZB-Rat aus den Mitgliedern des Direktoriums der EZB und den Präsidenten der nationalen Zentralbanken.

10.2. Vorbehaltlich des Artikels 10.3. sind nur die persönlich anwesenden Mitglieder des EZB-Rates stimmberechtigt. Abweichend von dieser Bestimmung kann in der in Artikel 12.3. genannten Geschäftsordnung vorgesehen werden, daß Mitglieder des EZB-Rates im Wege einer Telefonkonferenz an der Abstimmung teilnehmen können. In der Geschäftsordnung wird ferner vorgesehen, daß ein für längere Zeit an der Stimmabgabe verhindertes Mitglied einen Stellvertreter als Mitglied des EZB-Rates benennen kann.

Vorbehaltlich der Artikel 10.3. und 11.3. hat jedes Mitglied des EZB-Rates eine Stimme. Soweit in dieser Satzung nichts anderes bestimmt ist, beschließt der EZB-Rat mit einfacher Mehrheit. Bei Stimmengleichheit gibt die Stimme des Präsidenten den Ausschlag.

Der EZB-Rat ist beschlußfähig, wenn mindestens zwei Drittel seiner Mitglieder an der Abstimmung teilnehmen. Ist der EZB-Rat nicht beschlußfähig, so kann der Präsident eine außerordentliche Sitzung einberufen, bei der für die Beschlußfähigkeit die Mindestteilnehmerquote nicht erforderlich ist.

10.3. Für alle Beschlüsse im Rahmen der Artikel 28, 29, 30, 32, 33 und 51 werden die Stimmen im EZB-Rat nach den Anteilen der nationalen Zentralbanken am gezeichneten Kapital der EZB gewogen. Die Stimmen der Mitglieder des Direktoriums werden mit Null gewogen. Ein Beschluß, der die qualifizierte Mehrheit der Stimmen erfordert, gilt als angenommen, wenn die abgegebenen Ja-Stimmen mindestens zwei Drittel des gezeichneten Kapitals des EZB und mindestens die Hälfte der Anteilseigner vertreten. Bei Verhinderung eines Präsidenten einer nationalen Zentralbank kann dieser einen Stellvertreter zur Abgabe seiner gewogenen Stimme benennen.

10.4. Die Aussprachen in den Ratssitzungen sind vertraulich. Der EZB-Rat kann beschließen, das Ergebnis seiner Beratungen zu veröffentlichen.

10.5. Der EZB-Rat tritt mindestens zehnmal im Jahr zusammen.

## Artikel 11
## Das Direktorium

11.1. Nach Artikel 109a Absatz 2 Buchstabe a dieses Vertrages besteht das Direktorium aus dem Präsidenten, dem Vizepräsidenten und vier weiteren Mitgliedern.

Die Mitglieder erfüllen ihre Pflichten hauptamtlich. Ein Mitglied darf weder entgeltlich noch unentgeltlich einer anderen Beschäftigung nachgehen, es sei denn, der EZB-Rat erteilt hierzu ausnahmsweise seine Zustimmung.

11.2. Nach Artikel 109a Absatz 2 Buchstabe b dieses Vertrages werden der Präsident, der Vizepräsident und die weiteren Mitglieder des Direktoriums von den Regierungen der ·Mitgliedstaaten auf der Ebene der Staats- und Regierungschefs auf Empfehlung des Rates, der hierzu das Europäische Parlament und den EZB-Rat anhört, aus dem Kreis der in Währungs- oder Bankfragen anerkannten und erfahrenen Persönlichkeiten einvernehmlich ausgewählt und ernannt.

Ihre Amtszeit beträgt acht Jahre; Wiederernennung ist nicht zulässig.

Nur Staatsangehörige der Mitgliedstaaten können Mitglieder des Direktoriums sein.

11.3. Die Beschäftigungsbedingungen für die Mitglieder des Direktoriums, insbesondere ihre Gehälter und Ruhegehälter sowie andere Leistungen der sozialen Sicherheit, sind Gegenstand von Verträgen mit der EZB und werden vom EZB-Rat auf Vorschlag eines Ausschusses festgelegt, der aus drei vom EZB-Rat und drei vom Rat ernannten Mitgliedern besteht. Die Mitglieder des Direktoriums haben in den in diesem Absatz bezeichneten Angelegenheiten kein Stimmrecht.

11.4. Ein Mitglied des Direktoriums, das die Voraussetzungen für die Ausübung seines Amtes nicht mehr erfüllt oder eine schwere Verfehlung begangen hat, kann auf Antrag des EZB-Rates oder des Direktoriums durch den Gerichtshof seines Amtes enthoben werden.

11.5. Jedes persönlich anwesende Mitglied des Direktoriums ist berechtigt, an Abstimmungen teilzunehmen, und hat zu diesem Zweck eine Stimme. Soweit nichts anderes bestimmt ist, beschließt das Direktorium mit der einfachen Mehrheit der abgegebenen Stimmen. Bei Stimmengleichheit gibt die Stimme des Präsidenten den Ausschlag. Die Abstimmungsmodalitäten werden in der in Artikel 12.3. bezeichneten Geschäftsordnung geregelt.

11.6. Das Direktorium führt die laufenden Geschäfte der EZB.

11.7. Freiwerdende Sitze im Direktorium sind durch Ernennung eines neuen Mitgliedes nach Artikel 11.2. zu besetzen.

## Artikel 12
## Aufgaben der Beschlußorgane

12.1. Der EZB-Rat erläßt die Leitlinien und Entscheidungen, die notwendig sind, um die Erfüllung der dem ESZB nach diesem Vertrag und dieser Satzung übertragenen Aufgaben zu gewährleisten. Der EZB-Rat legt die Geldpolitik der Gemeinschaft fest, gegebenenfalls einschließlich von Entscheidungen in bezug auf geldpolitische Zwischenziele, Leitzinssätze und die Bereitstellung von Zentralbankgeld im ESZB, und erläßt die für ihre Ausführung notwendigen Leitlinien.

Das Direktorium führt die Geldpolitik gemäß den Leitlinien und Entscheidungen des EZB-Rates aus. Es erteilt hierzu den nationalen Zentralbanken die erforderlichen Weisungen. Ferner können dem Direktorium durch Beschluß des EZB-Rates bestimmte Befugnisse übertragen werden.

Unbeschadet dieses Artikels nimmt die EZB die nationalen Zentralbanken zur Durchführung von Geschäften, die zu den Aufgaben des ESZB gehören, in Anspruch, soweit dies möglich und sachgerecht erscheint.

12.2. Die Vorbereitung der Sitzungen des EZB-Rates obliegt dem Direktorium.

12.3. Der EZB-Rat beschließt eine Geschäftsordnung, die die interne Organisation der EZB und ihrer Beschlußorgane regelt.

12.4. Der EZB-Rat nimmt die in Artikel 4 genannten beratenden Funktionen wahr.

12.5. Der EZB-Rat tritt die Entscheidungen nach Artikel 6.

**Artikel 13**
**Der Präsident**

13.1. Den Vorsitz im EZB-Rat und im Direktorium der EZB führt der Präsident oder, bei seiner Verhinderung, der Vizepräsident.

13.2. Unbeschadet des Artikel 39 vertritt der Präsident oder eine von ihm benannte Person die EZB nach außen.

**Artikel 14**
**Nationale Zentralbanken**

14.1. Nach Artikel 108 dieses Vertrages stellt jeder Mitgliedstaat sicher, daß spätestens zum Zeitpunkt der Errichtung des ESZB seine innerstaatlichen Rechtsvorschriften einschließlich der Satzung seiner Zentralbank mit diesem Vertrag und dieser Satzung im Einklang stehen.

14.2. In den Satzungen der nationalen Zentralbanken ist insbesondere vorzusehen, daß die Amtszeit des Präsidenten der jeweiligen nationalen Zentralbank mindestens fünf Jahre beträgt.
Der Präsident einer nationalen Zentralbank kann aus seinem Amt nur entlassen werden, wenn er die Voraussetzungen für die Ausübung seines Amtes nicht mehr erfüllt oder eine schwere Verfehlung begangen hat. Gegen eine entsprechende Entscheidung kann der betreffende Präsident einer nationalen Zentralbank oder der EZB-Rat wegen Verletzung dieses Vertrages oder einer bei seiner Durchführung anzuwendenden Rechtsnorm den Gerichtshof anrufen. Solche Klagen sind binnen zwei Monaten zu erheben; diese Frist läuft je nach Lage des Falles von der Bekanntgabe der betreffenden Entscheidung, ihrer Mitteilung an den Kläger oder in Ermangelung dessen von dem Zeitpunkt an, zu dem der Kläger von dieser Entscheidung Kenntnis erlangt hat.

14.3. Die nationalen Zentralbanken sind integraler Bestandteil des ESZB und handeln gemäß den Leitlinien und Weisungen der EZB. Der EZB-Rat trifft die notwendigen Maßnahmen, um die Einhaltung der Leitlinien und Weisungen der EZB sicherzustellen, und kann verlangen, daß ihm hierzu alle erforderlichen Informationen zur Verfügung gestellt werden.

14.4. Die nationalen Zentralbanken können andere als die in dieser Satzung bezeichneten Aufgaben wahrnehmen, es sei denn, der EZB-Rat stellt mit Zweidrittelmehrheit der abgegebenen Stimmen fest, daß diese Aufgaben nicht mit den Zielen und Aufgaben des ESZB vereinbar sind. Derartige Aufgaben werden von den nationalen Zentralbanken in eigener Verantwortung und auf eigene Rechnung wahrgenommen und gelten nicht als Aufgaben des ESZB.

**Artikel 15**
**Berichtspflichten**

15.1. Die EZB erstellt und veröffentlicht mindestens vierteljährlich Berichte über die Tätigkeit des ESZB.

15.2. Ein konsolidierter Ausweis des ESZB wird wöchentlich veröffentlicht.

15.3. Nach Artikel 109b Absatz 3 dieses Vertrages unterbreitet die EZB dem Europäischen Parlament, dem Rat und der Kommission sowie auch dem Europäischen Rat einen Jahresbericht über die Tätigkeit des ESZB und die Geld- und Währungspolitik im vergangenen und im laufenden Jahr.

15.4. Die in diesem Artikel bezeichneten Berichte und Ausweise werden Interessenten kostenlos zur Verfügung gestellt.

**Artikel 16**
**Banknoten**

Nach Artikel 105a Absatz 1 dieses Vertrages hat der EZB-Rat das ausschließliche Recht, die Ausgabe von Banknoten innerhalb der Gemeinschaft zu genehmigen. Die EZB und die nationalen Zentralbanken sind zur Ausgabe von Banknoten berechtigt. Die von der EZB und den nationalen Zentralbanken ausgegebenen Banknoten sind die einzigen Banknoten, die in der Gemeinschaft als gesetzliches Zahlungsmittel gelten.

Die EZB berücksichtigt soweit wie möglich die Gepflogenheiten bei der Ausgabe und der Gestaltung von Banknoten.

## Kapitel IV
## Währungspolitische Aufgaben und Operationen des ESZB

**Artikel 17**
**Kosten bei der EZB und den nationalen Zentralbanken**

Zur Durchführung ihrer Geschäfte können die EZB und die nationalen Zentralbanken für Kreditinstitute, öffentliche Stellen und andere Marktteilnehmer Konten eröffnen und Vermögenswerte, einschließlich Schuldbuchforderungen, als Sicherheit hereinnehmen.

**Artikel 18**
**Offenmarkt- und Kreditgeschäfte**

18.1. Zur Erreichung der Ziele des ESZB und zur Erfüllung seiner Aufgaben können die EZB und die nationalen Zentralbanken

- auf den Finanzmärkten tätig werden, indem sie auf Gemeinschafts- oder Drittlandswährungen lautende Forderungen und börsengängige Wertpapiere sowie Edelmetalle endgültig (per Kasse oder Termin) oder im Rahmen von Rückkaufsvereinbarungen kaufen und verkaufen oder entsprechende Darlehensgeschäfte tätigen;
- Kreditgeschäfte mit Kreditinstituten und anderen Marktteilnehmern abschließen, wobei für die Darlehen ausreichende Sicherheiten zu stellen sind.

18.2. Die EZB stellt allgemeine Grundsätze für ihre eigenen Offenmarkt- und Kreditgeschäfte und die der nationalen Zentralbanken auf; hierzu gehören auch die Grundsätze für die Bekanntmachung der Bedingungen, zu denen sie bereit sind, derartige Geschäfte abzuschließen.

## Artikel 19
## Mindestreserven

19.1. Vorbehaltlich des Artikels 2 kann die EZB zur Verwirklichung der geldpolitischen Ziele verlangen, daß die in den Mitgliedstaaten niedergelassenen Kreditinstitute Mindestreserven auf Konten bei der EZB und den nationalen Zentralbanken unterhalten. Verordnungen über die Berechnung und Bestimmung des Mindestreservesolls können vom EZB-Rat erlassen werden. Bei Nichteinhaltung kann die EZB Strafzinsen erheben und sonstige Sanktionen mit vergleichbarer Wirkung erhängen.

19.2. Zum Zwecke der Anwendung dieses Artikels legt der Rat nach dem Verfahren des Artikels 42 die Basis für die Mindestreserven und die höchstzulässigen Relationen zwischen diesen Mindestreserven und bei ihrer Basis sowie die angemessenen Sanktionen fest, die bei Nichteinhaltung anzuwenden sind.

## Artikel 20
## Sonstige geldpolitische Instrumente

Der EZB-Rat kann mit der Mehrheit von zwei Dritteln der abgegebenen Stimmen über die Anwendung anderer Instrumente der Goldpolitik entscheiden, die er bei Beachtung des Artikels 2 für zweckmäßig hält.

Der Rat legt nach dem Verfahren des Artikels 42 den Anwendungsbereich solcher Instrumente fest, wenn sie Verpflichtungen für Dritte mit sich bringen.

**Artikel 21**
**Geschäfte mit öffentlichen Stellen**

21.1. Nach Artikel 104 dieses Vertrages sind Überziehungs- oder andere Kreditfazilitäten bei der EZB oder den nationalen Zentralbanken für Organe oder Einrichtungen der Gemeinschaft, Zentralregierungen, regionale oder lokale Gebietskörperschaften oder andere öffentlich-rechtliche Körperschaften, sonstige Einrichtungen des öffentlichen Rechts oder öffentliche Unternehmen der Mitgliedstaaten ebenso verboten wie der unmittelbare Erwerb von Schuldtiteln von diesen durch die EZB oder die nationalen Zentralbanken.

21.2. Die EZB und die nationalen Zentralbanken können als Fiskalagent für die in Artikel 21.1. bezeichneten Stellen tätig werden.

21.3. Die Bestimmungen dieses Artikels gelten nicht für Kreditinstitute in öffentlichem Eigentum; diese werden von der jeweiligen nationalen Zentralbank und der EZB, was die Bereitstellung von Zentralbankgeld betrifft, wie private Kreditinstitute behandelt.

**Artikel 22**
**Verrechnungs- und Zahlungssysteme**

Die EZB und die nationalen Zentralbanken können Einrichtungen zur Verfügung stellen und die EZB kann Verordnungen erlassen, um effiziente und zuverlässige Verrechnungs- und Zahlungssysteme innerhalb der Gemeinschaft und im Verkehr mit dritten Ländern zu gewährleisten.

**Artikel 23**
**Geschäfte mit dritten Ländern**
**und internationalen Organisationen**

Die EZB und die nationalen Zentralbanken sind befugt,

- mit Zentralbanken und Finanzinstituten in dritten Ländern und, soweit zweckdienlich, mit internationalen Organisationen Beziehungen aufzunehmen;
- alle Arten von Devisen und Edelmetalle per Kasse und per Termin zu kaufen und zu verkaufen; der Begriff „Devisen“ schließt Wertpapiere und alle sonstigen Vermögenswerte, die auf beliebige Währungen oder Rechnungseinheiten lauten, unabhängig von deren Ausgestaltung ein;
- die in diesem Artikel bezeichneten Vermögenswerte zu halten und zu verwalten;
- alle Arten von Bankgeschäften, einschließlich der Aufnahme und Gewährung von Krediten, im Verkehr mit dritten Ländern sowie internationalen Organisationen zu tätigen.

**Artikel 24**
**Sonstige Geschäfte**

Die EZB und die nationalen Zentralbanken sind befugt, außer den mit ihren Aufgaben verbundenen Geschäften auch Geschäfte für ihren eigenen Betrieb und für ihre Bediensteten zu tätigen.

**Kapitel V**
**Aufsicht**

**Artikel 25**
**Aufsicht**

25.1. Die EZB kann den Rat, die Kommission und die zuständigen Behörden der Mitgliedstaaten in Fragen des Geltungsbereiches und der Anwendung der Rechtsvorschriften der Gemeinschaft hinsichtlich der Aufsicht über die Kreditinstitute sowie die Stabilität des Finanzsystems beraten und von diesen konsultiert werden.

25.2. Aufgrund von Beschlüssen des Rates nach Artikel 105 Absatz 6 dieses Vertrages kann die EZB besondere Aufgaben im Zusammenhang mit der Aufsicht über die Kreditinstitute und sonstige Finanzinstitute mit Ausnahme von Versicherungsunternehmen wahrnehmen.

**Kapitel VI**
**Finanzvorschriften des ESZB**

**Artikel 26**
**Jahresabschlüsse**

26.1. Das Geschäftsjahr der EZB und der nationalen Zentralbanken beginnt am 1. Januar und endet am 31. Dezember.

26.2. Der Jahresabschluß der EZB wird vom Direktorium nach den vom EZB-Rat aufgestellten Grundsätzen erstellt. Der Jahresabschluß wird vom EZB-Rat festgestellt und sodann veröffentlicht.

26.3. Für Analyse- und Geschäftsführungszwecke erstellt das Direktorium eine konsolidierte Bilanz des ESZB, in der die zum ESZB gehörenden Aktiva und Passiva der nationalen Zentralbanken ausgewiesen werden.

26.4. Zur Anwendung dieses Artikels erläßt der EZB-Rat die notwendigen Vorschriften für die Standardisierung der buchmäßigen Erfassung und der Meldung der Geschäfte der nationalen Zentralbanken.

**Artikel 27**
**Rechnungsprüfung**

27.1. Die Jahresabschlüsse der EZB und der nationalen Zentralbanken werden von unabhängigen externen Rechnungsprüfern, die vom EZB-Rat empfohlen und vom Rat anerkannt wurden, geprüft. Die Rechnungsprüfer sind befugt, alle Bücher und Konten der EZB und der nationalen Zentralbanken zu prüfen und alle Auskünfte über deren Geschäfte zu verlangen.

27.2. Artikel 188c dieses Vertrages ist nur auf eine Prüfung der Effizienz der Verwaltung der EZB anwendbar.

**Artikel 28**
**Kapital der EZB**

28.1. Das Kapital der EZB bei der Aufnahme ihrer Tätigkeit beträgt 5 Milliarden ECU. Das Kapital kann durch einen Beschluß des EZB-Rates mit der in Artikel 10.3. vorgesehenen qualifizierten Mehrheit innerhalb der Grenzen und unter den Bedingungen, die der Rat nach dem Verfahren des Artikels 42 festlegt, erhöht werden.

28.2. Die nationalen Zentralbanken sind alleinige Zeichner und Inhaber des Kapitals der EZB. Die Zeichnung des Kapitals erfolgt nach dem gemäß Artikel 29 festgelegten Schlüssel.

28.3. Der EZB-Rat bestimmt mit der in Artikel 10.3. vorgesehenen qualifizierten Mehrheit, in welcher Höhe und welcher Form das Kapital einzuzahlen ist.

28.4. Vorbehaltlich des Artikels 28.5. können die Anteile der nationalen Zentralbanken am gezeichneten Kapital der EZB nicht übertragen, verpfändet oder gepfändet werden.

28.5. Im Falle einer Anpassung des in Artikel 29 bezeichneten Schlüssels sorgen die nationalen Zentralbanken durch Übertragungen von Kapitalanteilen untereinander dafür, daß die Verteilung der Kapitalanteile dem angepaßten Schlüssel entspricht. Die Bedingungen für derartige Übertragungen werden vom EZB-Rat festgelegt.

**Artikel 29**
**Schlüssel für die Kapitalzeichnung**

29.1. Nach Errichtung des ESZB und der EZB gemäß dem Verfahren des Artikels 109l Absatz 1 dieses Vertrages wird der Schlüssel für die Zeichnung des Kapitals der EZB festgelegt. In diesem Schlüssel erhält jede nationale Zentralbank einen Gewichtsanteil, der der Summe folgender Prozentsätze entspricht:

- 50 % des Anteils des jeweiligen Mitgliedstaates an der Bevölkerung der Gemeinschaft im vorletzten Jahr vor der Errichtung des ESZB;
- 50 % des Anteils des jeweiligen Mitgliedstaates am Bruttoinlandsprodukt der Gemeinschaft zu Marktpreisen in den fünf Jahren vor dem vorletzten Jahr vor der Errichtung des ESZB.

Die Prozentsätze werden zum nächsten Vielfachen von 0,05 Prozentpunkten aufgerundet.

29.2. Die zur Anwendung dieses Artikels zu verwendenden statistischen Daten werden von der Kommission nach den Regeln bereitgestellt, die der Rat nach dem Verfahren des Artikels 42 festlegt.

29.3. Die den nationalen Zentralbanken zugeteilten Gewichtsanteile werden nach Errichtung des ESZB alle fünf Jahre unter sinngemäßer Anwendung der Bestimmungen des Artikels 29.1. angepaßt. Der neue Schlüssel gilt jeweils vom ersten Tag des folgenden Jahres an.

29.4. Der EZB-Rat trifft alle weiteren Maßnahmen, die zur Anwendung dieses Artikels erforderlich sind.

## Artikel 30
## Übertragung von Währungsreserven auf die EZB

30.1. Unbeschadet des Artikels 28 wird die EZB von den nationalen Zentralbanken mit Währungsreserven, die jedoch nicht aus Währungen der Mitgliedstaaten, ECU, IWF-Reservepositionen und SZR gebildet werden dürfen, bis zu einem Gegenwert von 50 Milliarden ECU ausgestattet. Der EZB-Rat entscheidet über den von der EZB nach ihrer Errichtung einzufordernden Teil sowie die zu späteren Zeitpunkten einzufordernden Beträge. Die EZB hat das uneingeschränkte Recht, die ihr übertragenen Währungsreserven zu halten und zu verwalten sowie für die in dieser Satzung genannten Zwecke zu verwenden.

30.2. Die Beiträge der einzelnen nationalen Zentralbanken werden entsprechend ihrem jeweiligen Anteil am gezeichneten Kapital der EZB bestimmt.

30.3. Die EZB schreibt jeder nationalen Zentralbank eine ihrem Beitrag entsprechende Forderung gut. Der EZB-Rat entscheidet über die Denominierung und Verzinsung dieser Forderungen.

30.4. Die EZB kann nach Artikel 30.2. über den in Artikel 30.1. festgelegten Betrag hinaus innerhalb der Grenzen und unter den Bedingungen, die der Rat nach dem Verfahren des Artikels 42 festlegt, die Einzahlung weiterer Währungsreserven fordern.

30.5. Die EZB kann IWF-Reservepositionen und SZR halten und verwalten sowie die Zusammenlegung solcher Aktiva vorsehen.

30.6. Der EZB-Rat trifft alle weiteren Maßnahmen, die zur Anwendung dieses Artikels erforderlich sind.

**Artikel 31**
**Währungsreserven der nationalen Zentralbanken**

31.1. Die nationalen Zentralbanken sind befugt, zur Erfüllung ihrer Verpflichtungen gegenüber internationalen Organisationen nach Artikel 23 Geschäfte abzuschließen.

31.2. Alle sonstige Geschäfte mit den Währungsreserven, die den nationalen Zentralbanken nach den in Artikel 30 genannten Übertragungen verbleiben, sowie von Mitgliedstaaten ausgeführte Transaktionen mit ihren Arbeitsguthaben in Fremdwährungen bedürfen oberhalb eines bestimmten, im Rahmen des Artikels 31.3. festzulegenden Betrags der Zustimmung der EZB, damit Übereinstimmung mit der Wechselkurs- und der Währungspolitik der Gemeinschaft gewährleistet ist.

31.3. Der EZB-Rat erläßt Richtlinien mit dem Ziel, derartige Geschäfte zu erleichtern.

**Artikel 32**
**Verteilung der monetären Einkünfte**
**der nationalen Zentralbanken**

32.1. Die Einkünfte, die den nationalen Zentralbanken aus der Erfüllung der währungspolitischen Aufgaben des ESZB zufließen (im folgenden als „monetäre Einkünfte“ bezeichnet), werden am Ende eines jeden Geschäftsjahres nach diesem Artikel verteilt.

32.2. Vorbehaltlich des Artikels 32.3. entspricht der Betrag der monetären Einkünfte einer jeden nationalen Zentralbank ihren jährlichen Einkünften aus Vermögenswerten, die sie als Gegenposten zum Bargeldumlauf und zu ihren Verbindlichkeiten aus Einlagen der Kreditinstitute hält. Diese Vermögenswerte werden von den nationalen Zentralbanken gemäß den vom EZB-Rat zu erlassenden Richtlinien gesondert erfaßt.

32.3. Wenn nach dem Übergang zur dritten Stufe die Bilanzstrukturen der nationalen Zentralbanken nach Auffassung des EZB-Rates die Anwendung des Artikels 32.2. nicht gestatten, kann der EZB-Rat mit qualifizierter Mehrheit beschließen, daß die monetären Einkünfte für einen Zeitraum von höchstens fünf Jahren abweichend von Artikel 32.2. nach einem anderen Verfahren bemessen werden.

32.4. Der Betrag der monetären Einkünfte einer jeden nationalen Zentralbank vermindert sich um den Betrag etwaiger Zinsen, die von dieser Zentralbank auf ihre Verbindlichkeiten aus Einlagen der Kreditinstitute nach Artikel 19 gezahlt werden.
EZB-Rat kann beschließen, daß die nationale Zentralbanken für Kosten in Verbindung mit der Ausgabe von Banknoten oder unter außergewöhnlichen Umständen für spezifische Verluste aus für das ESZB unternommenen währungspolitischen Operationen entschädigt werden. Die Entschädigung erfolgt in einer Form, die der EZB-Rat für angemessen hält; diese Beträge können mit den monetären Einkünften der nationalen Zentralbanken verrechnet werden.

32.5. Die Summe der monetären Einkünfte der nationalen Zentralbanken wird vorbehaltlich etwaiger Beschlüsse des EZB-Rates nach Artikel 33.2 unter den nationalen Zentralbanken entsprechend ihren eingezahlten Anteilen am Kapital der EZB verteilt.

32.6. Die Verrechnung und den Ausgleich der Salden aus der Verteilung der monetären Einkünfte nimmt die EZB gemäß den Richtlinien des EZB-Rates vor.

32.7. Der EZB-Rat trifft alle weiteren Maßnahmen, die zur Anwendung dieses Artikels erforderlich sind.

## Artikel 33
## Verteilung der Nettogewinne und Verluste der EZB

33.1. Der Nettogewinn der EZB wird in der folgenden Reihenfolge verteilt:
a) Ein vom EZB-Rat zu bestimmender Betrag, der 20% des Nettogewinns nicht übersteigen darf, wird dem allgemeinen Reservefonds bis zu einer Obergrenze von 100% des Kapitals zugeführt;
b) der verbleibende Nettogewinn wird an die Anteilseigner der EZB entsprechend ihren eingezahlten Anteilen ausgeschüttet.

33.2. Falls die EZB einen Verlust erwirtschaftet, kann der Fehlbetrag aus dem allgemeinen Reservefonds der EZB und erforderlichenfalls nach einem entsprechenden Beschluß des ESZ-Rates aus den monetären Einkünften des betreffenden Geschäftsjahres im Verhältnis und bis in Höhe der Beträge gezahlt werden, die nach Artikel 32.5 an die nationalen Zentralbanken verteilt werden.

## Kapitel VII
## Allgemeine Bestimmungen

### Artikel 34
### Rechtsakte

34.1. Nach Artikel 108a dieses Vertrags werden von der EZB
- Verordnungen erlassen, insoweit dies für die Erfüllung der in Artikel 3.1 erster Gedankenstrich, Artikel 19.1, Artikel 22 oder Artikel 25.2 festgelegten Aufgaben erforderlich ist; sie erläßt Verordnungen ferner in den Fällen, die in den Rechtsakten des Rates nach Artikel 42 vorgesehen werden,
- die Entscheidungen erlassen, die zur Erfüllung der dem ESZB nach diesem Vertrag und dieser Satzung übertragenen Aufgaben erforderlich sind,
- Empfehlungen und Stellungnahmen abgegeben.

34.2. Eine Verordnung hat allgemeine Geltung. Sie ist in allen ihren Teilen verbindlich und gilt unmittelbar in jedem Mitgliedstaat. Empfehlungen und Stellungnahmen sind nicht verbindlich.
Eine Entscheidung ist in allen ihren Teilen für diejenigen verbindlich, an die sie gerichtet ist.
Die Artikel 190, 191 und 192 dieses Vertrages gelten für die Verordnungen und Entscheidungen der EZB.
Die EZB kann die Veröffentlichung ihrer Entscheidungen, Empfehlungen und Stellungnahmen beschließen.

34.3. Innerhalb der Grenzen und unter den Bedingungen, die der Rat nach dem Verfahren des Artikels 42 festlegt, ist die EZB befugt, Unternehmen bei Nichteinhaltung der Verpflichtungen, die sich aus ihren Verordnungen und Entscheidungen ergeben, mit Geldbußen oder in regelmäßigen Abständen zu zahlenden Strafgeldern zu belegen.

### Artikel 35
### Gerichtliche Kontrolle und damit verbundene Angelegenheiten

35.1. Die Handlungen und Unterlassungen der EZB unterliegen in den Fällen und unter den Bedingungen, die in diesem Vertrag vorgesehen sind, der Überprüfung und Auslegung durch den Gerichtshof. Die EZB ist in den Fällen und unter den Bedingungen, die in diesem Vertrag vorgesehen sind, klageberechtigt.

35.2. Über Rechtsseitigkeiten zwischen der EZB einerseits und ihren Gläubigern, Schuldnern oder dritten Personen andererseits entscheiden die zuständigen Gerichte der einzelnen Staaten vorbehaltlich der Zuständigkeiten, die dem Gerichtshof zuerkannt sind.

35.3. Die EZB unterliegt der Haftungsregelung des Artikels 215 dieses Vertrages. Die Haftung der nationalen Zentralbanken richtet sich nach dem jeweiligen innerstaatlichen Recht.

35.4. Der Gerichtshof ist für Entscheidungen aufgrund einer Schiedsklausel zuständig, die in einem von der EZB oder für ihre Rechnung abgeschlossenen öffentlich-rechtlichen oder privatrechtlichen Vertrag enthalten ist.

35.5. Für einen Beschluß der EZB, den Gerichtshof anzurufen, ist der EZB-Rat zuständig.

35.6. Der Gerichtshof ist für Streitsachen zuständig, die die Erfüllung der Verpflichtungen aus dieser Satzung durch eine nationale Zentralbank betreffen. Ist die EZB der Auffassung, daß eine nationale Zentralbank einer Verpflichtung aus dieser Satzung nicht nachgekommen ist, so legt sie in der betreffenden Sache eine mit Gründen versehene Stellungnahme vor, nachdem sie der nationalen Zentralbank Gelegenheit zur Vorlage von Bemerkungen gegeben hat. Entspricht die nationale Zentralbank nicht innerhalb der von der EZB gesetzten Frist deren Stellungnahme, so kann die EZB den Gerichtshof anrufen.

**Artikel 36**
**Personal**

36.1. Der EZB-Rat legt aus Vorschlag des Direktoriums die Beschäftigungsbedingungen für das Personal der EZB fest.

36.2. Der Gerichtshof ist für alle Streitsachen zwischen der EZB und deren Bediensteten innerhalb der Grenzen und unter den Bedingungen zuständig, die sich aus den Beschäftigungsbedingungen ergeben.

**Artikel 37**
**Sitz**

Vor Ende 1992 beschließen die Regierungen der Mitgliedstaaten auf der Ebene der Staats- und Regierungschefs im gegenseitigen Einvernehmen über den Sitz der EZB.

**Artikel 38**
**Geheimhaltung**

38.1. Die Mitglieder der Leitungsgremien und des Personals der EZB und der nationalen Zentralbanken dürfen auch nach Beendigung ihres Dienstverhältnisses keine der Geheimhaltungspflicht unterliegenden Informationen weitergeben.

38.2. Auf Personen mit Zugang zu Daten, die unter Gemeinschaftsvorschriften fallen, die eine Verpflichtung zur Geheimhaltung vorsehen, finden diese Gemeinschaftsvorschriften Anwendung.

### Artikel 39
### Unterschriftsberechtigte

Die EZB wird Dritten gegenüber durch den Präsidenten oder zwei Direktoriumsmitglieder oder durch die Unterschriften zweier vom Präsidenten zur Zeichnung im Namen der EZB gehörig ermächtigter Bediensteter der EZB rechtswirksam verpflichtet.

### Artikel 40
### Vorrechte und Befreiungen

Die EZB genießt im Hoheitsgebiet der Mitgliedstaaten die zur Erfüllung ihrer Aufgabe erforderlichen Vorrechte und Befreiungen nach Maßgabe des Protokolls über die Vorrechte und Befreiungen der Europäischen Gemeinschaften im Anhang zum Vertrag zur Einsetzung eines gemeinsamen Rates und einer gemeinsamen Kommission der Europäischen Gemeinschaften.

## Kapitel VIII
## Änderung der Satzung und ergänzende Rechtsvorschriften

### Artikel 41
### Vereinfachtes Änderungsverfahren

41.1. Nach Artikel 106 Absatz 5 dieses Vertrages kann der Rat die Artikel 5.1, 5.2, 5.3, 17, 18, 19.1, 22, 23, 24, 26, 32.2, 32.3, 32.4, 32.6, 33.1a und 36 dieser Satzung entweder mit qualifizierter Mehrheit auf Empfehlung der EZB nach Anhörung der Kommission oder einstimmig auf Vorschlag der Kommission nach Anhörung der EZB ändern. Die Zustimmung des Europäischen Parlaments ist dabei jeweils erforderlich.

41.2. Eine Empfehlung der EZB nach diesem Artikel erfordert einen einstimmigen Beschluß des EZB-Rates.

**Artikel 42**
**Ergänzende Rechtsvorschriften**

Nach Artikel 106 Absatz 6 dieses Vertrages erläßt der Rat unmittelbar nach dem Beschluß über den Zeitpunkt für den Beginn der dritten Stufe mit qualifizierter Mehrheit entweder auf Vorschlag der Kommission nach Anhörung des Europäischen Parlaments und der EZB oder auf Empfehlung der EZB nach Anhörung des Europäischen Parlaments und der Kommission die in den Artikeln 4, 5.4, 19.2, 20, 28.1, 29.2, 30.4 und 34.3 dieser Satzung genannten Bestimmungen.

**Kapitel IX**
**Übergangsbestimmungen und sonstige Bestimmungen für das ESZB**

**Artikel 43**
**Allgemeine Bestimmungen**

43.1. Eine Ausnahmeregelung nach Artikel 109k Absatz 1 dieses Vertrages bewirkt, daß folgende Artikel dieser Satzung für den betreffenden Mitgliedstaat keinerlei Rechte oder Verpflichtungen entstehen lassen: Artikel 3, 6, 9.2, 12.1, 14.3, 16, 18, 19, 20, 22, 23, 26.2, 27, 30, 31, 32, 33, 34, 50 und 52.

43.2. Die Zentralbanken der Mitgliedstaaten, für die eine Annahmeregelung nach Artikel 109k Absatz 1 dieses Vertrages gilt, behalten ihre währungspolitischen Befugnisse nach innerstaatlichem Recht.

43.3. In den Artikeln 3, 11.2, 19, 34.2 und 50 bezeichnet der Ausdruck „Mitgliedstaaten" gemäß Artikel 109k Absatz 4 dieses Vertrages die „Mitgliedstaaten, für die keine Ausnahmeregelung gilt".

43.4. In den Artikeln 9.2, 10.1, 10.3, 12.1, 16, 17, 18, 22, 23, 27, 30, 31, 32, 33.2 und 52 dieser Satzung ist der Ausdruck „nationale Zentralbanken" im Sinne von „Zentralbanken der Mitgliedstaaten, für die keine Ausnahmeregelung gilt" zu verstehen.

43.5. In den Artikeln 10.3 und 33.1 bezeichnet der Ausdruck „Anteilseigner" die „Zentralbanken der Mitgliedstaaten, für die keine Ausnahmeregelung gilt".

43.6. In den Artikeln 10.3 und 30.2 ist der Ausdruck „gezeichnetes Kapital der EZB" im Sinne von „Kapital der EZB, das von den Zentralbanken der Mitgliedstaaten gezeichnet wurde, für die keine Ausnahmeregelung gilt" zu verstehen.

**Artikel 44**
**Vorübergehende Aufgaben der EZB**

Die EZB übernimmt diejenigen Aufgaben des EWI, die infolge der für einen oder mehrere Mitgliedstaaten geltenden Ausnahmeregelungen in der dritten Stufe noch erfüllt werden müssen. Bei der Vorbereitung der Aufhebung der Ausnahmeregelungen nach Artikel 109k dieses Vertrage nimmt die EZB eine beratende Funktion wahr.

**Artikel 45**
**Der Erweiterte Rat der EZB**

45.1. Unbeschadet des Artikels 106 Absatz 3 dieses Vertrages wird der Erweiterte Rat als drittes Beschlußorgan der EZB eingesetzt.
45.2. Der Erweiterte Rat besteht aus dem Präsidenten und dem Vizepräsidenten der EZB sowie den Präsidenten der nationalen Zentralbanken. Die weiteren Mitglieder des Direktoriums können an den Sitzungen des Erweiterten Rates teilnehmen, besitzen aber kein Stimmrecht.
45.3. Die Verantwortlichkeiten des Erweiterten Rates sind in Artikel 47 dieser Satzung vollständig aufgeführt.

**Artikel 46**
**Geschäftsordnung des Erweiterten Rates**

46.1. Der Präsident oder bei seiner Verhinderung der Vizepräsident der EZB führt den Vorsitz im Erweiterten Rat der EZB.
46.2. Der Präsident des Rates und ein Mitglied der Kommission können an den Sitzungen des Erweiterten Rates teilnehmen, besitzen aber kein Stimmrecht.
46.3. Der Präsident bereitet die Sitzungen des Erweiterten Rates vor.
46.4. Abweichend von Artikel 12.3 gibt sich der Erweiterte Rat eine Geschäftsordnung.
46.5. Das Sekretariat des Erweiterten Rates wird von der EZB gestellt.

**Artikel 47**
**Verantwortlichkeiten des Erweiterten Rates**

47.1. Der Erweiterte Rat
- nimmt die in Artikel 44 aufgeführten Aufgaben wahr,
- wirkt bei der Erfüllung der Beratungsfunktionen nach den Artikeln 4 und 25.1 mit.

47.2. Der Erweiterte Rat wirkt auch mit bei
- der Erhebung der statistischen Daten im Sinne von Artikel 5;
- den Berichtstätigkeiten der EZB im Sinne von Artikel 15;
- der Festlegung der erforderlichen Regeln für die Anwendung von Artikel 26 gemäß Artikel 26.4;
- allen sonstigen erforderlichen Maßnahmen zur Anwendung von Artikel 29 gemäß Artikel 29.4;
- die Festlegung der Beschäftigungsbedingungen für das Personal der EZB gemäß Artikel 36.

47.3. Der Erweiterte Rat trägt zu den Vorarbeiten bei, die erforderlich sind, um für die Währungen der Mitgliedstaaten, für die eine Ausnahmeregelung gilt, die Wechselkurse gegenüber den Währungen oder der einheitlichen Währung der Mitgliedstaaten, für die keine Ausnahmeregelung gilt, gemäß Artikel 109l Absatz 5 dieses Vertrages unwiderruflich festzulegen.

47.4. Der Erweiterte Rat wird vom Präsidenten der EZB über die Beschlüsse des EZB-Rates unterrichtet.

## Artikel 48
## Übergangsbestimmungen für das Kapital der EZB

Nach Artikel 29.1 wird jeder nationalen Zentralbank ein Gewichtsanteil in dem Schlüssel für die Zeichnung des Kapitals der EZB zugeteilt. Abweichend von Artikel 28.3 zahlten Zentralbanken von Mitgliedstaaten, für die eine Ausnahmeregelung gilt, das von ihnen gezeichnete Kapital nicht ein, es sei denn, daß der Erweiterte Rat mit der Mehrheit von mindestens zwei Dritteln des gezeichneten Kapitals der EZB und zumindest der Hälfte der Anteilseigner beschließt, daß als Beitrag zu den Betriebskosten der EZB ein Mindestprozentsatz eingezahlt werden muß.

## Artikel 49
## Zurückgestellte Einzahlungen von Kapital, Reserven und Rückstellungen der EZB

49.1. Die Zentralbank eines Mitgliedstaates, dessen Ausnahmeregelung aufgehoben wurde, zahlt den von ihr gezeichneten Anteil am Kapital der EZB im selben Verhältnis wie die Zentralbanken von anderen Mitgliedstaaten ein, für die keine Ausnahmeregelung gilt und überträgt der EZB Währungsreserven gemäß Artikel 30.1. Die Höhe der Übertragungen bestimmt sich durch Multiplikation des in ECU zum jeweiligen Wechselkurs ausgedrückten Wertes der Währungsreserven, die der EZB schon gemäß Artikel 30.1 übertragen wurden, mit dem Faktor, der das Verhältnis zwischen der Anzahl der von der betreffenden nationalen Zentralbank gezeichneten Anteile und der Anzahl der von den anderen nationalen Zentralbanken bereits eingezahlten Anteile ausdrückt.

49.2. Zusätzlich zu der Einzahlung nach Artikel 49.1 leistet die betreffende Zentralbank einen Beitrag zu den Reserven der EZB und zu den diesen Reserven gleichwertigen Rückstellungen sowie zu dem Betrag, der gemäß dem Saldo der Gewinn- und Verlustrechnung zum 31. Dezember des Jahres vor der Aufhebung der Ausnahmeregelung noch für die Reserven und Rückstellungen bereitzustellen ist. Die Höhe des zu leistenden Beitrages bestimmt sich durch Multiplikation des in der genehmigten Bilanz der EZB ausgewiesenen Betrages der Reserven im Sinne der obigen Definition mit dem Faktor, der das Verhältnis zwischen der Anzahl der von der betreffenden Zentralbank gezeichneten Anteile und der Anzahl der von den anderen Zentralbanken bereits eingezahlten Anteile ausdrückt.

**Artikel 50**
**Erstmalige Ernennung**
**der Mitglieder des Direktoriums**

Bei der Einsetzung des Direktoriums der EZB werden der Präsident, der Vizepräsident und die weiteren Mitglieder des Direktoriums auf Empfehlung des Rates und nach Anhörung des Europäischen Parlaments und des Rates der EWI von den Regierungen der Mitgliedstaaten auf der Ebene der Staats- und Regierungschefs einvernehmlich ernannt. Der Präsident des Direktoriums wird für acht Jahre ernannt. Abweichend von Artikel 11.2 werden der Vizepräsident für vier Jahre und die weiteren Mitglieder des Direktoriums für eine Amtszeit zwischen 5 und 8 Jahren ernannt. Wiederernennung ist in keinem Falle zulässig. Die Anzahl der Mitglieder des Direktoriums kann geringer sein als in Artikel 11.1 vorgesehen, darf jedoch auf keinen Fall weniger als vier betragen.

**Artikel 51**
**Abweichung von Artikel 32**

51.1. Stellt der EZB-Rat nach dem Beginn der dritten Stufe fest, daß die Anwendung von Artikel 32 für den relativen Stand der Einkünfte der nationalen Zentralbanken wesentliche Änderungen zur Folge hat, so wird der Betrag der nach Artikel 32 zu verteilenden Einkünfte nach einem einheitlichen Prozentsatz gekürzt, der im ersten Geschäftsjahr nach dem Beginn der dritten Stufe 60 % nicht übersteigen darf und in jedem darauffolgenden Geschäftsjahr um mindestens 12 Prozentpunkte verringert wird.

51.2. Artikel 51.1 ist für höchstens fünf Geschäftsjahre nach dem Beginn der dritten Stufe anwendbar.

**Artikel 52**
**Umtausch von auf Gemeinschaftswährungen lautenden Banknoten**

Im Anschluß an die unwiderrufliche Festlegung der Wechselkurse ergreift der EZB-Rat die erforderlichen Maßnahmen, um sicherzustellen, daß Banknoten, die auf Währungen mit unwiderruflich festgelegten Wechselkursen lauten, von den nationalen Zentralbanken zu ihrer jeweiligen Parität umgetauscht werden.

**Artikel 53**
**Anwendbarkeit der Übergangsbestimmungen**

Sofern und solange es Mitgliedstaaten gibt, für die eine Ausnahmeregelung gilt, sind die Artikel 43 bis 48 anwendbar.

## Protokoll über die Satzung des Europäischen Währungsinstituts

Die Hohen Vertragsparteien –

in dem Wunsch, die Satzung des Europäischen Währungsinstituts festzulegen –

Sind über folgende Bestimmungen übereingekommen, die dem Vertrag zur Gründung der Europäischen Gemeinschaft beigefügt sind:

**Artikel 1**
**Errichtung und Name**

1.1. Das Europäische Währungsinstitut („EWI“) wird nach Artikel 109f dieses Vertrages errichtet; es nimmt seine Aufgaben und seine Tätigkeit nach Maßgabe dieses Vertrages und dieser Satzung wahr.

1.2. Mitglieder des EWI sind die Zentralbanken der Mitgliedstaaten („nationale Zentralbanken“). Das Luxemburgische Währungsinstitut gilt im Sinne dieser Satzung als die Zentralbank Luxemburgs.

1.3. Der Ausschuß der Präsidenten der Zentralbanken und der Europäische Fonds für währungspolitische Zusammenarbeit („EFWZ“) werden nach Artikel 109f dieses Vertrages aufgelöst. Sämtliche Aktiva und Passiva des EFZW gehen automatisch auf das EWI über.

**Artikel 2**
**Ziele**

Das EWI trägt zur Schaffung der für den Übergang zur dritten Stufe der Wirtschafts- und Währungsunion erforderlichen Voraussetzungen insbesondere dadurch bei, daß es
- die Koordinierung der Geldpolitiken mit dem Ziel verstärkt, Preisstabilität sicherzustellen;
- die Vorarbeiten leistet, die für die Errichtung des Europäischen Systems der Zentralbanken („ESZB") und die Verfolgung einer einheitlichen Währungspolitik und die Schaffung einer einheitlichen Währung in der dritten Stufe erforderlich sind;
- die Entwicklung der ECU überwacht.

**Artikel 3**
**Allgemeine Grundsätze**

3.1. Das EWI erfüllt die ihm durch diesen Vertrag und diese Satzung übertragenen Aufgaben unbeschadet der Verantwortlichkeit der für die Geldpolitik in den einzelnen Mitgliedstaaten zuständigen Behörden.

3.2. Das EWI übt seine Tätigkeiten im Einklang mit den Zielen und Grundsätzen aus, die in Artikel 2 der Satzung des ESZB festlegt sind.

**Artikel 4**
**Vorrangige Aufgaben**

4.1. Das EWI hat nach Artikel 109f Absatz 2 dieses Vertrages die Aufgabe,
- die Zusammenarbeit zwischen den nationalen Zentralbanken zu verstärken,
- die Koordinierung der Geldpolitiken der Mitgliedstaaten mit dem Ziel zu verstärken, die Preisstabilität sicherzustellen,
- das Funktionieren des europäischen Währungssystems („EWS") zu überwachen,
- Konsultationen zu Fragen durchzuführen, die in die Zuständigkeit der nationalen Zentralbanken fallen und die Stabilität der Finanzinstitute und -märkte berühren,
- die Aufgaben des EFWZ zu übernehmen; insbesondere erfüllt es die in den Artikeln 6.1 bis 6.3 genannten Aufgaben,
- die Verwendung der ECU zu erleichtern und deren Entwicklung einschließlich des reibungslosen Funktionierens des ECU-Verrechnungssystems zu überwachen.

Das EWI hat ferner folgende Funktionen:
- Es führt regelmäßige Konsultationen über den geldpolitischen Kurs und die Anwendung geldpolitischer Instrumente durch;
- es wird in der Regel im Kontext des gemeinsamen Rahmens für die Vorabkoordinierung gehört, bevor die nationalen Währungsbehörden geldpolitische Beschlüsse fassen.

4.2. Das EWI legt bis zum 31. Dezember 1996 in regulatorischer, organisatorischer und logistischer Hinsicht den Rahmen fest, den das ESZB zur Erfüllung seiner Aufgaben unter Beachtung des Grundsatzes einer offenen Marktwirtschaft mit freiem Wettbewerb in der dritten Stufe benötigt. Dieser Rahmen wird der EZB vom Rat des EWI zum Zeitpunkt ihrer Errichtung zur Beschlußfassung unterbreitet.
In Einklang mit Artikel 109f Absatz 3 dieses Vertrages gehören zu den diesbezüglichen Tätigkeiten des EWI insbesondere
- die Entwicklung der Instrumente und Verfahren, die zur Durchführung einer einheitlichen Währungspolitik in der dritten Stufe erforderlich sind,
- soweit erforderlich die Förderung der Harmonisierung der Bestimmungen und Gepflogenheiten auf dem Gebiet der Erhebung, Zusammenstellung und Weitergabe statistischer Daten in den in seine Zuständigkeit fallenden Bereichen,
- die Ausarbeitung der Regeln für die Geschäfte der nationalen Zentralbanken im Rahmen des ESZB,
- die Förderung der Effizienz des grenzüberschreitenden Zahlungsverkehrs,
- die Überwachung der technischen Vorarbeiten für die ECU-Banknoten.

**Artikel 5**
**Beratende Funktionen**

5.1. Der Rat des EWI kann nach Artikel 109f Absatz 4 dieses Vertrages Stellungnahmen oder Empfehlungen zu der allgemeinen Orientierung der Geld- und der Wechselkurspolitik sowie zu den diesbezüglichen Maßnahmen in den einzelnen Mitgliedstaaten abgeben. Er kann den Regierungen und dem Rat Stellungnahmen oder Empfehlungen zu Maßnahmen unterbreiten, die die interne oder externe Währungssituation in der Gemeinschaft und insbesondere das Funktionieren des EWS beeinflussen könnten.

5.2. Der Rat des EWI kann ferner den Währungsbehörden der Mitgliedstaaten Empfehlungen zur Durchführung ihrer Währungspolitik geben.

5.3. Das EWI wird nach Artikel 109f Absatz 6 dieses Vertrages vom Rat zu allen Vorschlägen für Rechtsakte der Gemeinschaft in seinem Zuständigkeitsbereich angehört. Innerhalb der Grenzen und unter den Bedingungen, die der Rat mit qualifizierter Mehrheit auf Vorschlag der Kommission und nach Anhörung des Europäischen Parlaments sowie des EWI festlegt, wird das EWI von den Behörden der Mitgliedstaaten zu allen Entwürfen für Rechtsvorschriften in seinem Zuständigkeitsbereich insbesondere im Hinblick auf Artikel 4.2 angehört.

5.4. Nach Artikel 109f Absatz 5 dieses Vertrages kann das EWI beschließen, seine Stellungnahmen und Empfehlungen zu veröffentlichen.

**Artikel 6**
**Operationelle und technische Aufgaben**

6.1. Dem EWI obliegt
- die Multilateralisierung der aus den Interventionen der nationalen Zentralbanken in Gemeinschaftswährungen entstehenden Salden und die Multilateralisierung des innergemeinschaftlichen Saldenausgleichs;
- die Verwaltung des im Abkommen vom 13. März 1979 zwischen den Zentralbanken der Mitgliedstaaten der Europäischen Wirtschaftsgemeinschaft über die Funktionsweise des Europäischen Währungssystems (im folgenden als „EWS-Abkommen" bezeichnet) vorgesehenen Systems der sehr kurzfristigen Finanzierung sowie des Systems des kurzfristigen Währungsbeistandes, das in der geänderten Fassung des Abkommens vom 9. Februar 1970 zwischen den Zentralbanken der Mitgliedstaaten der Europäischen Wirtschaftsgemeinschaft vorgesehen ist;
- die Erfüllung der Aufgaben nach Artikel 11 der Verordnung (EWG) Nr. 1969/88 des Rates vom 24. Juni 1988 zur Einführung eines einheitlichen Systems des mittelfristigen finanziellen Beistands zur Stützung der Zahlungsbilanzen der Mitgliedstaaten.

6.2. Das EWI kann von den nationalen Zentralbanken Währungsreserven entgegennehmen und zum Zwecke der Durchführung des EWS-Abkommens ECU als Gegenwert für diese Reserveaktiva ausgeben. Diese ECU können vom EWI und den nationalen Zentralbanken zum Saldenausgleich und für Geschäfte zwischen den Zentralbanken und dem EWI verwendet werden. Das EWI trifft die erforderlichen Verwaltungsmaßnahmen zur Durchführung dieser Bestimmung.

6.3. Das EWI kann den Währungsbehörden dritter Länder sowie internationalen Währungseinrichtungen den Status eines „sonstigen Halters" von ECU verleihen und die Bedingungen festlegen, zu denen ECU von sonstigen Haltern erworben, verwahrt oder verwendet werden können.

6.4. Das EWI ist befugt, auf Ersuchen nationaler Zentralbanken als deren Agent Währungsreserven zu halten und zu verwalten. Gewinne und Verluste bei diesen Reserven gehen zugunsten bzw. zu Lasten der nationalen Zentralbank, die die Reserven einlegt. Das EWI erfüllt diese Aufgabe auf der Grundlage bilateraler Verträge gemäß den Vorschriften, die in einer Entscheidung des EWI festgelegt sind. Diese Vorschriften stellen sicher, daß die Geschäfte mit diesen Reserven die Währungs- und die Wechselkurspolitik der zuständigen Währungsbehörden der Mitgliedstaaten nicht beeinträchtigen und den Zielen des EWI und dem reibungslosen Funktionieren des Wechselkursmechanismus des EWS entsprechen.

**Artikel 7**
**Sonstige Aufgaben**

7.1. Das EWI legt dem Rat alljährlich einen Bericht über den Stand der Vorbereitung der dritten Stufe vor. Diese Berichte enthalten eine Bewertung der Fortschritte auf dem Wege zur Konvergenz innerhalb der Gemeinschaft und behandeln insbesondere die Anpassung der geldpolitischen Instrumente und die Vorbereitung der für die Durchführung einer einheitlichen Währungspolitik in der dritten Stufe erforderlichen Verfahren sowie die rechtlichen Voraussetzungen, denen die nationalen Zentralbanken genügen müssen, um in das ESZB einbezogen zu werden.

7.2. Aufgrund von Beschlüssen des Rates nach Artikel 109f Absatz 7 dieses Vertrages kann das EWI weitere Aufgaben im Rahmen der Vorbereitung der dritten Stufe wahrnehmen.

**Artikel 8**
**Unabhängigkeit**

Die Mitglieder des Rates des EWI, die die Vertreter ihrer Institutionen sind, handeln bei der Ausübung ihrer Tätigkeit in eigener Verantwortung. Bei der Wahrnehmung der ihm durch diesen Vertrag und diese Satzung übertragenen Befugnisse, Aufgaben und Pflichten darf der Rat des EWI keinerlei Weisungen von Organen oder Einrichtungen der Gemeinschaft oder von Regierungen der Mitgliedstaaten einholen oder entgegennehmen. Die Organe und Einrichtungen der Gemeinschaft sowie die Regierungen der Mitgliedstaaten verpflichten sich, diesen Grundsatz zu beachten und nicht zu versuchen, den Rat des EWI bei der Wahrnehmung seiner Aufgaben zu beeinflussen.

**Artikel 9**
**Verwaltung**

9.1. Das EWI wird nach Artikel 109f Absatz 1 dieses Vertrages vom Rat des EWI geleitet und verwaltet.

9.2. Der Rat des EWI besteht aus dem Präsidenten sowie den Präsidenten der nationalen Zentralbanken, von denen einer zum Vizepräsidenten bestellt wird. Ist ein Präsident einer nationalen Zentralbank an der Teilnahme an einer Sitzung verhindert, so kann er einen anderen Vertreter seiner Institution benennen.

9.3. Der Präsident wird auf Empfehlung des Ausschusses der Präsidenten der Zentralbanken bzw. des Rates der EWI nach Anhörung des Europäischen Parlaments und des Rates von den Regierungen der Mitgliedstaaten auf der Ebene der Staats- und Regierungschefs einvernehmlich ernannt. Der Präsident wird aus dem Kreis der in Währungs- oder Bankfragen anerkannten und erfahrenen Persönlichkeiten ausgewählt. Nur Staatsangehörige der Mitgliedstaaten können Präsident des EWI sein. Der Rat des EWI ernennt den Vizepräsidenten. Der Präsident und der Vizepräsident werden für eine Amtszeit von drei Jahren ernannt.

9.4. Der Präsident erfüllt seine Pflichten hauptamtlich. Er darf weder entgeltlich noch unentgeltlich einer anderen Beschäftigung nachgehen, es sei denn, der Rat des EWI erteilt hierzu ausnahmesweise seine Zustimmung.

9.5. Der Präsident

- bereitet die Sitzungen des Rates des EWI vor und führt bei diesen Sitzungen den Vorsitz;
- vertritt unbeschadet des Artikels 22 die Auffassungen des EWI nach außen;
- ist verantwortlich für die laufende Verwaltung des EWI.

Bei Verhinderung des Präsidenten werden seine Aufgaben vom Vizepräsidenten wahrgenommen.

9.6. Die Beschäftigungsbedingungen für den Präsidenten, insbesondere sein Gehalt und sein Ruhegeld sowie andere Leistungen der sozialen Sicherheit, sind Gegenstand eines Vertrages mit dem EWI und werden vom Rat des EWI auf Vorschlag eines Ausschusses festgelegt, der aus drei vom Ausschluß der Präsidenten der Zentralbanken bzw. vom Rat des EWI sowie drei vom Rat ernannten Mitgliedern besteht. Der Präsident hat in Angelegenheiten des Satzes 1 kein Stimmrecht.

9.7. Ein Präsident, der die Voraussetzungen für die Ausübung seines Amtes nicht mehr erfüllt oder eine schwere Verfehlung begangen hat, kann auf Antrag des Rates des EWI durch den Gerichtshof seines Amtes enthoben werden.

9.8. Der Rat des EWI beschließt die Geschäftsordnung des EWI.

**Artikel 10**
**Sitzungen des Rates des EWI**
**und Abstimmungsverfahren**

10.1. Der Rat des EWI tritt mindestens zehnmal im Jahr zusammen. Die Aussprachen in den Ratssitzungen sind vertraulich. Der Rat des EWI kann einstimmig beschließen, das Ergebnis seiner Beratungen zu veröffentlichen.

10.2. Jedes Mitglied des Rates des EWI bzw. sein Stellvertreter hat eine Stimme.

10.3. Sofern in dieser Satzung nichts anderes bestimmt ist, faßt der Rat des EWI seine Beschlüsse mit der einfachen Mehrheit seiner Mitglieder.

10.4. Für Beschlüsse im Zusammenhang mit den Artikeln 4.2, 5.4, 6.2 und 6.3 ist Einstimmigkeit der Mitglieder des Rates des EWI erforderlich.
Für die Annahme von Stellungnahmen und Empfehlungen gemäß den Artikeln 5.1 und 5.2, von Entscheidungen gemäß den Artikeln 6.4, 16 und 23.6 sowie der Leitlinien nach Artikel 15.3 ist eine qualifizierte Mehrheit von zwei Dritteln der Mitglieder des Rates des EWI erforderlich.

**Artikel 11**
**Interinstitutionelle Zusammenarbeit**
**und Berichtspflichten**

11.1. Der Präsident des Rates und ein Mitglied der Kommission können an den Sitzungen des Rates des EWI teilnehmen, besitzen aber kein Stimmrecht.

11.2. Der Präsident des EWI wird zur Teilnahme an den Tagungen des Rates eingeladen, wenn dieser Fragen im Zusammenhang mit den Zielen und Aufgaben des EWI erörtert.

11.3. Das EWI erstellt zu einem in der Geschäftsordnung festzulegenden Zeitpunkt einen Jahresbericht über seine Tätigkeit sowie über die Währungs- und Finanzlage in der Gemeinschaft. Der Jahresbericht wird zusammen mit dem Jahresabschluß des EWI dem Europäischen Parlament, dem Rat und der Kommission sowie auch dem Europäischen Rat vorgelegt.
Der Präsident des EWI kann auf Ersuchen des Europäischen Parlaments oder auf seine Initiative hin von den zuständigen Ausschüssen des Europäischen Parlaments gehört werden.

11.4. Die vom EWI veröffentlichten Berichte werden Interessenten kostenlos zur Verfügung gestellt.

**Artikel 12**
**Währungsbezeichnung**

Die Geschäftsvorgänge des EWI werden in ECU ausgedrückt.

**Artikel 13**
**Sitz**

Vor Ende 1992 beschließen die Regierungen der Mitgliedstaaten auf der Ebene der Staats- und Regierungschefs im gegenseitigen Einvernehmen über den Sitz des EWI.

**Artikel 14**
**Rechtsfähigkeit**

Das EWI, das nach Artikel 109f Absatz 1 dieses Vertrages mit Rechtspersönlichkeit ausgestattet ist, besitzt in jedem Mitgliedstaat die weitestgehende Rechts- und Geschäftsfähigkeit, die juristischen Personen nach dessen Rechtsvorschriften zuerkannt ist. Es kann insbesondere bewegliches und unbewegliches Vermögen erwerben und veräußern sowie vor Gericht stehen.

**Artikel 15**
**Rechtsakte**

15.1. Zur Erfüllung seiner Aufgaben kann das EWI nach Maßgabe dieser Satzung
- Stellungnahmen abgeben;
- Empfehlungen aussprechen;
- Leitlinien verabschieden und Entscheidungen erlassen, die jeweils an die nationalen Zentralbanken gerichtet sind.

15.2. Die Stellungnahme und Empfehlungen des EWI sind nicht verbindlich.

15.3. Der Rat des EWI kann Leitlinien verabschieden, in denen die Verfahren für die Verwirklichung der Bedingungen festgelegt werden, die erforderlich sind, damit das ESZB in der dritten Stufe seine Aufgaben erfüllen kann. Die Leitlinien des EWI sind nicht verbindlich; sie werden der EZB zur Beschlußfassung vorgelegt.

15.4. Unbeschadet des Artikels 3.1 ist eine Entscheidung des EWI in allen ihren Teilen für diejenigen verbindlich, an die sie gerichtet ist. Die Artikel 190 und 191 dieses Vertrages sind auf diese Entscheidungen anwendbar.

### Artikel 16
### Finanzmittel

16.1. Das EWI wird mit Eigenmitteln ausgestattet. Der Rat des EWI legt den Umfang der Eigenmittel so fest, daß die Einkünfte erzielt werden können, die zur Deckung der bei der Erfüllung der Aufgaben des EWI anfallenden Aufgaben für erforderlich gehalten werden.

16.2. Die nach Artikel 16.1 festgelegten Mittel des EWI werden aus Beiträgen der nationalen Zentralbanken nach dem in Artikel 29.1 der Satzung des ESZB vorgesehenen Schlüssel aufgebracht und bei der Errichtung des EWI eingezahlt. Die für die Festlegung des Schlüssels benötigten statistischen Angaben werden von der Kommission nach Maßgabe der Bestimmungen zur Verfügung gestellt, die der Rat auf Vorschlag der Kommission und nach Anhörung des Europäischen Parlaments, des Ausschusses der Präsidenten der Zentralbanken sowie des in Artikel 109c dieses Vertrages bezeichneten Ausschusses mit qualifizierter Mehrheit beschließt.

16.3. Der Rat des EWI legt fest, in welcher Form die Beiträge einzuzahlen sind.

### Artikel 17
### Jahresabschlüsse und Rechnungsprüfung

17.1. Das Haushaltsjahr des EWI beginnt am 1. Januar und endet am 31. Dezember.

17.2. Der Rat des EWI beschließt vor Beginn eines jeden Haushaltsjahres den Jahreshaushaltsplan.

17.3. Der Jahresabschluß wird nach den vom Rat des EWI aufgestellten Grundsätzen erstellt. Der Jahresabschluß wird vom Rat des EWI festgestellt und sodann veröffentlicht.

17.4. Der Jahresabschluß wird von unabhängigen externen Rechnungsprüfern, die vom Rat des EWI anerkannt wurden, geprüft. Die Rechnungsprüfer sind befugt, alle Bücher und Konten des EWI zu prüfen und alle Auskünfte über dessen Geschäfte zu verlangen.
Artikel 188c dieses Vertrages ist nur auf eine Prüfung der operationellen Effizienz der Finanzverwaltung des EWI anwendbar.

17.5. Ein Überschuß des EWI wird in der folgenden Reihenfolge verteilt:
a) Ein vom Rat des EWI zu bestimmender Betrag wird dem allgemeinen Reservefonds des EWI zugeführt.
b) Ein verbleibender Überschuß wird nach dem in Artikel 16.2 genannten Schlüssel an die nationalen Zentralbanken ausgeschüttet.

17.6. Falls das EWI einen Verlust erwirtschaftet, wird der Fehlbetrag aus dem allgemeinen Reservefonds des EWI gezahlt. Ein noch verbleibender

Fehlbetrag wird durch Beiträge der nationalen Zentralbanken nach dem in Artikel 16.2 genannten Schlüssel ausgeglichen.

**Artikel 18**
**Personal**

18.1. Der Rat des EWI legt die Beschäftigungsbedingungen für das Personal des EWI fest.

18.2. Der Europäische Gerichtshof ist für alle Streitsachen zwischen dem EWI und seinen Bediensteten innerhalb der Grenzen und unter den Bedingungen zuständig, die sich aus den Beschäftigungsbedingungen ergeben.

**Artikel 19**
**Gerichtliche Kontrolle**
**und damit verbundene Angelegenheiten**

19.1. Die Handlungen und Unterlassungen des EWI unterliegen in den Fällen und unter Bedingungen, die in diesem Vertrag vorgesehen sind, der Überprüfung und Auslegung durch den Gerichtshof. Das EWI ist in den Fällen und unter den Bedingungen, die in diesem Vertrag vorgesehen sind, klageberechtigt.

19.2. Über Rechtsstreitigkeiten zwischen dem EWI einerseits und seinen Gläubigern, Schuldnern oder dritten Personen andererseits entscheiden die zuständigen Gerichte der einzelnen Mitgliedstaaten vorbehaltlich der Zuständigkeiten, die dem Gerichtshof zuerkannt sind.

19.3. Das EWI unterliegt der Haftungsregelung des Artikels 215 dieses Vertrages.

19.4. Der Gerichtshof ist für Entscheidungen aufgrund einer Schiedsklausel zuständig, die in einem vom EWI oder für seine Rechnung abgeschlossenen öffentlich-rechtlichen oder privat-rechtlichen Vertrag enthalten ist.

19.5. Für einen Beschluß des EWI, den Gerichtshof anzurufen, ist der Rat des EWI zuständig.

**Artikel 20**
**Geheimhaltung**

20.1. Die Mitglieder des Rates und des Personals des EWI dürfen auch nach Beendigung ihres Dienstverhältnisses keine der Geheimhaltungspflichten unterliegenden Informationen weitergeben.

20.2. Auf Personen mit Zugang zu Daten, die unter Gemeinschaftsvorschriften fallen, die eine Verpflichtung zur Geheimhaltung vorsehen, finden diese Gemeinschaftsvorschriften Anwendung.

**Artikel 21**
**Vorrechte und Befreiungen**

Das EWI genießt im Hoheitsgebiet der Mitgliedstaaten die zur Erfüllung seiner Aufgaben erforderlichen Vorrechte und Befreiungen nach Maßgabe des Protokolls über die Vorrechte und Befreiungen der Europäischen Gemeinschaften im Anhang zum Vertrag zur Einsetzung eines gemeinsamen Rates und einer gemeinsamen Kommission der Europäischen Gemeinschaften.

**Artikel 22**
**Unterschriftsberechtigte**

Das EWI wird Dritten gegenüber durch den Präsidenten oder den Vizepräsidenten oder durch die Unterschriften zweier vom Präsidenten zur Zeichnung im Namen des EWI gehörig ermächtigter Bediensteter des EWI rechtswirksam verpflichtet.

**Artikel 23**
**Liquidation des EWI**

23.1. Nach Artikel 109l dieses Vertrages wird das EWI bei Errichtung der EZB liquidiert. Alle Vermögenswerte und Verbindlichkeiten des EWI gehen dann automatisch auf die EZB über. Letztere liquidiert das EWI gemäß diesem Artikel. Die Liquidation muß bei Beginn der dritten Stufe abgeschlossen sein.

23.2. Der in Artikel 17 des EWS-Abkommens vorgesehene Mechanismus für die Schaffung von ECU gegen Einbringung von Gold und US-Dollars wird am ersten Tag der dritten Stufe nach Artikel 20 des genannten Abkommens abgewickelt.

23.3. Sämtliche Forderungen und Verbindlichkeiten aufgrund des Systems der sehr kurzfristigen Finanzierung und des Systems des kurzfristigen Währungsbeistandes gemäß den in Artikel 6.1 genannten Abkommen werden bis zum ersten Tag der dritten Stufe ausgeglichen.

23.4. Alle verbleibenden Vermögenswerte des EWI werden veräußert, und alle verbleibenden Verbindlichkeiten des EWI werden ausgeglichen.

23.5. Der Erlös der Liquidation gemäß Artikel 23.4 wird an die nationalen Zentralbanken nach dem in Artikel 16.2 genannten Schlüssel verteilt.

23.6. Der Rat des EWI kann die für die Anwendung der Artikel 23.4 und 23.5 erforderlichen Maßnahmen erlassen.

23.7. Mit Errichtung der EZB legt der Präsident des EWI sein Amt nieder.

## Protokoll über das Verfahren bei einem übermäßigen Defizit

DIE HOHEN VERTRAGSPARTEIEN –

IN DEM WUNSCH, die Einzelheiten des in Artikel 104c des Vertrages zur Gründung der Europäischen Gemeinschaft genannten Verfahrens bei einem übermäßigen Defizit festzulegen –

SIND über folgende Bestimmungen ÜBEREINGEKOMMEN, die dem Vertrag zur Gründung der Europäischen Gemeinschaft beigefügt sind:

### Artikel 1

Die in Artikel 104c Absatz 2 dieses Vertrages genannten Referenzwerte sind
- 3 % für das Verhältnis zwischen dem geplanten oder tatsächlichen öffentlichen Defizit und dem Bruttoinlandsprodukt zu Marktpreisen,
- 60 % für das Verhältnis zwischen dem öffentlichen Schuldenstand und dem Bruttoinlandsprodukt zu Marktpreisen.

### Artikel 2

In Artikel 104c dieses Vertrages und in diesem Protokoll bedeutet
- „öffentlich" zum Staat, d. h. zum Zentralstaat (Zentralregierung), zu regionalen oder lokalen Gebietskörperschaften oder Sozialversicherungseinrichtungen gehörig, mit Ausnahme von kommerziellen Transaktionen, im Sinne des Europäischen Systems volkswirtschaftlicher Gesamtrechnungen;
- „Defizit" das Finanzierungsdefizit im Sinne des Europäischen Systems volkswirtschaftlicher Gesamtrechnungen;
- „Investitionen" die Brutto-Anlageinvestitionen im Sinne des Europäischen Systems volkswirtschaftlicher Gesamtrechnungen;
- „Schuldenstand" den Brutto-Gesamtschuldenstand zum Nominalwert am Jahresende nach Konsolidierung innerhalb und zwischen den einzelnen Bereichen des Staatssektors im Sinne des ersten Gedankenstrichs.

### Artikel 3

Um die Wirksamkeit des Verfahrens bei einem übermaßigen Defizit zu gewährleisten, sind die Regierungen der Mitgliedstaaten im Rahmen dieses Verfahrens für die Defizite des Staatssektors im Sinne von Artikel 2 erster Gedankenstrich verantwortlich. Die Mitgliedstaaten gewährleisten, daß die innerstaatlichen Verfahren im Haushaltsbereich sie in die Lage versetzen, ihre sich aus diesem

Vertrag ergebenden Verpflichtungen in diesem Bereich zu erfüllen. Die Mitgliedstaaten müssen ihre geplanten und tatsächlichen Defizite und die Höhe ihres Schuldenstandes der Kommission unverzüglich und regelmäßig mitteilen.

### Artikel 4

Die zur Anwendung dieses Protokolls erforderlichen statistischen Daten werden von der Kommission zur Verfügung gestellt.

## Protokoll über die Konvergenzkriterien nach Artikel 109j des Vertrages zur Gründung der Europäischen Gemeinschaft

DIE HOHEN VERTRAGSPARTEIEN –

IN DEM WUNSCH, die in Artikel 109j Absatz 1 des Vertrages zur Gründung der Europäischen Gemeinschaft aufgeführten Konvergenzkriterien, welche die Gemeinschaft bei der Beschlußfassung über den Eintritt in die dritte Stufe der Wirtschafts- und Währungsunion leiten sollen, näher festzulegen –

SIND über folgende Bestimmungen ÜBEREINGEKOMMEN, die dem Vertrag zur Gründung der Europäischen Gemeinschaft beigefügt sind:

### Artikel 1

Das in Artikel 109j Absatz 1 erster Gedankenstrich dieses Vertrages genannte Kriterium der Preisstabilität bedeutet, daß ein Mitgliedstaat eine anhaltende Preisstabilität und eine während des letzten Jahres vor der Prüfung gemessene durchschnittliche Inflationsrate aufweisen muß, die um nicht mehr als 1,5 Prozentpunkte über der Inflationsrate jener – höchstens drei – Mitgliedstaaten liegt, die auf dem Gebiet der Preisstabilität das beste Ergebnis erzielt haben. Die Inflation wird anhand des Verbraucherpreisindexes auf vergleichbarer Grundlage unter Berücksichtigung der unterschiedlichen Definitionen in den einzelnen Mitgliedstaaten gemessen.

### Artikel 2

Das in Artikel 109j Absatz 1 zweiter Gedankenstrich dieses Vertrages genannte Kriterium der Finanzlage der öffentlichen Hand bedeutet, daß zum Zeitpunkt der Prüfung keine Ratsentscheidung nach Artikel 104c Absatz 6 dieses Vertrags vorliegt, wonach in dem betreffenden Mitgliedstaat ein übermäßiges Defizit besteht.

**Artikel 3**

Das in Artikel 109j Absatz 1 dritter Gedankenstrich dieses Vertrages genannte Kriterium der Teilnahme am Wechselkursmechanismus des Europäischen Währungssystems bedeutet, daß ein Mitgliedstaat die im Rahmen des Wechselkursmechanismus des Europäischen Währungssystems vorgesehenen normalen Bandbreiten zumindest in den letzten zwei Jahren vor der Prüfung ohne starke Spannungen eingehalten haben muß. Insbesondere darf er den bilateralen Leitkurs seiner Währung innerhalb des gleichen Zeitraums gegenüber der Währung eines anderen Mitgliedstaates nicht von sich aus abgewertet haben.

**Artikel 4**

Das in Artikel 109j Absatz 1 vierter Gedankenstrich dieses Vertrages genannte Kriterium der Konvergenz der Zinssätze bedeutet, daß im Verlauf von einem Jahr vor der Prüfung in einem Mitgliedstaat der durchschnittliche langfristige Nominalzinssatz um nicht mehr als 2 Prozentpunkte über dem entsprechenden Satz in jenen – höchstens drei – Mitgliedstaaten liegt, die auf dem Gebiet der Preisstabilität das beste Ergebnis erzielt haben. Die Zinssätze werden anhand langfristiger Staatsschuldverschreibungen oder vergleichbarer Wertpapiere unter Berücksichtigung der unterschiedlichen Definitionen in den einzelnen Mitgliedstaaten gemessen.

**Artikel 5**

Die zur Anwendung dieses Protokolls erforderlichen statistischen Daten werden von der Kommission zur Verfügung gestellt.

**Artikel 6**

Der Rat erläßt auf Vorschlag der Kommission nach Anhörung des Europäischen Parlaments und des EWI bzw. der EZB sowie des in Artikel 109c genannten Ausschusses einstimmig geeignete Vorschriften zur Festlegung der Einzelheiten der in Artikel 109j dieses Vertrages genannten Konvergenzkriterien, die dann an die Stelle dieses Protokolls treten.

# Grünbuch

## Über die praktischen Fragen des Übergangs zur einheitlichen Währung

(von der Kommission vorgelegt)

## VORWORT

### Europa wird eine einheitliche Währung haben

Bis zur Jahrhundertwende wird Europa eine starke und stabile einheitliche Währung haben. Dies ist der Wille der Regierungen und Völker, den sie mit der Unterzeichnung und Ratifizierung des Vertrags über die Europäische Union bekundet haben.

Die Umstellung ist ein komplexer und politisch nicht einfacher Schritt, der mit entsprechend großer Sorgfalt vorbereitet werden muß. Die zweite Stufe der Wirtschafts- und Währungsunion hat am 1. Januar 1994 begonnen. Sie ist die im Vertrag vorgesehene Vorbereitungszeit, die mit der endgültigen und unwiderruflichen Festlegung der Umrechnungskurse spätestens am 1. Januar 1999 enden wird.

Wie die einheitliche Währung im einzelnen einzuführen ist, läßt der Vertrag allerdings offen. Er fordert lediglich eine „rasche" Einführung der ECU[1] nach der unwiderruflichen Festlegung der Umrechnungskurse. Es ist nun an der Zeit, einen Schritt weiter zu gehen. Dieses Grünbuch soll zur Diskussion darüber beitragen, wie dieses Ziel am besten zu erreichen ist.

### Die Konvergenzkriterien sind von vorrangiger Bedeutung

Die Notwendigkeit, sich den technischen Fragen zuzuwenden, schmälert keinesfalls die vorrangige Bedeutung der wirtschaftlichen Konvergenz. Sie ist Kernstück des Vertrags und unverzichtbare Voraussetzung für eine starke und stabile einheitliche Währung, die mindestens ebenso stark ist wie die stärkste nationale Währung. Zur Beurteilung dieser Konvergenz sieht der Vertrag vier Kriterien vor. Eines dieser Kriterien, das Kriterium für die öffentlichen Finan-

[1] Das Wort „ECU" wird im Grünbuch in gleicher Weise wie im Vertrag verwendet. Im Hinblick auf die Akzeptanz der einheitlichen Währung durch die Öffentlichkeit ist wichtig, daß die Frage der Währungsbezeichnung für die technischen Vorbereitungen kein Hindernis darstellt. Gegebenenfalls muß diese Frage auf politischer Ebene erörtert werden.

zen, umfaßt sowohl die Haushaltsdefizite als auch den öffentlichen Schuldenstand.

Diese vier Kriterien sind nicht nur Schlüsselindikatoren für eine solide Wirtschaftspolitik, sondern auch objektive Grundlage für eine politische Entscheidung. Sie müssen sowohl vor als auch nach dem Übergang zur einheitlichen Währung ohne Einschränkung und in vollem Umfang eingehalten werden.

Der Vertrag sieht Verfahren vor, um die Einhaltung der Kriterien zu gewährleisten, und belegt Ihre Nichteinhaltung mit Sanktionen. Nur so kann die Währungsunion auf ein solides Fundament gegründet und ihre Dauerhaftigkeit gewährleistet werden. Nur auf diese Weise kann auch das stabile wirtschaftliche Umfeld geschaffen werden, das Europa braucht, um ein rascheres Wachstum zu erreichen und mehr Arbeitsplätze zu schaffen.

In den letzten beiden Jahren wurden bei der Erfüllung der Kriterien stetige Fortschritte erzielt. Dies gilt insbesondere für die Preisstabilität und die Verringerung der Zinsgefälle zwischen den Mitgliedstaaten. Insgesamt sind die Konvergenzfortschritte allerdings nach wie vor unzureichend, vor allem im Bereich der öffentlichen Finanzen. Hier müssen die Mitgliedstaaten ihre Anstrengungen verstärken. [...]

## EINFÜHRUNG

1. Zur Jahrhundertwende wird Europa eine starke und stabile einheitliche Währung haben. Mit der Unterzeichnung und Ratifizierung des Vertrags über die Europäische Union haben die Völker und Regierungen Europas diesen Wunsch zum Ausdruck gebracht.

Kernpunkt dieses Vertrags ist die Wirtschafts- und Währungsunion. Frieden und Wohlstand waren von Anfang an die Hauptziele, die mit dem Aufbau Europas verfolgt wurden.

Heute macht der Handel zwischen den Mitgliedstaaten 60 % des gesamten Außenhandels der Union aus. Die Verwirklichung des Gemeinsamen Marktes und die Liberalisierung des Kapitalverkehrs bedürfen einer logischen und wesentlichen Ergänzung: der einheitlichen Währung.

In den letzten Jahren haben der nicht hinnehmbare Anstieg der Arbeitslosigkeit, die durch die Rezession bedingten Schwierigkeiten und die übermäßigen bzw. nicht gerechtfertigten Kursschwankungen an den Devisen- und Kapitalmärkten die Fortschritte auf dem Wege zur Wirtschafts- und Währungsunion in Europa geschmälert. In bestimmten Bereichen der öffentlichen Meinung wurden zunehmend Zweifel geäußert. Wirtschafts- und Finanzkreise stellten die Zweckmäßigkeit, Glaubwürdigkeit und Durchführbarkeit der einheitlichen Währung in Frage.

Die Union wäre diesen Schwierigkeiten jedoch besser gewachsen gewesen, wenn es die einheitliche Währung bereits gegeben hätte. Diese Überzeugung setzt sich mehr und mehr durch und stärkt die Bindung der Mitgliedstaaten an den Vertrag über die Europäische Union, nun geht es darum, die europäische Öffentlichkeit zu gewinnen.

Die einheitliche Währung läßt sich nicht per Dekret verordnen. Europa ist den demokratischen Grundsätzen zutiefst verpflichtet: Ein derart wichtiger historischer Schritt muß von den Bürgern gewollt sein. Die europäischen Institutionen müssen dafür sorgen, daß sich diese Entwicklung, die einen jeden von uns in seinem alltäglichen Leben betrifft, als offener, transparenter Prozeß vollzieht.

Dies ist das Ziel des Grünbuchs der Europäischen Kommission: Es soll dazu beitragen, daß die Europäer stolz auf ihre Währung sind und soll sie ermutigen, an deren Verwirklichung mitzuarbeiten.

Dabei ergeben sich dreierlei Fragen:

- Weshalb eine einheitliche Währung? Was bringt sie den Europäern? Welche Ängste sind damit verbunden?
- Was sieht der Vertrag bezüglich der Wirtschafts- und Währungsunion vor?
- Wozu braucht man heute ein Grünbuch? Inwieweit kann es wirklich von Nutzen sein? Welche Fragen, welche Antworten werden die Unionsbürger, die Unternehmen, Banken, öffentlichen Verwaltungen – kurz alle, die am Übergang zur einheitlichen Währung beteiligt sind, darin finden?

## Abschnitt 1
## Die einheitliche Währung als Faktor von Stabilität und Wohlstand

2. Die zunehmende Integration der europäischen Wirtschaften erfordert eine stärkere monetäre Koordination, vor allem vor dem Hintergrund des Verschwindens fixer Wechselkurssysteme und der Globalisierung der Weltwirtschaft.

Die Schaffung des Europäischen Währungssystems war der erste Schritt in diese Richtung; die Währungsschwankungen der letzten Jahre haben jedoch gezeigt, daß es notwendig ist, weiter zu gehen.

Nur die einheitliche Währung und das damit verbundene stabilitätspolitische Umfeld wird den Europäern die folgenden zahlreichen konkreten Vorteile verschaffen:

- ein effizienterer Binnenmarkt, sobald die einheitliche Währung geschaffen ist;
- Wachstum und Beschäftigung werden angeregt;

- Wegfall der mit der Existenz mehrerer europäischer Währungen verbundenen Mehrkosten;
- größere internationale Stabilität;
- vermehrte gemeinsame monetäre Souveränität der Mitgliedstaaten.

**Eine wesentliche Ergänzung des Binnenmarkts**

3. Wenn der Binnenmarkt einwandfrei funktionieren soll, muß vermieden werden, daß Wechselkursschwankungen den Handelsverkehr oder die Investitionen dadurch stören, daß sich ihre Rentabilität in unvorhersehbarer Weise ändert. Selbst geringe Wechselkursveränderungen können das vertragliche Gleichgewicht zwischen zwei europäischen Unternehmen ganz empfindlich stören und gleichzeitig den relativen Wohlstand der Bürger und die Kaufkraft der Verbraucher beeinträchtigen. Nur bei einer einheitlichen Währung, welche die größtmögliche Anzahl von Mitgliedstaaten umfaßt, werden Unternehmen und Private vor solchen Störungen geschützt sein.

Dadurch können auch zum ersten Mal die Güter- und Dienstleistungspreise über die Grenzen hinweg wirklich miteinander verglichen werden. Für Verbraucher als auch für Unternehmer ist dies von Vorteil, da Wettbewerb und Handel innerhalb des Binnenmarktes gestärkt werden.

**Ein Stimulus für Wachstum und Beschäftigung**

4. Die einheitliche Währung wird Investitionen und Beschäftigung auf zweierlei Weise fördern:

- weil sie sich auf einen soliden, wirtschaftlichen Rahmen stützt, in dem die öffentlichen Defizite unter Kontrolle sind. Dies fördert den Handel, verbessert die Allokation von Ressourcen, regt eine zunehmende Ersparnis und Wachstum an und schafft schließlich Arbeitsplätze und einen höheren Lebensstandard;
- weil die Europäische Zentralbank über die Mittel zur Erfüllung ihres vorrangigen Zieles – Sicherung der Preisstabilität und der monetären Stabilität in Europa – verfügen wird. Die klar definierte Aufgabe, der unabhängige Status der EZB und die ihr zur Verfügung stehenden Mittel werden das Vertrauen der Märkte stärken. Dieses Vertrauen wird den Weg zu niedrigeren Zinsen – insbesondere den langfristigen – ebnen, eine vor allem für den Mittelstand begrüßenswerte Entwicklung.

### Kosteneinsparungen

5. Die Transaktionskosten (Kosten von Devisengeschäften oder der Absicherung des Wechselkursrisikos) werden innerhalb der Währungsunion wegfallen. Diese Kosten sind keineswegs unbedeutend: sie werden auf 0,5 % des Bruttoinlandprodukts der Union, d.h. 20–25 Mrd. ECU, veranschlagt.

Diese Kosten entstehen jedem einzelnen. Wenn beispielsweise eine Privatperson mit 1.000 DM, FF, brit. Pfund oder dem Gegenwert in einer anderen europäischen Währung von zu Hause aus nacheinander durch die Staaten der Union reist und an jeder Grenze ihr Geld in die jeweilige Landeswährung umtauscht, bleiben ihr bei der Rückkehr nach Hause nur noch 500 DM, FF, brit. Pfund oder der entsprechende Gegenwert in der anderen Währung, ohne sie unterwegs irgend etwas gekauft hätte.

### Ein Beitrag zur internationalen Stabilität

6. Die Europäische Union ist die größte Handelsmacht der Welt. Ihre Währung wird daher zu einer der wichtigsten Handels – und Reservewährungen werden, die gleichberechtigt neben dem USD oder dem YEN steht.

Die Europäer werden ihre Einfuhren aus dem Ausland mehr und mehr in ihrer eigenen Währung bezahlen können. Europäische Unternehmen werden ihre Produkte beim Export zunehmend in ihrer eigenen Währung fakturieren können. Sie werden in der Lage sein, die Rentabilität ihrer Investitionsprogramme auf solider Grundlage zu kalkulieren und so die Beschäftigung sichern.

Mit einer international anerkannten Währung wird Europa gemeinsam mit seinen amerikanischen und japanischen Partnern außerdem besser dazu in der Lage sein, eine größere Stabilität des internationalen Währungssystems anzustreben.

### Eine gestärkte gemeinsame Währungssouveränität

7. Für manche bedeutet der Übergang zur einheitlichen Währung den Verlust der nationalen Währungssouveränität. Wie unabhängig ist die Geldpolitik heute aber in Wirklichkeit? In einer interdependenten Wirtschaft mit freiem Kapitalverkehr ist die Verfolgung einer autonomen Geldpolitik keine glaubwürdige Alternative mehr. Die Mitgliedstaaten werden nur ein Privileg verlieren, welches sie in der Praxis nicht nutzen können. Indem sie die Geldpolitik der WWU gemeinsam festlegen, werden die teilnehmenden Zentralbanken eine neue Art gemeinsamer Währungssouveränität ausüben – eine geteilte, aber wirkungsvolle Verantwortung für eine der besten und stärksten Währungen der Welt.

## Mögliche Bedenken

8. Eine einheitliche Währung bedeutet unwiderruflich feste Wechselkurse. Es bestehen daher von verschiedenen Seiten Bedenken, daß das Wechselkursinstrument nicht mehr zur Bewältigung bestimmter Schwierigkeiten zur Verfügung steht. Aber dieses Instrument schafft nur unter ganz bestimmten Umständen und in der Regel nur vorübergehend Erleichterung. In den meisten Fällen kann solchen Schwierigkeiten besser mit anderen Mitteln wie der Fiskalpolitik oder dem Funktionieren der Arbeitsmärkte begegnet werden, die in der Verantwortung der Mitgliedstaaten liegen. Deshalb betont der Vertrag die Notwendigkeit eines hohen Maßes an Konvergenz und das Prinzip einer offenen Marktwirtschaft mit freiem Wettbewerb. Gerät ein Mitgliedsland durch außergewöhnliche Vorkommnisse, die nicht in seinem Einflußbereich liegen, in Schwierigkeiten, so sieht der Vertrag gleichwohl unter bestimmten Bedingungen die Möglichkeit der Gewährung eines finanziellen Beistands durch die Gemeinschaft vor, über die der Rat zu entscheiden hat. [...]

# Vorbereitung für die Stufe Drei[1]

## 1. Der Übergang zur einheitlichen Währung

### 1.1 Hauptmerkmale des Übergangsszenarios

Die Durchführung des Übergangs orientiert sich an den folgenden *fünf Grundsätzen,* die für die Gewährleistung der Transparenz und öffentlichen Akzeptanz des Prozesses unerläßlich sind:

1) Für die Einführung des Euro und die vollständige Ersetzung der nationalen Währungen der am Euro-Währungsraum teilnehmenden Mitgliedstaaten durch den Euro ist ein eindeutiger rechtlicher Rahmen, der mit dem EG-Vertrag übereinstimmen muß, unverzichtbar.
2) Der Übergang muß relativ einfach und benutzerfreundlich gestaltet werden, damit er für jeden Bürger glaubwürdig wird.
3) Der Übergang muß effizient und kostengünstig verwirklicht werden sowie darauf abzielen, Wettbewerbsverzerrungen zu vermeiden.
4) Der Übergang muß so organisiert werden, daß die wirksame Umsetzung der einheitlichen Geld- und Währungspolitik erleichtert wird, die ab Beginn der Stufe Drei der WWU vom ESZB mit dem Ziel der Sicherung der Preisstabilität durchgeführt wird.
5) Den privaten Wirtschaftssubjekten steht es mit Beginn der Stufe Drei frei, den Euro zu verwenden. Sie werden dazu jedoch nicht vor Ablauf der für die Vollendung des Übergangs gesetzten Frist verpflichtet sein. Soweit wie möglich wird es ihnen gestattet sein, eigene Mechanismen für den Übergang zu entwickeln. Die Umsetzung dieser Grundsätze wird jedoch den Marktpraktiken hinsichtlich der Standardisierung Rechnung tragen.

Um sicherzustellen, daß der Übergangsprozeß ordnungsgemäß und zügig verläuft, wurde für die einzelnen Schritte ein auf entscheidenden Stichtagen beruhender Zeitplan bekanntgegeben. Der Prozeß zur Vollendung des Übergangs wird von *vier wichtigen Terminen* gekennzeichnet:

1) *So früh wie möglich im Jahre 1998* wird der Rat in der Zusammensetzung der Staats- und Regierungschefs bestätigen, welche Mitgliedstaaten die not-

[1] EWI-Jahresbericht 1995

wendigen Voraussetzungen für die Teilnahme am Euro-Währungsraum erfüllen. Danach werden so bald wie möglich das Direktorium der Europäischen Zentralbank (EZB) ernannt sowie die EZB und das Europäische System der Zentralbanken (ESZB) errichtet werden.

2) Die Stufe Drei wird am *1. Januar 1999* mit der unwiderruflichen Festlegung der Umrechnungskurse zwischen den Währungen der teilnehmenden Mitgliedstaaten und gegenüber dem Euro beginnen. Eine Ratsverordnung wird am 1.Januar 1999 in Kraft treten und den rechtlichen Rahmen für die Verwendung des Euro, der von diesem Tag an zur eigenständigen Währung wird, vorsehen. Die nationalen Währungen und der Euro werden zu unterschiedlichen Ausprägungen der in wirtschaftlicher Hinsicht gleichen Währung. Die Ratsverordnung wird die rechtlich durchsetzbare Gleichwertigkeit des Euro und der jeweiligen nationalen Währung begründen. Die nationalen Banknoten bleiben bis zur Einführung der auf Euro lautenden Noten innerhalb der Hoheitsgebiete der jeweiligen Länder die einzigen Banknoten mit der Eigenschaft eines gesetzlichen Zahlungsmittels. Die technischen Vorbereitungsarbeiten für diese Verordnung werden spätestens Ende 1996 abgeschlossen sein. Das ESZB wird mit der Durchführung seiner einheitlichen Geld- und Währungspolitik in Euro beginnen.
3) *Spätestens am 1.Januar 2002* werden auf Euro lautende Banknoten und Münzen in Umlauf gebracht, und das ESZB wird beginnen, sie gegen nationale Noten und Münzen umzutauschen.
4) *Höchstens sechs Monate danach* werden die nationalen Währungen in allen teilnehmenden Ländern vollständig durch den Euro ersetzt sein, und der Übergang zur einheitlichen Währung wird abgeschlossen sein. Die nationalen Banknoten und Münzen verlieren ihre Gültigkeit als gesetzliche Zahlungsmittel, und die Euro-Noten und -Münzen werden zum einzig gültigen gesetzlichen Zahlungsmittel innerhalb des Euro-Währungsraums. Die nationalen Banknoten und Münzen können auch noch danach gebührenfrei bei den nationalen Zentralbanken umgetauscht werden.

Die zwischen diesen vier Terminen liegenden Zeiträume grenzen *drei verschiedene Phasen* des Übergangsprozesses ab. Die wichtigsten von den Behörden zu ergreifenden Schritte werden in Tabelle 9 in Form einer Übersicht dargelegt.

Die *erste Phase* erstreckt sich von der Entscheidung, zur Stufe Drei überzugehen, bis zu ihrem tatsächlichen Beginn. Innerhalb dieses Zeitraums wird die EZB errichtet werden, so daß ihre Beschlußorgane über den vom ESZB zur Erfüllung seiner Aufgaben in der Stufe Drei benötigten Rahmen entscheiden, diesen einrichten und erproben können. Außerdem können sie dann den Einführungstermin der Euro-Banknoten bekanntgeben und deren Herstellung anlaufen lassen. Die Behörden der Gemeinschaft werden eine Reihe von

*Tabelle: Die wichtigsten von den Behörden zu ergreifenden Schritte*

| | **Abgrenzung der Phase** | **Wichtige zu ergreifende Schritte innerhalb jeder Phase** |
|---|---|---|
| | **Anfang 1998** | |
| **1. Phase** | Entscheidung der Staats- und Regierungschefs über die am Euro-Währungsraum teilnehmenden Mitgliedstaaten<br><br>**1. Januar 1999** | ▪ Errichtung der EZB und des ESZB und Sicherstellung ihrer Betriebsbereitschaft<br>▪ Erlaß sekundärer Rechtsvorschriften hinsichtlich der Errichtung des ESZB<br>▪ Entscheidung über den Rahmen und abschließende Erprobung des Rahmens für das ESZB, das vom ersten Tag der Stufe Drei ausschließlich in Euro arbeitet<br>▪ Beginn der Herstellung der Euro-Banknoten und -Münzen und Bekanntgabe ihres Einführungstermins<br>▪ Start einer breit angelegten öffentlichen Aufklärungskampagne |
| **2. Phase** | Start der Stufe Drei der WWU:<br>▪ unwiderrufliche Festlegung der Umrechnungskurse zwischen den Währungen der teilnehmenden Mitgliedstaaten und gegenüber dem Euro<br>▪ Inkrafttreten von gesetzlichen Regelungen im Zusammenhang mit der Einführung des Euro<br>▪ Einführung des Euro für bargeldlose Transaktionen<br><br>Einführung der auf Euro lautenden Banknoten und Münzen<br>**Spätestens am 1. Januar 2002** | ▪ Durchführung der einheitlichen Geld- und Währungspolitik durch das ESZB vom ersten Tag in Euro<br>▪ Betriebsbeginn des TARGET-Systems<br>▪ Bereitstellung von Konvertoren für Geschäftspartner, die nicht selbst in der Lage sind, Euro-Beträge in nationale Währungen und umgekehrt umzurechnen<br>▪ Umtausch der nationalen Banknoten zu ihrer jeweiligen Parität (Art . 52 der ESZB /EZB-Satzung)<br>▪ Überwachung des Fortschritts beim Übergang in der Privatwirtschaft und Hilfestellung, wenn diese angemessen ist<br>▪ Vorbereitung des Übergangs bei den öffentlichen Verwaltungen<br>▪ Neuemissionen handelbarer öffentlicher Schuldtitel in Euro |
| **3. Phase** | Nationale Banknoten und Münzen verlieren ihre Gültigkeit als gesetzliche Zahlungsmittel<br>**Spätestens am 1. Julli 2002** | ▪ Umsetzung des vollständigen Übergangs in der öffentlichen Verwaltung<br>▪ Einziehen der nationalen Banknoten und Münzen<br>▪ Überwachung des vollständigen Übergangs in der Privatwirtschaft |

Rechtsvorschriften im Hinblick auf den Beginn der Stufe Drei erlassen. Die Privatwirtschaft in den zur Teilnahme am Euro-Währungsraum bestimmten Mitgliedsländern, insbesondere der Banken- und Finanzbereich, wird die technischen und organisatorischen Anpassungen vorbereiten, die notwendig sind, um mit der Verwendung des Euro in der Stufe Drei beginnen zu können.

Die *zweite Phase* reicht vom Beginn der Stufe Drei bis zu dem Tage, an dem die auf Euro lautenden Banknoten und Münzen in Umlauf gebracht werden, Zu Beginn dieser Phase ergreift das ESZB folgende Maßnahmen:

- Das ESZB kündigt sämtliche geld- und währungspolitischen Transaktionen in Euro an und wickelt sie auch in Euro ab. Alle Konten der Geschäftspartner bei ihm unterhalten, werden in Euro geführt.
- Die nationalen Zentralbanken können den Finanzinstituten, die die erforderlichen Konvertoren zur Umrechnung von Euro-Beträgen in nationale Währungen und umgekehrt nicht selbst einrichten konnten, entsprechende Fazilitäten zur Verfügung stellen. Diese werden aber spätestens dann eingestellt, wenn die nationalen Banknoten ihre Gültigkeit als gesetzliche Zahlungsmittel verlieren.
- Das ESZB wird die Koordinierung der von den Marktteilnehmern unternommenen Schritte unterstützen, um das reibungslose Funktionieren eines den gesamten Währungsraum umfassenden, auf dem Euro beruhenden Geldmarktes zu gewährleisten. Es wird zur Festlegung der Hauptbestandteile eines solchen Marktes beitragen und ein Echtzeit-Bruttosystem (das TARGET-System) zur Verfügung stellen, wobei das Interlinking-System in Euro arbeiten wird und die nationalen RTGS-Systeme von Anfang an ebenfalls dazu in der Lage sein werden.
- Da die nationalen Währungen und der Euro durch unwiderruflich festgelegte Umrechnungskurse miteinander verbunden sein werden, wird es für sie keine Devisenmärkte mehr geben, sondern nur noch rein rechnerische Umwandlungen. Das ESZB wird die Verwendung des Euro auf den Devisenmärkten fördern: seine Devisengeschäfte werden in Euro ausgeführt und abgerechnet.
- Die nationalen Zentralbanken werden die nationalen Banknoten gemäß Artikel 52 der Satzung von ESZB/EZB zu ihrer jeweiligen Parität umtauschen.

Neuemissionen handelbarer Schuldtitel der öffentlichen Hand werden auf Euro lauten. Das EWI rechnet damit, daß die Finanzmärkte schon frühzeitig weitgehend auf den Euro übergehen werden, während die meisten Bürger und Unternehmen wahrscheinlich weiterhin mit den nationalen Währungseinheiten arbeiten.

Spätestens drei Jahre nach Beginn der Stufe Drei werden auf Euro lautende Banknoten und Münzen eingeführt werden und neben den nationalen Noten und Münzen im Umlauf sein. Dies kennzeichnet den Start der *dritten Phase.* Mit steigendem Umlauf der Euro-Banknoten und -Münzen werden die nationalen Banknoten und Münzen eingezogen werden. Die Mitgliedstaaten sollten bestrebt sein, diesen Zeitraum des Parallelumlaufs der nationalen und der Euro-Noten und -Münzen auf ein Minimum zu beschränken. Auf jeden Fall werden die nationalen Banknoten und Münzen spätestens sechs Monate nach der Einführung der auf Euro lautenden Noten und Münzen ihre Gültigkeit als gesetzliche Zahlungsmittel verlieren. In den Teilnehmerstaaten wird die allgemeine Verwendung des Euro für Transaktionen der öffentlichen Hand spätestens mit der vollständigen Einführung der Euro-Banknoten und -Münzen erfolgen. Der entsprechende Zeitrahmen wird in gemeinschaftlichen Rechtsvorschriften festgelegt werden; den einzelnen Teilnehmerstaaten wird dabei möglicherweise ein gewisser Spielraum bleiben. Am Ende der dritten Phase werden sämtliche monetären Verpflichtungen *de jure* nur noch in Euro erfüllbar sein. Die nationalen Zentralbanken werden als Dienst an der Öffentlichkeit natürlich weiterhin die alten nationalen Banknoten gebührenfrei in Euro-Noten umtauschen, wie dies derzeit auf nationaler Ebene innerhalb der gesamten EU bei nicht mehr gültigen Banknotenserien üblich ist.

# Europaartikel des Grundgesetzes vom 23. Mai 1949

In der Fassung vom 21. Dezember 1992[1]

**Art. 23 [Europäische Union]** (1) Zur Verwirklichung eines vereinten Europas wirkt die Bundesrepublik Deutschland bei der Entwicklung der Europäischen Union mit, die demokratischen, rechtsstaatlichen, sozialen und förderativen Grundsätzen und dem Grundsatz der Subsidiarität verpflichet ist und einem diesem Grundgesetz im wesentlichen vergleichbaren Grundrechtsschutz gewährleistet. Der Bund kann hierzu durch Gesetz mit Zustimmung des Bundesrates Hoheitsrechte übertragen. Für die Begründung der Europäischen Union sowie für Änderungen ihrer vertraglichen Grundlagen und vergleichbare Regelungen, durch die dieses Grundgesetz seinem Inhalt nach geändert oder ergänzt wird oder solche Änderungen oder Ergänzungen ermöglicht werden, gilt Artikel 79 Abs. 2 und 3.

(2) In Angelegenheiten der Europäischen Union wirken der Bundestag und durch den Bundesrat die Länder mit. Die Bundesregierung hat den Bundestag und den Bundesrat umfassend und zum frühestmöglichen Zeitpunkt zu unterrichten.

(3) Die Bundesregierung gibt dem Bundestag Gelegenheit zur Stellungnahme vor ihrer Mitwirkung an Rechtsetzungsakten der Europäischen Union. Die Bundesregierung berücksichtigt die Stellungnahme des Bundestages bei den Verhandlungen. Das Nähere regelt ein Gesetz.

(4) Der Bundesrat ist an der Willensbildung des Bundes zu beteiligen, soweit er an einer entsprechenden innerstaatlichen Maßnahme mitzuwirken hätte oder soweit die Länder innerstaatlich zuständig wären.

(5) Soweit in einem Bereich ausschließlicher Zuständigkeiten des Bundes Interessen der Länder berührt sind oder soweit im übrigen der Bund das Recht zur Gesetzgebung hat, berücksichtigt die Bundesregierung die Stellungnahme des Bundesrates. Wenn im Schwerpunkt Gesetzgebungsbefugnisse der Länder, die Einrichtung ihrer Behörden oder ihre Verwaltungsverfahren betroffen sind, ist bei der Willensbildung des Bundes insoweit die Auffassung des Bundesrates maßgeblich zu berücksichtigen; dabei ist die gesamtstaatliche Verantwortung des Bundes zu wahren. In Angelegenheiten, die zu Ausgabenerhöhungen oder Einnahmeminderungen für den Bund führen können, ist die Zustimmung der Bundesregierung erforderlich.

---

[1] Gesetz zur Änderung des Grundgesetzes v. 21. Dezember 1992, BGBl. 1992 I S. 2086

(6) Wenn im Schwerpunkt ausschließliche Gesetzgebungsbefugnisse der Länder betroffen sind , soll die Wahrnehmung der Rechte, die der Bundesrepublik Deutschland als Mitgliedstaat der Europäischen Union zustehen, vom Bund auf einen vom Bundesrat benannten Vertreter der Länder übertragen werden. Die Wahrnehmung der Rechte erfolgt unter Beteiligung und in Abstimmung mit der Bundesregierung; dabei ist die gesamtstaatliche Verantwortung des Bundes zu wahren.

(7) Das Nähere zu den Absätzen 4 bis 6 regelt ein Gesetz, das der Zustimmung des Bundesrates bedarf.

**Art. 24 [Zwischenstaatliche Einrichtungen]** (1) Der Bund kann durch Gesetz Hoheitsrechte auf zwischenstaatliche Einrichtungen übertragen.

(1a) Soweit die Länder für die Ausübung der staatlichen Befugnisse und die Erfüllung der staatlichen Aufgaben zuständig sind, können sie mit Zustimmung der Bundesregierung Hoheitsrechte auf grenznachbarschaftliche Einrichtungen übertragen.

(2) Der Bund kann sich zur Wahrung des Friedens einem System gegenseitiger kollektiver Sicherheit einordnen; er wird hierbei in die Beschränkungen seiner Hoheitsrechte einwilligen, die eine friedliche und dauerhafte Ordnung in Europa und zwischen den Völkern der Welt herbeiführen und sichern.

(3) Zur Regelung zwischenstaatlicher Streitigkeiten wird der Bund Vereinbarungen über eine allgemeine, umfassende, obligatorische, internationale Schiedsgerichtsbarkeit beitreten.

**Art. 28 [Bundesgarantie für die Landesverfassungen; Gewährleistung der kommunalen Selbstverwaltung]** (1) Die verfassungsmäßige Ordnung in den Ländern muß den Grundsätzen des republikanischen, demokratischen und sozialen Rechtsstaates im Sinne dieses Grundgesetzes entsprechen. In den Ländern, Kreisen und Gemeinden muß das Volk eine Vertretung haben, die aus allgemeinen, unmittelbaren, freien, gleichen und geheimen Wahlen hervorgegangen ist. Bei Wahlen in Kreisen und Gemeinden sind auch Personen, die die Staatsangehörigkeit eines Mitgliedstaates der Europäischen Gemeinschaft besitzen, nach Maßgabe von Recht der Europäischen Gemeinschaft wahlberechtigt und wählbar. In Gemeinden kann an die Stelle einer gewählten Körperschaft die Gemeindeversammlung treten.

(2) Den Gemeinden muß das Recht gewährleistet sein, alle Angelegenheiten der örtlichen Gemeinschaft im Rahmen der Gesetze in eigener Verantwortung zu regeln. Auch die Gemeindeverbände haben im Rahmen ihres gesetzlichen Aufgabenbereiches nach Maßgabe der Gesetze das Recht der Selbstverwaltung.

(3) Der Bund gewährleistet, daß die verfassungsmäßige Ordnung der Länder den Grundrechten und den Bestimmungen der Absätze 1 und 2 entspricht.

**Art. 45 [Ausschuß für die Europäische Union]** Der Bundestag bestellt einen Ausschuß für die Angelegenheiten der Europäischen Union. Er kann ihn ermächtigen, die Rechte des Bundestages gemäß Artikel 23 gegenüber der Bundesregierung wahrzunehmen.

**Art. 50 [Aufgabe des Bundesrates]** Durch den Bundesrat wirken die Länder bei der Gesetzgebung und Verwaltung des Bundes und in Angelegenheiten der Europäischen Union mit.

**Art. 52 [Präsident, Geschäftsordnung]** (1) Der Bundesrat wählt seinen Präsidenten auf ein Jahr.

(2) Der Präsident beruft den Bundesrat ein. Er hat ihn einzuberufen, wenn die Vertreter von mindestens zwei Ländern oder die Bundesregierung es verlangen.

(3) Der Bundesrat faßt seine Beschlüsse mit mindestens der Mehrheit seiner Stimmen. Er gibt sich eine Geschäftsordnung. Er verhandelt öffentlich. Die Öffentlichkeit kann ausgeschlossen werden.

(3a) Für Angelegenheiten der Europäischen Union kann der Bundesrat eine Europakammer bilden, deren Beschlüsse als Beschlüsse des Bundesrates gelten; Artikel 51 Abs. 2 und 3 Satz 2 gilt entsprechend.

(4) Den Ausschüssen des Bundesrates können andere Mitglieder oder Beauftragte der Regierungen der Länder angehören.

**Art. 88 [Bundesbank]** Der Bund errichtet eine Währungs- und Notenbank als Bundesbank. Ihre Aufgaben und Befugnisse können im Rahmen der Europäischen Union der Europäischen Zentralbank übertragen werden, die unabhängig ist und dem vorrangigen Ziel der Sicherung der Preisstabilität verpflichtet.

**Art. 115e [Befugnisse des Gemeinsamen Ausschusses]** (1) Stellt der Gemeinsame Ausschuß im Verteidigungsfalle mit einer Mehrheit von zwei Dritteln der abgegebenen Stimmen, mindestens mit der Mehrheit seiner Mitglieder fest, daß dem rechtzeitigen Zusammentritt des Bundestages unüberwindliche Hindernisse entgegenstehen oder daß dieser nicht beschlußfähig ist, so hat der Gemeinsame Ausschuß die Stellung von Bundestag und Bundesrat und nimmt deren Rechte einheitlich wahr.

(2) Durch ein Gesetz des Gemeinsamen Ausschusses darf das Grundgesetz weder geändert noch ganz oder teilweise außer Kraft oder außer Anwendung gesetzt werden. Zum Erlaß von Gesetzen nach Artikel 23 Abs. 1 Satz 2, Artikel 24 Abs. 1 oder Artikel 29 ist der Gemeinsame Ausschuß nicht befugt.

# Leitsätze zum Urteil des Bundesverfassungsgerichts

Vom 12. Oktober 1993[1]

**1.** Im Anwendungsbereich des Art. 23 Grundgesetz (GG) (Geltungsanspruch des GG) schließt Art. 38 GG (Bundestagswahlen, Wahlmodalitäten) aus, die durch die Wahl bewirkte Legitimation und Einflußnahme auf die Ausübung von Staatsgewalt durch die Verlagerung von Aufgaben und Befugnissen des Bundestages so zu entleeren, daß das demokratische Prinzip, soweit es Art. 79 Abs. 3 (Unzulässige Grundgesetzänderungen) in Verbindung mit Art. 20 Abs. 1 und 2 GG (Die Bundesrepublik ist ein demokratischer und sozialer Bundesstaat, alle Staatsgewalt geht vom Volke aus ...) für unantastbar erklärt, verletzt wird.
**2.** Das Demokratieprinzip hindert die Bundesrepublik Deutschland nicht an einer Mitgliedschaft in einer – supranational organisierten – zwischenstaatlichen Gemeinschaft. Voraussetzung der Mitgliedschaft ist aber, daß eine vom Volk ausgehende Legitimation und Einflußnahme auch innerhalb des Staatenverbundes gesichert ist.
**3.a)** Nicht ein Verbund demokratischer Staaten hoheitliche Aufgaben wahr und übt dazu hoheitliche Befugnisse aus, sind es zuvörderst die Staatsvölker der Mitgliedstaaten, die dies über die nationalen Parlamente demokratisch zu legitimieren haben. Mithin erfolgt demokratische Legitimation durch die Rückkopplung des Handelns europäischer Organe an die Parlamente der Mitgliedstaaten; hinzu tritt – im Maße des Zusammenwachsens der europäischen Nationen zunehmend – innerhalb des institutionellen Gefüges der Europäischen Union die Vermittlung demokratischer Legitimation durch das von den Bürgern der Mitgliedstaaten gewählte Europäische Parlament.
**3.b)** Entscheidend ist, daß die demokratischen Grundlagen der Union schritthaltend mit der Integration ausgebaut werden und auch im Fortgang der Integration in den Mitgliedstaaten eine lebendige Demokratie erhalten bleibt.
**4.** Vermitteln – wie gegenwärtig – die Staatsvölker über die nationalen Parlamente demokratische Legitimation, sind der Ausdehnung der Aufgaben und Befugnisse der Europäischen Gemeinschaften vom demokratischen Prinzip her Grenzen gesetzt. Dem Deutschen Bundestag müssen Aufgaben und Befugnisse von substantiellem Gewicht verbleiben.

---

[1] BVerfG, Zweiter Senat: 2 BvR 2134/92 u. 2 BvR 2159/92, in der amtlichen Sammlung noch nicht veröffentlicht.

**5.** Art. 38 GG wird verletzt, wenn ein Gesetz, das die deutsche Rechtsordnung für die unmittelbare Geltung und Anwendung von Recht der – supranationalen – Europäischen Gemeinschaften öffnet, die zur Wahrnehmung übertragenen Rechte und das beabsichtigte Integrationsprogramm nicht hinreichend bestimmbar festlegt (vgl. BVerfGE 58, 1 [37]). Das bedeutet zugleich, daß spätere wesentliche Änderungen des im Unions-Vertrag angelegten Integrationsprogramms und seiner Handlungsermächtigungen nicht mehr vom Zustimmungsgesetz zu diesem Vertrag gedeckt sind. Das Bundesverfassungsgericht prüft, ob Rechtsakte der europäischen Einrichtungen und Organe sich in den Grenzen der ihnen eingeräumten Hoheitsrechte halten oder aus ihnen ausbrechen (vgl. BVerfGE 75, 223).
**6.** Bei der Auslegung von Befugnisnormen durch Einrichtungen und Organe der Gemeinschaften ist zu beachten, daß der Unions-Vertrag grundsätzlich zwischen der Wahrnehmung einer begrenzt eingeräumten Hoheitsbefugnis und der Vertragsänderung unterscheidet, seine Auslegung deshalb in ihrem Ergebnis nicht einer Vertragserweiterung gleichkommen darf; eine solche Auslegung von Befugnisnormen würde für Deutschland keine Bindungswirkung entfalten.
**7.** Auch Akte einer besonderen, von der Staatsgewalt der Mitgliedstaaten geschiedenen öffentlichen Gewalt einer supranationalen Organisation betreffen die Grundrechtsberechtigten in Deutschland. Sie berührten damit die Gewährleistungen des Grundgesetzes und die Aufgaben des Bundesverfassungsgerichts, die den Grundrechtsschutz in Deutschland und insoweit nicht nur gegenüber deutschen Staatsorganen zum Gegenstand haben (Abweichung von BVerfGE 58,1 [27]). Allerdings übt das Bundesverfassungsgericht seine Rechtsprechung über die Anwendbarkeit von abgeleitetem Gemeinschaftsrecht in Deutschland in einem „Kooperationsverhältnis" zum Europäischen Gerichtshof aus.
**8.** Der Unions-Vertrag begründet einen Staatenverbund zur Verwirklichung einer immer engeren Union der – staatlich organisierten – Völker Europas (Art. A EUV), keinen sich auf ein europäisches Staatsvolk stützenden Staat.
**9.a)** Art. F Abs. 3 EUV ermächtigt die Union nicht, sich aus eigener Macht die Finanzmittel oder sonstige Handlungsmittel zu verschaffen, die sie zur Erfüllung ihrer Zwecke für erforderlich erachtet.
**9.b)** Art. L EUV schließt die Gerichtsbarkeit des Europäischen Gerichtshofs nur für solche Vorschriften des Unions-Vertrages aus, die nicht zu Maßnahmen der Union mit Durchgriffwirkung auf den Grundrechtsträger im Hoheitsbereich der Mitgliedstaaten ermächtigen.
**9.c)** Die Bundesrepublik Deutschland unterwirft sich mit der Ratifikation des Unions-Vertrages nicht einem unüberschaubaren, in seinem Selbstlauf nicht mehr steuerbaren „Automatismus" zu einer Währungsunion; der Vertrag eröffnet den Weg zu einer stufenweisen weiteren Integration der europäischen

Rechtsgemeinschaft, der in jedem weiteren Schritt entweder von gegenwärtig für das Parlament voraussehbaren Voraussetzungen oder aber von einer weiteren, parlamentarisch zu beeinflussenden Zustimmung der Bundesregierung abhängt.

## Aus den Gründen:

### 1. Demokratieprinzip

... Wird die Bundesrepublik Deutschland Mitglied einer zu eigenem hoheitlichen Handeln befähigten Staatengemeinschaft und wird dieser Staatengemeinschaft die Wahrnehmung eigenständiger Hoheitsbefugnisse eingeräumt – beides wird durch das Grundgesetz für die Verwirklichung eines vereinten Europas ausdrücklich zugelassen (Art. 23 Abs. 1 GG) – kann insoweit demokratische Legitimation nicht in gleicher Form hergestellt werden wie innerhalb einer durch eine Staatsverfassung einheitlich und abschließend geregelten Staatsordnung.

... Die Europäische Union ist nach ihrem Selbstverständnis als Union der Völker Europas (Art. A Abs. 2 EUV) ein auf eine dynamische Entwicklung angelegter (vgl. etwa Art. B Abs. 1 letzter Gedankenstrich; Art. C Abs. 1 EUV) Verbund demokratischer Staaten; nimmt er hoheitliche Aufgaben wahr und übt dazu hoheitliche Befugnisse aus, sind es zuvörderst die Staatsvölker der Mitgliedstaaten, die dies über die nationalen Parlamente demokratisch zu legitimieren haben.

Indessen wächst mit dem Ausbau der Aufgaben und Befugnisse der Gemeinschaft die Notwendigkeit, zu der über die nationalen Parlamente vermittelten demokratischen Legitimation und Einflußnahme eine Repräsentation der Staatsvölker durch ein europäisches Parlament hinzutreten zu lassen, von der ergänzend eine demokratische Abstützung der Politik der Europäischen Union ausgeht. Mit der durch den Vertrag von Maastricht begründeten Unionsbürgerschaft wird zwischen den Staatsangehörigen der Mitgliedstaaten ein auf Dauer angelegtes rechtliches Band geknüpft, das zwar nicht eine der gemeinsamen Zugehörigkeit zu einem Staat vergleichbare Dichte besitzt, dem bestehenden Maß existentieller Gemeinsamkeit jedoch einen rechtlich verbindlichen Ausdruck verleiht (vgl. insbesondere Art. 8b Abs. 1 und 2 EGV). Die von den Unionsbürgern ausgehende Einflußnahme kann in dem Maße in eine demokratische Legitimation der europäischen Institutionen münden, in dem bei den Völkern der Europäischen Union die Voraussetzungen hierfür erfüllt sind.

... Im Staatenverbund der Europäischen Union erfolgt mithin demokratische Legitimation notwendig durch die Rückkoppelung des Handelns europäischer

Organe an die Parlamente der Mitgliedstaaten; hinzutritt – im Maße des Zusammenwachsens der europäischen Nationen zunehmend – innerhalb des institutionellen Gefüges der Europäischen Union die Vermittlung demokratischer Legitimation durch das von den Bürgern der Mitgliedstaaten gewählte Europäische Parlament. Bereits in der gegenwärtigen Phase der Entwicklung kommt der Legitimation durch das Europäische Parlament eine stützende Funktion zu, die sich verstärken ließe, wenn es nach einem in allen Mitgliedstaaten übereinstimmenden Wahlrecht gemäß Art. 138 Abs. 3 EGV gewählt würde und sein Einfluß auf die Politik und Rechtsetzung der Europäischen Gemeinschaften wüchse.

### 2. Nationale Parlamente

... Weil der wahlberechtigte Deutsche sein Recht auf Teilnahme an der demokratischen Legitimation der mit der Ausübung von Hoheitsgewalt betrauten Einrichtungen und Organe wesentlich durch die Wahl des Deutschen Bundestages wahrnimmt, muß der Bundestag auch über die Mitgliedschaft Deutschlands in der Europäischen Union, ihren Fortbestand und ihre Entwicklung bestimmen.

... Der notwendige Einfluß des Bundestages ist zunächst dadurch gewährleistet, daß nach Art. 23 Abs. 1 GG für die deutsche Mitgliedschaft in der Europäischen Union und ihre Fortentwicklung durch eine Änderung ihrer vertraglichen Grundlagen oder eine Erweiterung ihrer Befugnisse ein Gesetz erforderlich ist, das unter den Voraussetzungen des Satzes 3 der qualifizierten Mehrheiten des Art. 79 Abs. 2 GG bedarf. Darüber hinaus ist der Bundestag an der Wahrnehmung der deutschen Mitgliedschaftsrechte in den europäischen Organen beteiligt. Er wirkt nach Maßgabe des Art. 23 Abs. 2 und 3 GG und des zu seiner Ausführung erlassenen Gesetzes über die Zusammenarbeit von Bundesregierung und Deutschem Bundestag in Angelegenheiten der Europäischen Union vom 12. März 1993 (BGBl. I S. 311) an der Willensbildung des Bundes in diesen Angelegenheiten mit. Diese wechselbezüglichen Kompetenzen sind von Bundesregierung und Bundestag im Sinne der Organtreue wahrzunehmen.

Schließlich beeinflußt der Bundestag die europäische Politik der Bundesregierung auch durch deren parlamentarische Verantwortlichkeit (Art. 63, 67 GG – vgl. BVerfGE 68, 1 [109f.]). Diese Kreations- und Kontrollfunktion, die der Bundestag grundsätzlich in öffentlicher Verhandlung wahrnimmt, veranlaßt eine Auseinandersetzung der Öffentlichkeit und der politischen Parteien mit der Europapolitik der Bundesregierung und wird damit zu einem Faktor für die Wahlentscheidung der Bürger.

... Auch die Regierungen der Mitgliedstaaten haben im Zusammenhang mit der Unterzeichnung des Unions-Vertrages die große Bedeutung unterstrichen, die den einzelstaatlichen Parlamenten in der Union zukommt: Ihre Erklärung zur Rolle der einzelstaatlichen Parlamente in der Europäischen Union (BGBI. 1992 II S. 1321) betont die Notwendigkeit einer größeren Beteiligung der Parlamente der Mitgliedstaaten an den Tätigkeiten der Europäischen Union und verpflichtet die Regierungen zu rechtzeitiger Unterrichtung der Parlamente über Vorschläge der Kommission, um ihnen so deren Prüfung zu ermöglichen.

### 3. Europäische Union

... Der Unions-Vertrag begründet – wie ausgeführt – einen Staatenverbund zur Verwirklichung einer immer engeren Union der – staatlich organisierten – Völker Europas (Art. A EUV), keinen sich auf ein europäisches Staatsvolk stützenden Staat.

... Die Mitgliedstaaten haben die Europäische Union gegründet, um einen Teil ihrer Aufgaben gemeinsam wahrzunehmen und insoweit ihre Souveränität gemeinsam auszuüben. In ihrem am 11. Und 12. Dezember 1992 in Edinburgh gefaßten Beschluß (Teil B Anlage 1, BPA-Bull. Nr. 140 vom 28. Dezember 1992, S. 1290) betonen die im Europäischen Rat vereinigten Staats- und Regierungschefs, daß im Rahmen des Vertrages über die Europäische Union unabhängige und souveräne Staaten aus freien Stücken beschlossen haben, im Einklang mit den bestehenden Verträgen einige ihrer Befugnisse gemeinsam auszuüben. Dementsprechend nimmt der Unions-Vertrag auf die Unabhängigkeit und Souveränität der Mitgliedstaaten Bedacht, indem er die Union zur Achtung der nationalen Identität ihrer Mitgliedstaaten verpflichtet (Art. F Abs. 1 EUV; vgl. auch die Schlußfolgerungen des Vorsitzes des Europäischen Rates in Birmingham am 16. Oktober 1992, BPA-Bull. Nr. 115 vom 23. Oktober 1992, S. 1057), die Union und die Europäischen Gemeinschaften nach dem Prinzip der begrenzten Einzelzuständigkeit nur mit bestimmten Kompetenzen und Befugnissen ausstattet (Art. E EUV, Art. 3b Abs. 1 EGV) und sodann das Subsidiaritätsprinzip für die Union (Art. B Abs. 2 EUV) und für die Europäische Gemeinschaft (Art. 3b Abs. 2 EGV) zum verbindlichen Rechtsgrundsatz erhebt.

... Wohin ein europäischer Integrationsprozeß nach weiteren Vertragsänderungen letztlich führen soll, mag in der Chiffre der „Europäischen Union" zwar im Anliegen einer weiteren Integration angedeutet sein, bleibt im gemeinten Ziel letztlich jedoch offen (Delors, Entwicklungsperspektiven der Europäischen Gemeinschaft, in: Aus Politik und Zeitgeschichte [Beilage zu „Das Parlament"] 1/93, S. 3 [4]). Jedenfalls ist eine Gründung „Vereinigter Staaten von Europa", die der Staatswerdung der Vereinigten Staaten von Amerika vergleichbar wäre, derzeit nicht beabsichtigt (vgl. Rede des Bundeskanzlers am 6. Mai 1993 in Köln, BPA-Bull. Nr. 39 vom 17. Mai 1993, S. 341 [343f.]). Auch der im Blick auf den Unions-Vertrag neu in die französische Verfassung eingefügte Art. 88-1 spricht von Mitgliedstaaten, die in der Europäischen Union und den Europäischen Gemeinschaften einige ihrer Kompetenzen gemeinsam ausüben.

... Die Kompetenzen und Befugnisse, die der Europäischen Union und den ihr zugehörigen Gemeinschaften eingeräumt sind, bleiben, soweit sie durch Wahrnehmung von Hoheitsrechten ausgeübt werden, im wesentlichen Tätigkeiten einer Wirtschaftsgemeinschaft. Die zentralen Tätigkeitsfelder der Europäischen Gemeinschaft sind insoweit die Zollunion und die Freiheit des Warenverkehrs (Art. 3 Buchst. a EGV), der Binnenmarkt (Art. 3 Buchst. c EGV), die Rechtsangleichung zur Sicherung der Funktionsfähigkeit des Gemeinsamen Marktes (Art. 3 Buchst. h EGV) die Koordinierung der Wirtschaftspolitik der Mitgliedstaaten (Art. 3a Abs. 1 EGV) und die Entwicklung einer Währungsunion (Art. 3a Abs. 2 EGV). Außerhalb der Europäischen Gemeinschaften bleibt die Zusammenarbeit intergouvernemental; dies gilt insbesondere für die Außen- und Sicherheitspolitik sowie für die Bereiche Justiz und Inneres.

... Die Bundesrepublik Deutschland ist somit auch nach dem Inkrafttreten des Unions-Vertrages Mitglied in einem Staatenverbund, dessen Gemeinschaftsgewalt sich von den Mitgliedstaaten ableitet und im deutschen Hoheitsbereich nur kraft des deutschen Rechtsanwendungsbefehls verbindlich wirken kann. Deutschland ist einer der „Herren der Verträge", die ihre Gebundenheit an den „auf unbegrenzte Zeit" geschlossenen Unions-Vertrag (Art. Q EUV) mit dem Willen zu langfristigen Mitgliedschaft begründet haben, diese Zugehörigkeit aber letztlich durch einen gegenläufigen Akt auch wieder aufheben könnten. Geltung und Anwendung von Europarecht in Deutschland hängen von dem Rechtsanwendungsbefehl des Zustimmungsgesetzes ab. Deutschland wahrt damit die Qualität eines souveränen Staates aus eigenem Recht und den Status der souveränen Gleichheit mit anderen Staaten i.S. der Art. 2 Nr. 1 der Satzung der Vereinten Nationen vom 26. Juni 1945 (BGBI 1973 II S. 430).

... Auch im übrigen sind die Aufgaben und Befugnisse der Europäischen Union und der ihr zugehörigen Gemeinschaften, wie dargelegt, im Vertrag und damit im deutschen Zustimmungsgesetz in umgrenzten Tatbeständen beschrieben, so daß die weitgreifenden Zielankündigungen der Präambel und des Art. B EUV nicht die Wahrnehmung von Hoheitsrechten rechtfertigen, sondern nur die politische Absicht zur Verwirklichung einer immer engeren Union der Völker Europas bekräftigen. Der Unions-Vertrag genügt deshalb dem mit der zunehmenden Integrationsdichte einhergehenden Gebot, die Handlungsmöglichkeiten europäischer Organe nicht nur auf Ziele hin zu bestimmen, sondern in ihren Mitteln tatbestandlich zu erfassen, ihre Aufgaben und Befugnisse also gegenständlich zu umgrenzen.

## 4. Europäische Währungsunion

... Die Währungsunion ist nach Titel VI, Kapitel 2 des EG-Vertrages als Stabilitätsgemeinschaft konzipiert, die vorrangig die Preisstabilität zu gewährleisten hat (Art. 3a Abs. 2, Art. 105 Abs. 1 Satz 1 EGV). Deshalb wird jeder Mitgliedstaat nach Art. 109e Abs. 2 Buchst. a 2. Gedankenstrich EGV schon vor Eintritt in die zweite Stufe für die Verwirklichung der Wirtschafts- und Währungsunion erforderlichenfalls mehrjährige Programme festlegen, die die notwendige dauerhafte Konvergenz, insbesondere hinsichtlich der Preisstabilität und gesunder öffentlicher Finanzen, gewährleisten sollen. Der Rat wird nach Art. 109e Abs. 2 Buchst. b EGV die Fortschritte bei der Konvergenz im Wirtschafts- und Währungsbereich bewerten. Die Maßstäbe für den Fortgang der Wirtschafts- und Währungsunion werden in Art. 109j Abs. 1 EGV tatbestandlich verdeutlicht und im Protokoll über die Konvergenzkriterien näher quantifiziert. Art. 6 dieses Protokolls behält eine Konkretisierung dieser Kriterien einem einstimmigen Beschluß des Rates vor. Die Erfüllung dieser Konvergenzkriterien ist Vorbedingungen für den Eintritt eines Mitgliedstaates in die dritte Stufe der Währungsunion.

... Auch wenn derzeit noch nicht voraussehbar ist, welche Entwicklung die Währungsunion in ihren einzelnen Stufen nach wirtschaftlicher Bedeutung, beteiligten Mitgliedstaaten und Zeitpunkten nehmen wird, genügt das Zustimmungsgesetz zum Unions-Vertrag den Erfordernissen parlamentarischer Verantwortlichkeit.

... Die Entwicklung der Währungsunion ist auch nach Eintritt in die dritte Stufe voraussehbar normiert und insoweit parlamentarisch verantwortbar. Der Unions-Vertrag regelt die Währungsunion als eine auf Dauer der Stabilität verpflichtete und insbesondere Geldwertstabilität gewährleistende Gemeinschaft. Zwar läßt sich nicht voraussehen, ob die Stabilität einer ECU-Währung auf der Grundlage der im Vertrag getroffenen Vorkehrungen tatsächlich dauerhaft gesichert werden kann. Die Befürchtung eines Fehlschlages der Stabilitätsbemühungen, der sodann weitere finanzpolitische Zugeständnisse der Mitgliedstaaten zur Folge haben könnte, ist jedoch zu wenig greifbar, als daß sich daraus die rechtliche Unbestimmtheit des Vertrages ergäbe. Der Vertrag setzt langfristige Vorgaben, die das Stabilitätsziel zum Maßstab der Währungsunion machen, die durch institutionelle Vorkehrungen die Verwirklichung dieses Ziels sicherzustellen suchen und letztlich – als ultima ratio – beim Scheitern der Stabilitätsgemeinschaft auch einer Lösung aus der Gemeinschaft nicht entgegenstehen.

... Darüber hinaus weisen gewichtige Stimmen darauf hin, daß eine Währungsunion, zumal zwischen Staaten, die auf eine aktive Wirtschafts- und Sozialpolitik ausgerichtet sind, letztlich nur gemeinsam mit einer politischen –

alle finanzwirtschaftlich wesentlichen Aufgaben umfassenden – Union, nicht aber unabhängig davon oder als eine bloße Vorstufe auf dem Wege dahin verwirklicht werden könne.

... Auch auf die stufenweise Entwicklung der nationalen Einheit Deutschlands im 19. Jahrhundert mag diese Auffassung sich stützen: Die Vereinheitlichung der Währung ging der nationalstaatlichen politischen Einigung nicht voraus, sie folgte der Bildung des Norddeutschen Bundes und des Deutschen Reiches von 1871 durch das Münzgesetz vom 9. Juli 1873 (RGBl. S. 233) nach; vorher bestand über Jahrzehnte zwar der Deutsche Zollverein, es gab auch Handelsverträge und wirtschaftsrelevante Abkommen, aber weder einen Währungsverbund noch eine Währungseinheit (vgl. E.R. Huber, Deutsche Verfassungsgeschichte seit 1789, Band IV [1969], S. 1053f.).

Hiermit wird indes keine verfassungsrechtliche, sondern eine politische Frage aufgeworfen. Die Währungsunion ohne eine gleichzeitige oder unmittelbar nachfolgende politische Union zu vereinbaren und ins Werk zu setzen, ist eine politische Entscheidung, die von den dazu berufenen Organen politisch zu verantworten ist. Stellt sich heraus, daß die gewollte Währungsunion in der Realität ohne eine (noch nicht gewollte) politische Union nicht zu verwirklichen ist, bedarf es einer erneuten politischen Entscheidung, wie weiter vorgegangen werden soll. Für diese Entscheidung ist rechtlich Raum, weil die Währungsunion nach dem jetzigen Vertrag eine politische Union ebensowenig wie eine Wirtschaftsunion automatisch nach sich zu ziehen vermag, es dazu vielmehr einer Vertragsänderung bedarf, die ohne die Entscheidung der nationalen staatlichen Organe einschließlich des Deutschen Bundestages nicht zustandekommen kann. Diese Entscheidung ist dann wiederum – im Rahmen des verfassungsrechtlich Zulässigen – politisch zu verantworten.

## 5. Subsidiaritätsprinzip

... Für die Europäische Gemeinschaft ist der Subsidiaritätsgrundsatz in Art. 3b Abs. 2 EGV verankert; er wird durch die Bezugnahme im letzten Absatz von Art. B EUV auf die außerhalb des EG-Vertrages geregelten Politiken und Formen der Zusammenarbeit der Union erstreckt und auch in Art. K 3 Abs. 2 Buchst. B EUV wieder aufgenommen. Daneben beschränken Einzelermächtigungen, etwa Art. 126, Art. 127, Art. 128, Art. 129, Art. 129a, Art. 129b, Art. 130 und Art. 130g EGV, die Gemeinschaftstätigkeit und die Ergänzung der – prinzipiell vorgehenden – mitgliedstaatlichen Politik.

... Das Subsidiaritätsprinzip begründet mithin keine Befugnisse der Europäischen Gemeinschaft, sondern begrenzt die Ausübung bereits anderweitig eingeräumter Befugnisse (Europäischer Rat in Edinburgh, Schlußfolgerungen des Vorsitzes, a.a.O., S. 1281). Nach Art. B Abs. 2 EUV können die Ziele der Union nur nach Maßgabe des Vertrages und unter den von ihm gesetzten Bedingungen und entsprechend seinen zeitlichen Vorgaben verwirklicht werden; dabei ist zusätzlich das Subsidiaritätsprinzip zu beachten. Dementsprechend nennt Art. 3b Abs. 1 EGV als Handlungsvoraussetzung der Europäischen Gemeinschaft an erster Stelle die vertragliche Zuweisung einer Befugnis, deren Ausübung sodann nach Art. 3b Abs. 2 EGV an das Subsidiaritätsprinzip gebunden ist.

Das bedeutet: Besteht eine vertragliche Handlungsbefugnis, so bestimmt das Subsidiaritätsprinzip, ob und wie die Europäische Gemeinschaft tätig werden darf. Will der Gemeinschaftsgesetzgeber eine ihm zugewiesene Gesetzgebungsbefugnis ausüben, so muß er sich zunächst vergewissern – und dies gemäß Art. 190 EGV auch nachvollziehbar darlegen –, daß die Ziele der in Betracht gezogenen Maßnahme durch ein Tätigwerden der Mitgliedstaaten auf nationaler Ebene nicht ausreichend erreicht werden können. Sodann muß dieser Befund den weiteren Schluß rechtfertigen, daß die Ziele in Anbetracht des Umfangs oder der Wirkungen der Maßnahme besser auf Gemeinschaftsebene zu erreichen sind.

... Mit diesem Subsidiaritätsprinzip, dessen Einhaltung der Europäische Gerichtshof zu überwachen hat, sollen die nationale Identität der Mitgliedstaaten gewahrt und ihre Befugnisse erhalten bleiben (Europäischer Rat in Edinburgh, a.a.O., S. 1280 f.).

# Stellungnahme des Zentralbankrates der Deutschen Bundesbank

1. Die Frage, ob eine Wirtschafts- und Währungsunion (WWU) errichtet werden soll, ist politisch zu entscheiden. Diese Entscheidung liegt in der Kompetenz und Verantwortung von Regierung und Parlament. Im Rahmen ihrer Beratungsaufgabe hat die Bundesbank schon frühzeitig darauf hingewiesen, daß die in einer Währungsunion auf Gemeinschaftsebene betriebene Geld- und Währungspolitik in ihren Wirkungen - insbesondere für den Geldwert – wesentlich von der Wirtschafts- und Finanzpolitik sowie dem Verhalten der Tarifpartner in allen beteiligten Ländern beeinflußt wird. Sie hat darauf aufmerksam gemacht, daß eine Währungsunion eine nicht mehr kündbare Solidargemeinschaft (ist), die nach aller Erfahrung für einen dauerhaften Bestand eine weitergehende Bindung in Form einer umfassenden politischen Union benötigt" (Stellungnahme des Zentralbankrates vom September 1990). Die Maastrichter Beschlüsse lassen eine Einigung über die künftige Struktur der angestrebten politischen Union und die erforderliche Parallelität zur Währungsunion noch nicht erkennen. Die weitere Entwicklung im Bereich der politischen Union wird für den dauerhaften Erfolg der Währungsunion von zentraler Bedeutung sein.

2. Aufgrund des gesetzlichen Beratungsauftrages der Bundesbank hat der Zentralbankrat mehrfach zu den anstehenden Verhandlungsthemen Stellung genommen. Auf der Grundlage dieser Stellungnahmen hat sich die Bundesbank intensiv beratend an den Vorbereitungsarbeiten für die Vertragsformulierung beteiligt. Die Empfehlungen der Bundesbank zu allen wichtigen sachlichen Fragen und Problemen sind von der Bundesregierung in die politischen Entscheidungen einbezogen worden. Sie haben sich in wichtigen Punkten im WWU-Vertrag niedergeschlagen.

3. Die vorgesehene institutionelle Ausgestaltung der Endstufe steht weitgehend im Einklang mit den Empfehlungen der Bundesbank. Insbesondere das Statut für das künftige Europäische Zentralbanksystem dürfte die rechtliche Grundlage dafür schaffen, daß die Geld- und Währungspolitik in der Währungsunion stabilitätsorientiert geführt werden kann. Damit bekennen sich alle Vertragspartner ausdrücklich dazu, daß das zu schaffende Zentralbanksystem von politischen Weisungen unabhängig und vorrangig auf Preisniveaustabilität verpflichtet sein muß und daß diese Verpflichtung auch für die externe Währungspolitik gilt. Im Vertrag sind auch Regeln und Überwachungsverfahren vorgesehen, die auf eine stabilitätsgerechte Wirtschafts- und Finanzpolitik in den Mitgliedstaaten hinwirken sollen. Mit dem für den Eintritt in die Endstufe vorgesehenen Entscheidungsverfahren soll sichergestellt werden, daß nur solche Mitgliedsländer voll an der WWU teilnehmen können, die bis dahin ihren Willen und ihre Fähigkeit zu einer dauerhaften Stabilitätspolitik unter Beweis

gestellt haben. Für den Erfolg der Stabilitätspolitik in der Währungsunion wird es einerseits entscheidend darauf ankommen, daß sich die Auswahl der Teilnehmer strikt an den Eintrittskriterien orientiert und dabei nur Länder mit nachhaltig niedrigen Inflationsraten zugelassen werden; andererseits wird es wesentlich auf die konsequente Anwendung der vertraglich gesichert Handlungsmöglichkeiten durch das Europäische Zentralbanksystem ankommen.

4. Die Regelungen für die Übergangsphase sehen – in Übereinstimmung mit den Vorstellungen der Bundesbank – vor, daß die Geldpolitik bis zum Eintritt in die Endstufe der WWU in nationaler Verantwortung bleibt. Die dem Anfang 1994 zu errichtenden Europäischen Währungsinstitut zugewiesenen Hauptaufgaben der verstärkten geldpolitischen Koordinierung und der organisatorischen Vorbereitung der Endstufe sind insoweit begrenzt. Das Institut soll jedoch berechtigt sein, sich von Zentralbanken, die dies wünschen, Währungsreserven übertragen zu lassen; außerdem soll es beauftragt werden, dafür zu sorgen, daß die Verwendung des derzeitigen Korb-ECU nicht gegenüber den nationalen Währungen privilegiert wird. Andernfalls könnte es – entgegen der im Vertrag vorgesehenen Regelung – zu Konflikten mit der Geldpolitik in den Mitgliedstaaten kommen.

5. Die im Vertrag vorgesehenen Terminvorgaben für den Eintritt in die Übergangsphase (1994) und insbesondere in die Endstufe (spätestens 1999) stellen hohe Anforderungen an die Stabilitätspolitik der Mitgliedstaaten und die auf Gemeinschaftsebene zu treffenden Entscheidungen. Sie erfordern vor allem energische Anstrengungen in den Mitgliedstaaten – auch in der Bundesrepublik selbst –, um die Wirtschafts–, Finanz- und Sozialpolitik den Erfordernissen des bereits für 1993 vorgesehenen Binnenmarktes anzupassen und dabei die Konvergenz in der Gemeinschaft nachhaltig in Richtung auf mehr Preisstabilität voranzubringen. Die Geld- und Kreditpolitik allein wäre mit dieser Aufgabe überfordert. Darüber hinaus müssen bald auch in allen Mitgliedstaaten die institutionellen Strukturen und die Rechtsvorschriften so angepaßt werden, daß die Notenbanken bei ihren geldpolitischen Entscheidungen unabhängig sind sowie eine den Erfordernissen der WWU entsprechende Budgetdisziplin gewährleistet wird. Finanzhilfen der Gemeinschaft (zum Beispiel der in Aussicht genommene Kohäsionsfonds) dürfen die Eigenverantwortung der Mitgliedstaaten für die Herstellung stabilitätspolitischer Konvergenz nicht schwächen; sie dürfen auch die ohnedies angespannte Lage der deutschen Staatsfinanzen nicht überlasten.

Für den Gesamterfolg der angestrebten Wirtschafts- und Währungsunion wird es von zentraler Bedeutung sein, daß bei den 1996 beziehungsweise 1998 anstehenden Gemeinschaftsentscheidungen über die Auswahl der für die Teilnahme an der WWU in Frage kommenden Länder allein auf deren stabilitätspolitische Leistungsfähigkeit abgestellt wird. Die Erfüllung der Eintrittskriterien beziehungszweise der Konvergenzbedingungen darf nicht nur durch die Terminvorgaben eingeschränkt werden.

# Die Einführung des Euro in Gesetzgebung und öffentlicher Verwaltung

**Gemeinsamer Zwischenbericht des Arbeitsstabes Europäische Wirtschafts- und Währungsunion des Bundesministeriums der Finanzen und der Bundesministerien vom 28. April 1997**

## II. Vorgaben für die Euro-Einführung

### 5. Die Euro-Einführung ist keine Währungsreform

Die Euro-Einführung ist lediglich eine Währungsumstellung, d. h. Umrechnung sämtlicher Geldbeträge zu dem noch festzusetzenden Umrechnungskurs. Alle Aktiva und Passiva, alle Forderungen und Verbindlichkeiten werden zum selben Umrechnungskurs umgestellt. Alle Wertrelationen bleiben unverändert: „Die Zahlen ändern sich, der Wert bleibt gleich."

Die Währungsumstellung als solche bietet deshalb **keinen Anlaß** zu gesetzgeberischen oder administrativen **Neuregelungen der Wertverhältnisse.**

### 6. Fortgeltung von Rechtsvorschriften und Verträgen

Die **„Verordnung des Rates über bestimmte Vorschriften im Zusammenhang mit der Einführung des Euro"** nach Art. 235 EGV **(Anlage 1),** die in Kürze in Kraft treten soll, bestätigt und bekräftigt das Prinzip der „Vertragskontinuität" in zweierlei Weise:

- Vorbehaltlich etwaiger Vereinbarungen der Parteien, bewirkt die Einführung des Euro **keine Veränderung von Rechtsinstrumenten** (Art. 3), insbesondere begründet sie für Verträge keine Berufung auf den Wegfall der Geschäftsgrundlage. Als „Rechtsinstrumente" gelten Rechtsvorschriften, Verwaltungsakte, gerichtliche Entscheidungen, Verträge, einseitige Rechtsgeschäfte, Zahlungsmittel – außer Banknoten und Münzen – sowie sonstige Instrumente mit Rechtswirkung (Art. 1).
- Ab dem 1.1.1999 wird jede Bezugnahme in einem Rechtsinstrument auf die offizielle ECU durch eine Bezugnahme auf den Euro zum Kurs von **1 Euro für 1 ECU** ersetzt. Darüber hinaus wird widerleglich vermutet, daß jede andere, nicht eindeutige Bezugnahme auf die offizielle ECU als Bezugnahme auf die ECU im Sinne des Art. 109g des Vertrags und in der Definition der Verordnung (EG) Nr. 3320/94 zu verstehen ist.

Bei Einführung des Euro zum 1.1.1999 behalten also alle Rechtsinstrumente, insbesondere auch nationale Gesetze und Rechtsverordnungen, grundsätzlich ihre Gültigkeit, auch wenn sie auf Geldbeträge in nationaler Währung Bezug nehmen. Darüber hinaus gelten die rechtlichen Bezugnahmen auf DM und DM-Beträge in der Übergangszeit bis zum 31.12.2001 fort (Art. 7 der EG-Ratsverordnung nach Art. 109l Abs. 4 EGV, vgl. Ziffer 7).

Die Gleichsetzung 1 ECU = 1 Euro hat vor allem Bedeutung für Rechtsinstrumente auf EU/EG-Ebene sowie für Emissionen von ECU-Anleihen. Sie dürfte auch in vielen Fällen die Novellierung nationaler Rechtsvorschriften mit ECU-Bezugnahmen (z. B. § 53c Abs. 2 Satz 2 VAG, § 33 Abs. 1 Satz 1 Nr. 1 KWG) entbehrlich machen. In den Fällen, in denen ein DM-Betrag eigenständig in Anknüpfung an die ECU zu bestimmen ist, könnte hingegen eine Anpassung der Vorschrift geboten sein, soweit eine gemeinschaftsrechtskonforme Auslegung nicht ausreicht. [...]

## 8. Verwendung des Euro in der Übergangszeit

Für die Verwendung des Euro in der Übergangszeit gilt der Grundsatz **„Keine Behinderung, kein Zwang“.** Dieser Grundsatz liegt den „Übergangsbestimmungen“ (Art. 5 bis 9) der EG-Ratsverordnung nach Art. 109l Abs. 4 EGV zugrunde. Die freiwillige Verwendung des Euro ist überall dort möglich, wo sich die Vertragsparteien einig sind (Art. 8 Abs. 1 und 2). Insoweit besteht grundsätzlich **Wahlfreiheit** zwischen Euro und DM.

**Anpassungen der nationalen Gesetzgebung** sind bereits in der Übergangszeit möglich. Sie sind aber nicht zwingend erforderlich, da grundsätzlich nationales Währungsrecht weiter anzuwenden ist (Art. 6 Abs. 1). Soweit Anpassungen der nationalen Gesetzgebung bereits in der Übergangszeit wirksam werden sollen, müssen sie den Grundsatz der Wahlfreiheit zwischen Euro und DM beachten und können deshalb **nur die fakultative Verwendung des Euro** vorsehen.

Die **obligatorische Verwendung** des Euro kann durch nationale Gesetzgebung nur vorgeschrieben werden, wenn die entsprechenden Voraussetzungen der EG-Ratsverordnung nach Art. 109l Abs. 4 EGV **alternativ** erfüllt sind:

- entweder liegt einer der in Art. 8 Abs. 4 genannten Ausnahmetatbestände vor (Umstellung der Altschulden, organisierte Märkte);
- oder die obligatorische Umstellung fällt in einen Zeitrahmen, der zuvor in gemeinschaftlichen Rechtsvorschriften festgelegt worden ist (Art. 8 Abs. 5).

## 9. Wahlfreiheit beim Inlandszahlungsverkehr

Die Verbände der Kreditwirtschaft und die Deutsche Bundesbank haben 1996 eine Vereinbarung geschlossen, wonach die Datensätze im zwischenbetrieblichen Zahlungsverkehr schon ab 1.1.1999 **sowohl den DM- als auch den Euro-Betrag** ausweisen. Dabei nimmt das erstbearbeitende Kreditinstitut die Konversion in Euro bzw. DM vor; der angewiesene Betrag wird dem Empfänger bei seinem Kreditinsitut in der vereinbarten Denominierung gutgeschrieben.

Diese Lösung ermöglicht es generell, Zahlungen in Euro anzuweisen. Dies gilt sowohl im privaten Zahlungsverkehr als auch gegenüber dem öffentlichen Sektor. Umgekehrt können DM-Zahlungen auf Euro-Konten gutgeschrieben werden.

Auf dieser Basis wird die **Deutsche Bundesbank** ab 1.1.1999 sämtliche Konten bundesbankintern einheitlich in Euro führen. Dies gilt auch für die über 2.300 Konten, die die Bundesbank bzw. die Landeszentralbanken für öffentliche Stellen führen. Die Kunden der Bank können mit Beginn der Übergangszeit aber **wahlweise** bestimmen, ob ihr Konto rechtlich im Außenverhältnis (Kontoauszug) noch als DM-Konto oder bereits in Euro geführt werden soll. Jeder Kontoinhaber erhält auf dem einheitlichen Kontoauszug zu allen Euro-Umsätzen auch eine Angabe über den entsprechenden DM-Umsatz und umgekehrt. Zusätzlich zum Euro-Saldo wird ein DM-Saldo anhand der DM-Umsätze fortgeschrieben und in den Kontoauszügen ausgedruckt. Für DM-Kontoinhaber ist dieser Saldo maßgeblich. Eventuelle Rundungsdifferenzen bei DM-Konten werden (durch Anpassung des Euro- an den DM-Saldo) periodisch ausgeglichen.

## 10. Wahlfreiheit innerhalb des Privatsektors

Der Privatsektor ist grundsätzlich frei, in der Gestaltung seiner Vertragsbeziehungen den Euro zu verwenden, wenn zwischen den jeweiligen Vertragsparteien insoweit Übereinstimmung hergestellt wird. Ein rechtlicher Zwang kann auf Vertragspartner nicht ausgeübt werden.

Allerdings gibt es nationale Vorschriften, die das private Handeln öffentlicher Kontrolle bzw. besonderen gesetzlichen Formerfordernissen unterwerfen, z. B. im Aktienrecht (Ziffer 17), bei der Unternehmensbilanz nach § 244 HGB (Ziffer 18), bei Register- und Grundbucheintragungen oder statistischen Meldepflichten (Ziffer 25). Derartige Vorschriften sehen vielfach die ausschließliche Verwendung der DM vor.

Die Bundesregierung strebt an, gesetzliche **Behinderungen** der Euro-Verwendung innerhalb des Privatsektors zu **beseitigen** und stattdessen die fakultative Verwendung des Euro zuzulassen.

### 11. Umstellung der öffentlichen Verwaltung

Eine der wichtigsten Fragen ist der Zeitpunkt der Umstellung der öffentlichen Verwaltung auf den Euro. Die Beschlüsse des Europäischen Rates in Madrid vom 15.12.1995 („Madrid-Szenario") sehen vor, daß der öffentliche Sektor „spätestens mit der vollständigen Einführung der europäischen Banknoten und Münzen" auf Euro umstellt. Entsprechend wurde auch die EG-Ratsverordnung nach Art. 1091 Abs. 4 EGV formuliert.

Eine Reihe von Mitgliedsstaaten (Niederlande, Belgien, Luxemburg, Irland) haben angekündigt, die Verwendung des Euro im Verkehr mit der öffentlichen Verwaltung bereits ab 1.1.1999 zuzulassen. So soll z. B. bereits zu diesem Zeitpunkt die Abgabe von Steuererklärungen in Euro möglich sein. Demgegenüber will z. B. Frankreich den Euro erst ab 2002 in der öffentlichen Verwaltung zulassen. In allen Mitgliedstaaten soll bei Verwaltungsakten bis zum Jahresende 2001 nur die nationale Währung verwendet werden. Endgültige Entscheidungen liegen jedoch noch nicht vor. Eine verläßliche Übersicht wird erst im nächsten Zwischenbericht (Ziffer 4) möglich sein.

Für die derzeitige Haltung der Bundesregierung sind folgende Erwägungen maßgebend:

- Kraft EG-Recht ist der Stichtag für die **automatische rechtliche Umstellung** von DM auf Euro der **1.1.2002.** Erst zu diesem Zeitpunkt kommen Euro-Banknoten und -Münzen in Umlauf. In der Übergangszeit werden viele Abläufe des täglichen Geschäftsverkehrs weiterhin in DM abgewickelt werden. Viele Bürgerinnen und Bürger werden deshalb erst zu diesem Zeitpunkt mit dem Euro in Berührung kommen. Sie sollen sich darauf berufen können, daß die öffentliche Verwaltung weiterhin auf DM-Basis arbeitet.
- Demgegenüber ist zu erwarten, daß die Entwicklungen auf den Märkten zu einer früheren Euro-Verwendung bei den Unternehmen führen werden. Dies wird durch die Wahlfreiheit beim Zahlungsverkehr (Ziffer 9), bei der Handelsbilanz und im betrieblichen Rechnungswesen (Ziffer 18) ermöglicht. Es verbliebe dann noch die Umrechnung von Euro-Bilanzen in DM-Beträge für die Steuererklärungen. Diese Rahmenbedingungen bieten nach Auffassung der Bundesregierung den **Unternehmen weitreichende Handlungsfreiheit,** den Euro bereits so früh wie möglich zu verwenden.
- Die öffentliche Verwaltung ist rechtlich in einer anderen Ausgangsposition als die privaten Unternehmen, die nach Zweckmäßigkeitsgesichtspunkten entscheiden können, ob und wann sie ihr betriebliches Rechnungswesen schon in der Übergangszeit auf Euro umstellen. Sofern bereits vor dem 1.1. 2002 einheitlich umgestellt werden soll, müßte die öffentliche Verwaltung wegen des **Gleichbehandlungsgrundsatzes** allen Bürgern und Unternehmen die wahlweise Verwendung von Euro und DM anbieten.

- Nach bisherigen Überlegungen sprechen auch **Kosten- und Machbarkeitsgesichtspunkte** dafür, in der öffentlichen Verwaltung den Euro erst ab 1.1. 2002 einzuführen. Die fakultative Verwendung von Euro und DM ist mit den gegenwärtigen finanziellen und technischen Mitteln nicht zu bewältigen. So verfügen die Steuerverwaltungen der Länder gegenwärtig noch nicht über die Voraussetzungen für die gleichzeitige Handhabung von zwei Währungssystemen bereits ab dem 1.1.1999. Dies gilt auch für andere Bereiche, z. B. die Sozial- und die Zollverwaltung.

Erste Überlegungen innerhalb der Bundesregierung gehen in folgende Richtung:
- Möglichst **einheitliche** Umstellung der gesamten öffentlichen Verwaltung.
- Wo die Verwaltung **öffentlich-rechtlich** tätig ist, sollte die **Umstellung zum 1.1.2002** erfolgen. Bis dahin sind – vorbehaltlich weiterer Prüfungen – Erklärungen und Bescheide in DM abzufassen.
- Die dem öffentlich-rechtlichen Verwaltungshandeln zugrundeliegenden **Rechtsvorschriften** werden dementsprechend ebenfalls zum 1.1.2002 geändert (Ziffer 12).
- Vom öffentlich-rechtlichen Verwaltungshandeln sind die **privatrechtliche** Euro-Verwendung (auch durch die öffentliche Verwaltung) sowie der Zahlungsverkehr zu trennen. Hier gelten die in Ziffer 8 und 9 beschriebenen Grundsätze der Wahlfreiheit.

Endgültig ist aber über die konkrete Umstellung der öffentlichen Verwaltung noch nicht entschieden; es müssen **weitere Gespräche** mit der Wirtschaft, den Sozialversicherungsträgern und der Finanzverwaltung geführt werden.

## III. Problemliste für die Euro-Einführung

### 12. Gesetzgeberisches Vorgehen

Nachstehend sind – ohne Anspruch auf Vollständigkeit – diejenigen Rechtsbereiche genannt, in denen der Handlungsbedarf für den nationalen Gesetzgeber vorrangig geprüft werden muß. Zum Teil ist Novellierungsbedarf von den Vertretern zuständiger Ressorts oder von Wirtschaftsverbänden bereits angemahnt. Bejahendenfalls müßte der Zeitpunkt des erforderlichen Inkrafttretens definiert werden.

Für das gesetzgeberische Vorgehen bieten sich folgende Verfahrensweisen an:
- Bei synchronem Inkrafttreten einzelner Bestimmungen zum 1. 1. 1999 kommt ein **Artikelgesetz** – unter Aufzählung der zu ändernden Gesetze – in Frage.

- Für die deklaratorische Umstellung von DM auf Euro in sämtlichen deutschen Rechtsvorschriften zum 1.1.2002 wäre an eine währungsrechtliche **„Klammerregelung"** zu denken, die – ohne Aufzählung der einzelnen Vorschriften – lediglich generell die Umstellung sämtlicher Geldbeträge verfügt.
- Die Umstellung der Rechtsordnung im übrigen erfolgt im üblichen Verfahren. Das **zeitliche Vorgehen** ist im AS WWU abzustimmen.

### 13. Währungsrecht und Notenbankrecht

In den Bereichen **Währungsgesetz** und **Bundesbankgesetz** gilt EG-Recht unmittelbar und verdrängt bzw. überlagert damit entgegenstehende deutsche Rechtstexte. In beiden Bereichen bereitet das Bundesministerium der Finanzen eine förmliche Änderung vor. Die Änderung des Bundesbankgesetzes muß im Hinblick auf Art. 108 EGV spätestens zum Zeitpunkt der Errichtung des Europäischen Systems der Zentralbanken in Kraft getreten sein.

### 14. Umstellung von Schuldverschreibungen

Die Beschlüsse des Europäischen Rates in Madrid vom 16. 12. 1995 sehen die Begebung **neuer** handelbarer Schuldverschreibungen des öffentlichen Sektors in Euro ab 1.1.1999 vor. Hierzu bedarf es keiner unmittelbaren gesetzgeberischen Maßnahmen. Der Bund und seine Sondervermögen werden die Madrider Beschlüsse auch ohne gesetzliche Verpflichtung erfüllen; die Länder dürften sich dem anschließen. Private Emittenten können frei entscheiden, ob sie in DM denominieren wollen. Ergänzend sind in diesem Zusammenhang börsenrechtliche Maßnahmen zu prüfen (Ziffer 15).

Demgegenüber bedarf es eines Gesetzes, wenn die **einseitige** Umstellung **bereits begebener** Schuldverschreibungen („Altschulden") durch den Emittenten ermöglicht werden soll. Die EG-Ratsverordnung nach Art. 109l Abs. 4 EGV wird es den teilnehmenden Mitgliedstaaten in Art. 8 Abs. 4 freistellen, die gegebenenfalls erforderlichen Maßnahmen zu ergreifen, damit Altschulden bereits mit Beginn der Übergangszeit auf die Euro-Einheit umgestellt werden können.

Auf dieser Basis müßte der nationale Gesetzgeber die gesetzlichen Rahmenbedingungen außerhalb des Währungsrechts für eine etwaige Umstellung der Altschulden schaffen. Über den Umfang des Regelungsbedarfes besteht noch keine völlige Klarheit. Dabei müssen die Interessen der Emittenten und der Inhaber von Schuldverschreibungen sorgfältig abgewogen werden. Einseitige Eingriffe in bestehende Vertragsverhältnisse müssen sich im Rahmen der durch Art. 2 GG geschützten Privatautonomie und der Eigentumsgarantie des Art. 14 GG halten.

Neben börsenrechtlichen Anpassungen (Ziffer 15) prüft das Bundesministerium der Finanzen insbesondere folgende Maßnahmen:

- Schaffung einer Rechtsgrundlage für nachträgliche Eingriffe in die Emissionsbedingungen durch einseitige Erklärung der Emittenten (z. B. notwendig für Änderung der Nennwerte im Fall der Ein-Cent-Lösung);
- Ggf. Schaffung einer Rechtsgrundlage zur Vermeidung der Umstemplung der Wertpapiere von DM auf Euro;
- Festlegung der Regeln für die Rundung sowie für die Berechnung von Zinszahlungen;
- Ggf. Festlegung von Umstellungsterminen und/oder Verpflichtung zur vorherigen Bekanntmachung eines Umstellungsvorhabens durch den Emittenten;
- Ggf. Regelung der Kostenfrage.

## 15. Börsenrecht

Die EG-Ratsverordnung nach Art. 109l Abs. 4 bestimmt in Art. 8 Abs. 4, daß „organisierte Märkte" schon ab 1.1.1999 den Euro verwenden können. Im Interesse des Finanzplatzes Deutschland bereitet das Bundesministerium der Finanzen eine förmliche Änderung der Rechtsverordnung vom 17.04.1967 zu § 35 Börsengesetz vor, um neben der Verwendung der DM bei Börsennotierungen auch den Gebrauch des Euro zuzulassen.

## 16. Bezugnahmen auf Bundesbank-Zinssätze bzw. FIBOR

In einzelnen Fällen nehmen Gesetze auf bestimmte Zinssätze der Bundesbank Bezug; so knüpft z. B. das Verbraucherkreditgesetz (§ 11 Abs. 1), das Aktiengesetz (§ 320 b Abs. 1), das Umwandlungsgesetz (§ 15 Abs. 2) sowie die Zivilprozeßordnung (§ 688 Abs. 2 Nr. 1) an den **Diskontsatz** der Bundesbank an. Derartige Bezugnahmen würden ins Leere gehen, wenn nicht an ihre Stelle eine neue gesetzgeberische Definition trete. Sie müßte zum 1.1.1999 erfolgen. Auch Vollstreckungstitel, Verwaltungsakte und Verträge der öffentlichen Hände mit derartigen Zinsklauseln müßten umgestellt werden.

Ähnliches dürfte gelten für Anknüpfungen an den marktüblichen **FIBOR-Satz.** Eine solche Anknüpfung enthält z. B. der Staatsvertrag vom 18.05.1990 (Anlage I Art. 8 § 4, neugeregelt durch Art. 9 des Haushaltsbegleitgesetzes 1991).

Auch eine Vielzahl von privatrechtlichen Verträgen knüpft an derartige Referenzzinssätze an. Hier ist zu prüfen, ob und in welcher Form eine generelle **gesetzliche Vertragsanpassungshilfe** benötigt wird. Unbeschadet der Ressortzuständigkeit für die einzelnen Gesetzue prüfen das Bundesministerium der Finanzen und die Deutsche Bundesbank finanztechnische Lösungsansätze.

### 17. Aktien- und Gesellschaftsrecht

Die ffrühzeitige Umstellung der Denominierung von Aktien liegt im Interesse des deutschen Finanzmarkts. Allerdings hängt der Börsenhandel in Euro nicht von der Währungsbezeichnung der Aktiennennbeträge ab. Erforderlich ist lediglich, daß die Börsennotierungen in Euro erfolgen können. Dies wird bereits in der Übergangszeit ab dem 1.1.1999 ermöglicht werden (Ziffer 15).

Ab dem 1.1.2002 sind Aktien in Euro zu begeben. Schon in der Übergangszeit soll die Gründung von **Aktiengesellschaften und GmbHs auf Euro-Basis** und die Umstellung des Kapitals bestehender Gesellschaften auf Euro **möglich** sein. Dies erfordert die Änderung und Ergänzung bestimmter gesetzlicher Vorschriften des deutschen Rechts.

Dabei können zur Vermeidung „krummer“ Aktiennennbeträge in Euro folgende Alternativen angeboten werden, die in der Übergangszeit fakultativ neben weiterer DM-Verwendung infrage kommen:

- Zulassung **nennbetragsloser Aktien** (Stückaktien). Diese Aktienform ist keinesfalls notwendig mit der Aufgabe eines festen Grundkapitals verbunden, was EG-rechtlich ohnehin unzulässig wäre; vielmehr würde eine solche Aktie ebenso wie die Nennbetragsaktie einen Bruchteil des Grundkapitals repräsentieren, ohne jedoch auf einen Nennbetrag zu lauten. Der erforderliche Änderungsbedarf im Aktienrecht hierfür ist ganz überwiegend nur redaktioneller Art.
- Neufestsetzung eines **glatten Euro-Betrags.** Angesichts ähnlicher Überlegungen in anderen EU-Staaten bietet sich eine Aktienmindestnominale von 1 Euro an. Dabei muß den Gesellschaften ein praktikables Verfahren zur Verfügung stehen, um die bei reiner Umrechnung entstehenden gebrochenen Euro-Nennbeträge zu glätten. Diese Aufgabe kann insbesondere eine Kapitalerhöhung aus Gesellschaftsmitteln erfüllen, die allerdings wegen des Ziels der Nennbetragsanpassung einige ergänzende Regelungen erfordert.

Entsprechende Regelungen werden im Bundesministerium der Justiz geprüft und vorbereitet.

### 18. Buchführung und Bilanzrecht

§ 244 HGB bestimmt in der derzeitigen Fassung, daß der Jahresabschluß, d. h. die Bilanz, die Gewinn- und Verlustrechnung und bei Kapitalgesellschaften auch der Anhang, in DM zu erstellen ist. Eine **Änderung des § 244 HGB,** derzufolge es den Unternehmen für Geschäftsjahre, die nach dem 31.12.1998 und vor dem 1.1.2002 enden, gestattet ist, den Jahresabschluß wahlweise in Euro oder in DM aufzustellen, wird vom Bundesministerium der Justiz in Abstimmung mit den Ressorts geprüft.

Bei einer solchen Änderung des § 244 HGB sind die Auswirkungen auf die Steuerverwaltung zu berücksichtigen. Zwar bleibt es vorbehaltlich neuer Erkenntnisse bei der **steuerrechtlichen** Verpflichtung, den Jahresabschluß der öffentlichen Verwaltung in DM vorzulegen (§ 140 AO und § 60 EStDV); doch werden Erleichterungen geprüft. Denn aus den bestehenden Vorschriften ergibt sich nicht zwangsläufig, daß die Unternehmen auch das den Bilanzen **zugrunde liegende Buchwerk** in DM führen müssen. Schon nach HGB ist die Buchführung generell in einer anderen Währung als dem gesetzlichen Zahlungsmittel zulässig. Damit dies auch nach § 146 Abs. 3 AO steuerlich für die Buchführung in Euro zugelassen werden kann, muß das Einvernehmen der obersten Finanzbehörden der Länder eingeholt werden. Dadurch würden Hindernisse für die Unternehmen, die eine frühe Umstellung des Rechnungswesens auf Euro und die Erstellung einer Handelsbilanz in Euro planen, weitgehend beseitigt.

Ferner sind Einzelfragen der Bilanzierung im Zusammenhang mit der Euro-Einführung zu prüfen. Dies gilt z. B. für die **Bewertung von Fremdwährungsforderungen** oder -verbindlichkeiten, wenn diese früheren „Fremdwährungen" zum 1.1.1999 Währungseinheiten des Euro werden. Diese Fragen werden ebenfalls vom Bundesministerium der Justiz sowie dem Bundesministerium der Finanzen mit den obersten Finanzbehörden der Länder geprüft.

## 19. Steuerrecht

Aus der Umstellung des öffentlichen Sektors zum 1.1.2002 ergeben sich vorbehaltlich neuer Erkenntnisse folgende Konsequenzen im Hinblick auf **Steuererklärungen:**

- Steuererklärungen für **Besteuerungszeiträume bis zum 31.12.2001** sind in DM zu erstellen, auch wenn sie erst nach dem Stichtag eingereicht werden.
- Die Besteuerungsgrundlagen werden in Steuerbescheiden für Besteuerungszeiträume bis zum 31.12.2001 in DM dargestellt, da die nationalen Steuergesetze bis dahin auf die nationale Währung abstellen. Bescheide, die nach dem Umstellungsstichtag erfolgen, erhalten eine zusätzliche Darstellung der Umrechnung der fällig werdenden Beträge (Nachzahlungen/Erstattungen) auf Euro. Dementsprechend erfolgt die Erhebung und Erfüllung.
- Steuererklärungen für **Besteuerungszeiträume ab dem 1.1.2002** sind in Euro zu erstellen. Dementsprechend erfolgt die Darstellung der Besteuerungsgrundlagen in den Steuerbescheiden. Fällig werdende Beträge (Nachzahlungen/Erstattungen) sind in Euro darzustellen, zu erheben und zu erfüllen.
- Die genannten Verfahrensabläufe gelten sowohl für erstmalige Festsetzungen als auch für Berichtigungsveranlagungen.

- Steuervorauszahlungen werden erstmals für den Veranlagungszeitraum 2002 in Euro festgesetzt.

Die daraus resultierenden Belastungen für Euro-verwendende Unternehmen dürften zumutbar sein, sofern das Buchwerk selbst auch in Euro geführt werden kann (Ziffer 18); Zahlungen können ohnehin in Euro geleistet werden (Ziffer 9). Für die Steuerverwaltung hingegen ist die dargestellte Vorgehensweise (einheitlicher Umstellungstermin für alle Steuerarten ausschließlich zum 31.12. eines Jahres) unbedingte Voraussetzung für die technische Umsetzung der Einführung des Euro in den Festsetzungsprogrammen [...]

### 24. Neufestsetzung von „Signalbeträgen" („Glättung")

Vielfach ist in der Öffentlichkeit die Erwartung geäußert worden, daß „krumme" Signalbeträge in Euro vermieden werden müssen; es sind deshalb neue „runde" Euro-Beträge gefordert worden. Dies betrifft eine sehr große Zahl von Rechtsvorschriften, z. B. Steuerfreibeträge, Ordnungsgelder, Gebührenordnungen, Zugangsgrenzen zu den Gerichten, Bagatellbeträge, Mindestbeträge im Aktien- und sonstigen Gesellschafsrecht usw. Insbesondere davon betroffen sind die vielfältigen Gebühren und Preise für kommunale Dienstleistungen (z. B. Eintrittspreise für städtische Schwimmbäder, Fahrpreise für städtische Verkehrsbetriebe).

Neue „runde" Euro-Beträge sind nicht im Wege der Umrechnung, sondern nur durch **Neufestsetzung** erreichbar. Die Neufestsetzung von Signalbeträgen („Glättung", nicht zu verwechseln mit der technischen „Rundung") dient der leichteren Orientierung im Rechtsverkehr. Doch ist folgendes zu berücksichtigen:

- Die Neufestsetzung ist **keine Voraussetzung für das Funktionieren der Währungsumstellung.** Denn an die Stelle jedes „runden" DM-Betrag tritt kraft EG-Recht ein klar definierter Euro-Betrag. Ein praktisches Problem bilden diejenigen Beträge, die durch Automaten (z. B. Parkuhren) erhoben werden. Das Problem kann mit der zunehmden Verbreitung von vorausbezahlten Karten (Geldkarten) abnehmen.
- Die Neufestsetzung könnte – auch aus Gründen der Anpassung an eventuell gestiegene Kosten – zu **höheren Beträgen** führen, als sie sich aus der technischen Umrechnung ergäben. Wenn die Neufestsetzungen zum 1.1.2002 wirksam würden, d. h. in dem Zeitraum, in dem die Euro-Banknoten und -Münzen in Verkehr kommen, entstünde der falsche Eindruck, daß „mit dem Euro alles teuer" wird.
- Die Neufestsetzung einer Vielzahl von Beträgen bringt erheblichen politischen Abstimmungsbedarf mit sich, so daß schon aus diesem Grunde eine

synchrone Neufestsetzung **zu einem einheitlichen Stichtag technisch kaum zu bewältigen** sein dürfte. Schwierige Entscheidungsprozesse sind insbesondere zu erwarten, wenn der Neufestsetzung auf niedrigerem Niveau ebenso starke Interessen entgegenstehen wie einer Neufestsetzung auf höherem Niveau (z. B. bei Gebührenordnungen).

Aus diesen Gründen strebt die Bundesregierung **keine synchrone Neufestsetzung sämtlicher Signalbeträge** an. Das zeitliche Vorgehen bei der Neufestsetzung bleibt vielmehr den jeweils zuständigen Stellen überlassen, wobei jedoch eine Abstimmung im AS WWU herbeigeführt werden sollte.

Dabei sollte die Neufestsetzung **vor oder zum 1.1.2002** auf Bereiche beschränkt werden, wo sie nötig ist, um einen geordneten und für die betroffenen Bürgerinnen und Bürger verständlichen Gesetzesvollzug zu gewährleisten. Technisch ist dabei zu berücksichtigen:

- Um die Akzeptanz von Neufestsetzungen in Euro zu erhöhen, könnte eine **Senkung des Wertes** von Signalbeträgen angestrebt werden. Dazu böte sich vor dem Hintergrund des jetzigen ECU-Kurses (1,95879 DM per 8.4.1997) eine Neufestsetzung im Verhältnis 1 Euro = 2 DM an (Ergebnis bei einem Signalbetrag von 10 DM: 5 statt 5,11 Euro).
- Bei Neufestsetzungen in der Übergangszeit kommt auch die Festsetzung von **„krummen" DM-Beträgen,** die bei Umrechnung „runde" Euro-Beträge ergeben, in Frage.

## 25. Amtliche Statistiken

Die Währungsumstellung bringt für die amtlichen Statistiken Änderungen in allen Phasen der statistischen Arbeit mit sich. Sie erfordert die Abstimmung eines einheitlichen Vorgehens für den gesamten Bereich der Bundesstatistik, insbesondere die Klärung folgender Themen:

- Neugestaltung der Fragebögen und Erhebungspapiere
- Anpassung der DV-Programme (z. B. Plausibilitätskontrollen)
- Umstellung/Neukonzeption der Veröffentlichungen
- Rückrechnung langer Reihen
- Anpassung von Wertschwellen und Größenklassen, die Berichts- bzw. Meldepflichten begründen (vgl. Ziffer 24).

Im Bereich der Bundesstatistik soll den Auskunftgebenden (Personen, Betriebe, Unternehmen, etc.) **schon zum 1.1.1999 Gelegenheit** gegeben werden, im Rahmen ihrer statistischen Meldepflichten bei Währungsangaben **DM oder Euro** zu verwenden.

Zum Ende der Übergangszeit muß die Endumstellung aller Phasen der Statistikproduktion an die Erfordernisse des Euro abgeschlossen sein. Dazu sind in den Statistischen Ämtern teilweise erhebliche Änderungen in organisatorischer und technischer Hinsicht erforderlich, die einen erheblichen Personal- und Sachaufwand erfordern. Die Statistischen Ämter des Bundes und der Länder erarbeiten dazu ein Konzept mit organisatorischen Regelungen zur Umsetzung für den Bereich der Bundesstatistik, die noch weiterer Abstimmung mit den Auftraggebern und wichtigsten Nutzern bedürfen.

Das Bundesministerium des Innern prüft die o. g. Themenkomplexe mit den zuständigen Stellen des Bundes und der Länder. Sollten aus dieser Prüfung Erfordernisse zur Änderung statistischer Rechtsvorschriften erwachsen, werden diese vom Bundesministerium des Innern koordiniert.

## 26. Doppelte Preisauszeichnung

Die EG-Kommission und öffentliche Stimmen in Deutschland haben im Zusammenhang mit der Euro-Einführung die Auszeichnung aller Preise sowohl in DM als auch in Euro gefordert. Ziel ist eine bessere Orientierung der Öffentlichkeit, insbesondere der Schutz der Verbraucher vor „verdeckten" Preiserhöhungen und damit verbundenem Preisauftrieb.

Der zuständige BMWi jat hierzu im August 1996 eine Anhörung der Verbände durchgeführt. Dabei haben die Vertreter des Handels auf die **erheblichen Investitions- und Betriebskosten** einer flächendeckenden doppelten Preisauszeichnung hingewiesen. Die Vertreter der Verbraucherverbände zeigten sich von diesen Argumenten nicht unbeeindruckt.

Die Bundesregierung strebt zur Preisauszeichnung nicht eine perfektionistische Regelung an, sondern will ein praktikables und kostengünstiges Verfahren entwickeln. Doppelte Preisauszeichnung sollte dort vermieden werden, wo sie zu überhöhten Kosten führt. Anderseits strebt die Bundesregierung – gemeinsam mit der Wirtschaft – an, die Preistransparenz auch im Zuge der Umstellung auf den Euro zu gewährleisten.

Vor einer Änderung der Preisangabenverordnung, die die Ausweisung der Preise in dem gültigen gesetzlichen Zahlungsmittel verlangt, wird zu prüfen sein, ob die Interessen der Verbraucher nicht bereits durch den – im Einzelhandel besonders harten – **Wettbewerb** ausreichend geschützt sind. Um verdeckte Preisanhebungen zu vermeiden, sollte während der Übergangsphase **größtmögliche Preistransparenz und korrekte Umrechnung** gewährleistet sein. Über konkrete Maßnahmen kann jetzt noch nicht entschieden werden, da diese Frage im engen Zusammenhang mit der Dauer des doppelten Bargeldumlaufs steht. Sobald diese Frage geklärt ist, müssen gemeinsam mit dem Handel Lösungen angestrebt werden, die sowohl kostengünstig sind als auch die Transparenz stärken. Im übrigen ist der Handel aufgefordert, sich zu verpflichten, den

Verbraucher nachhaltig zu informieren, um das Vertrauen in die Euro-Preise und deren Verhältnis zu den nationalen Preisen zu stärken.

## 27. Doppelter Bargeldumlauf

Die EG-Ratsverordnung nach Art. 109l Abs. 4 EG-Vertrag bestimmt in Art. 15, daß die nationalen Banknoten und -münzen spätestens 6 Monate nach dem Ende der „Übergangszeit" ihre Eigenschaft als gesetzliches Zahlungsmittel verlieren. Dieser Zeitraum kann durch nationale Gesetzgebung abgekürzt werden. Die teilnehmenden Mitgliedstaaten sind ermächtigt, alle Maßnahmen zu ergreifen, die erforderlich sind, damit die nationalen Banknoten und Münzen leichter aus dem Verkehr gezogen werden können.

Gegenstand der nationalen Prüfung wird **auch eine Verkürzung dieses Zeitraums auf Null** sein: DM-Noten und -Münzen könnten zum Stichtag die Eigenschaft des gesetzlichen Zahlungsmittels verlieren („juristischer **Big Bang**"); zugleich würde jedoch eine Nachfrist bestimmt, in der DM-Noten und -Münzen von den Kreditinstituten noch zurückgenommen werden und im übrigen nach Parteivereinbarung weiter verwendbar bleiben. Darüber hinaus gewährleisten die Deutsche Bundesbank und die Bundesregierung unbegrenzte Rücknahme der von ihnen ausgegebenen Banknoten und Münzen.

Die Frage der Abkürzung des Zeitraums für den doppelten Bargeldumlauf wird vom Bundesministerium der Finanzen im Rahmen seiner Zuständigkeit geprüft. Eine erste Anhörung der beteiligten Verbände hat am 14. März 1997 stattgefunden:

- Der Handel und die Kreditinstitute halten die parallele Handhabung zweier gesetzlicher Zahlungsmittel für ausgeschlossen und haben sich für eine Stichtagsregelung („Big Bang") ausgesprochen.
- Die Automatenwirtschaft (Automatenaufsteller) verlangt für die Umstellung der ca. 1,7 Mio. Waren- und Dienstleistungsautomaten in Deutschland eine Parallelphase von sechs Monaten.
- Bei den Kreditinstituten hat die Umstellung der Geldausgabeautomaten und automatischen Kassentresore Einfluß, die nur eine Währung handhaben können, auf die rechtzeitige Verteilung des Euro-Bargeldes und die gleichzeitige Einziehung der nationalen Banknoten und Münzen.

Diese Fragen werden in Kontakt mit den Verbänden weiter geprüft. Ziel ist eine Klärung im Frühjahr 1998.

# Ausgewählte Kontaktadressen

## 1. Allgemeine Adressen

Europäische Kommission
Europäische Kommission, Rue de la Loi 200, B-1049 Brüssel,
Tel.: 00 32/2/29-9 11 11, Fax: 0 032/2/29-5 01 38 oder 5 01 39
(Nichtkommerziell tätige Verbände und Vereine, Schulen, Studentenverbindungen usw. können sich mit der Bitte um einen von der Kommission finanzierten Referenten wenden an:
Europäische Kommission, GD X – GROUPEURO, z. Hd. Herrn Vantomme)

Europäische Kommission, Vertretung in der Bundesrepublik Deutschland,
Zitelmannstraße 22, 53113 Bonn, Tel.: 02 28/5 30 09-0, Fax: 02 28/5 30 09-50;
Informationszentrum Hotline 02 28/5 30 09-10 oder 11
(Bestellung von Dokumentationen)

Europäische Kommission, Vertretung in Berlin
(zuständig: Berlin, Brandenburg, Mecklenburg-Vorpommern,
Sachsen-Anhalt),
Kurfürstendamm 102, 10711 Berlin,
Tel.: 0 30/89 60 93-0, Fax: 0 30/8 92 20 59

Europäische Kommission, Vertretung in München
(zuständig: Freistaat Bayern, Freistaat Sachsen),
Erhardstraße 27, 80331 München,
Tel.: 0 89/2 02 10 11, Fax: 0 89/2 02 10 15

Europäisches Parlament
Europäisches Parlament, Informationsbüro in Bonn, Bundeskanzlerplatz,
53113 Bonn, Tel.: 02 28/9 14 30-0, Fax: 02 28/21 89 55

Europäisches Parlament
Informationsbüro in Berlin, Kurfürstendamm 102,
10711 Berlin, Tel.: 0 30/8 93 01 22, Fax: 0 30/8 92 17 33

Europäisches Währungsinstitut
Kaiserstraße 29, 60311 Frankfurt/M., Tel.: 0 69/2 72 27-0, Fax: 0 69/2 72 27-2 27,
Pressestelle: Verena Adt, Durchwahl 4 55, Fax 4 04

Online-Informationen
Internet
Europa-Online – die EU im Internet, http://europa.eu.int

T-Online
– Vertretung der Europäischen Kommission in Deutschland: *eu#
– Europäisches Parlament *ep#

Euro-Hotline
Tel.: 01 80/5 22-19 99

Aktionsgemeinschaft „Euro"
– Dr. Klaus Gotto, Leiter der Abteilung Inland im Presse- und Informationsamt der Bundesregierung, Tel.: 02 28/2 08-0, Fax: 02 28/2 08 25 55
– Dr. Klaus Löffler, Leiter des Informationsbüros des Europäischen Parlaments in Deutschland, Tel.: 02 28/9 14 30-0, Fax: 02 28/21 89 55
– Axel R. Bunz, Leiter der Vertretung der Europäischen Kommission in Deutschland, Tel.: 02 28/53 00 90, Fax: 02 28/5 30 09-50

Europaminister, Europabeauftragte, Europabevollmächtigte der Länder
Staatssekretär und Bevollmächtigter des Landes Baden-Württemberg beim Bund,
Gustav Wabro, MdL, Schlegelstraße 2, 53113 Bonn,
Tel.: 02 28/50 32 21, Fax: 02 28/50 32 02

Leiter der Bayerischen Staatskanzlei, Staatsminister Prof. Dr. Kurt Faltlhauser,
Franz-Josef-Strauß-Ring 1, 80539 München,
Tel.: 0 89/21 65 22 99, Fax: 0 89/21 65 21 11

Staatssekretär für Bundes- und Europaangelegenheiten des Landes Berlin,
Gert Wartenberg, Joachimstraße 7, 53113 Bonn,
Tel.: 02 28/2 18 21 37, Fax: 02 28/2 28 21 07

Minister der Justiz und für Bundes- und Europaangelegenheiten des Landes Brandenburg, Dr. Hans Otto Bräutigam, Heinrich-Mann-Allee 107, Haus 9, 14473 Potsdam, Tel.: 03 31/8 66 33 85, Fax: 03 31/8 66 33 99

Senator für Wirtschaft, Mittelstand, Technologie und Europaangelegenheiten der Freien Hansestadt Bremen,
Hartmut Perschau, Zweite Schlachtpforte 3, 28195 Bremen,
Tel.: 04 21/3 61 84 00, Fax: 04 21/3 61 85 86

Bevollmächtigter der Freien und Hansestadt Hamburg beim Bund, Staatsrat Dr. Knut Nevermann, Kurt-Schumacher-Straße 12, Tel.: 02 28/2 28 71 01, Fax: 02 28/2 28 71 74

Hessischer Minister der Justiz und für Europaangelegenheiten, Rupert von Plottnitz, Luisenstraße 13, 65185 Wiesbaden, Tel.: 06 11/32 27 85, Fax: 06 11/32 26 91

Minister für Wirtschaft und Angelegenheiten der Europäischen Union des Landes Mecklenburg-Vorpommern, Jürgen Seidel, Johannes-Stelling-Straße 14, Tel.: 03 85/5 88 50 00, Fax: 03 85/5 81 27 13

Staatskanzlei des Landes Niedersachsen, Minister Willi Waike, Planckstraße 2, 30169 Hannover, Tel.: 05 11/1 20 69 06, Fax: 05 11/1 20 21 96
Europabeauftragter der Landesregierung Niedersachsen, Eckhard Beroleit, Planckstraße 2, Hannover, Tel.: 05 11/1 20 27 01, Fax: 05 11/1 20 28 07

Minister für Bundes- und Europaangelegenheiten des Landes Nordrhein-Westfalen, Prof. Dr. Manfred Dammeyer, Görresstraße 13, 53113 Bonn, Tel.: 02 28/2 69 92 26, Fax: 02 28/26 69 92 62

Bevollmächtigter des Landes Rheinland-Pfalz beim Bund und für Europa, StSekr. Dr. Karl-Heinz Klär, Heussallee 18–24, 53113 Bonn, Tel.: 02 28/9 12 00, Fax: 02 28/9 12 02 22

Staatskanzlei des Saarlandes, Chef der Staatskanzlei und Europabeauftragter StSekr. Henner Wittling, Am Ludwigplatz 14, 66117 Saarbrücken, Tel.: 0681/50100, Fax: 0681/501159

Bevollmächtigter des Freistaates Sachsen für Bundes- und Europaangelegenheiten, StSekr. Dr. Günter Ermisch, Archivstraße 1, 01097 Dresden, Tel.: 03 51/5 64 14 00, Fax: 03 51/5 64 14 09

Europabevollmächtigter des Landes Sachsen-Anhalt, StSekr. Rembert Behrendt, Wilhelm-Höpfner-Ring 4, Tel.: 03 91/5 67 43 61, Fax: 03 91/5 67 44 41

Minister für Justiz, Bundes- und Europaangelegenheiten des Landes Schleswig-Holstein, Gerd Walter, Lorentzendamm 35, 24103 Kiel, Tel.: 04 31/9 88 37 00, Fax: 04 31/9 85 38 70

Thüringer Minister für Justiz und Europaangelegenheiten, Otto Kretschmer, Alfred-Hess-Straße 8, 99094 Erfurt, Tel.: 03 61/2 28 23 01, Fax: 03 61/2 28 21 99

## 2. EU-Beratungsstellen – Euro-Info-Centres

Industrie- und Handelskammer Aachen,52062 Aachen,
Euro-Info-Centre, Theaterstraße 6–10
Leiter: Frank Malis — Postfach 650 (PLZ: 52007)
Ansprechpartner: — Tel.: 02 41/4 46 02 23
Marita van der Berg — 02 41/4 46 01 03
Monika Frohn — 02 41/4 46 01 29
Dr. Annika Sharota — 02 41/4 46 01 02
Fax: 02 41/4 46 02 59

Euro-Info-Centre Oost Nederland,
NL-6811 KN Arnhem, Ondernemingshuis Twente, Nieuwe Plein 1b
Ansprechpartner: — Postbus 9292 (6800 KZ Arnhem)
Dr. M. G. J. Diepmaat — Tel.: 00 31 53/84 98 90
Fax: 00 31 53/84 98 97

EIC Berlin – Euro-Info-Centre in der BAO Berlin – Marketing Service GmbH,
Hardenbergstraße 16–18, 10623 Berlin
Ansprechpartnerin: — Tel.: 0 30/31 51 00
Monika Schulz-Strelow — 0 30/31 51 02 40
Fax: 0 30/31 51 03 16

DIN – Deutsches Institut für Normung e.V.,
Deutsches Informationszentrum für technische Regeln (DITR),
Burggrafenstraße 6, 10787 Berlin
Leiterin: Bärbel Zimmermann
Ansprechpartner:
Bärbel Zimmermann — Tel.: 0 30/26 01 26 05
Hans-Jörg Wiesner — 0 30/26 01 28 36
Fax: 0 30/2 62 81 25

Deutscher Sparkassen- und Giroverband, EG-Beratungsstelle für Unternehmen, 53113 Bonn, Simrockstraße 4 (Post), Postfach 1429 (PLZ: 53004)
Leiter: Heinz Breier
Ansprechpartner:
Heinz Breier — Tel.: 02 28/20 43 19
Irmtraud Lux — 02 28/20 43 23
Dr. Bertram Reddig — 02 28/20 47 23
Kornelia Naoum — 02 28/20 43 12
Alexandra Spelko — 02 28/20 44 18
Fax 02 28/20 47 25

Deutscher Handwerkskammertag, EG-Beratungsstelle für Unternehmen,
Johanniterstraße 1, 53113 Bonn
Leiter: Klauspeter Zanzig — Tel.: 02 28/54 52 11
Ansprechpartner: — 02 28/54 52 99
Klauspeter Zanzig — Fax: 02 28/54 52 05
Telex: 88 63 38

Deutscher Industrie- und Handelstag, IHK-EG-Beratungsstelle
Euro-Info-Center im DIHT, Adenauerallee 148,
Postfach 1446 (PLZ: 53004), 53113 Bonn
Ansprechpartnerin: — Tel.: 02 28/10 46 21
Ellen Oesterreich — 02 28/10 46 22
Fax: 02 28/10 41 58
Telex: 88 68 05 diht d

Gebi – Genossenschaftliche EG-Beratungs- und Informationsgesellschaft mbH, Rheinweg 67, 53129 Bonn
Leiter: Ivo-Michael Zscherlich
Ansprechpartnerin: — Tel.: 02 28/23 75 45
Inga Schulz — 02 28/23 75 44
Wolf Reinhardt — 02 28/23 75 47
Birgit Sudhoff — 02 28/23 75 46
Fax: 02 28/23 75 48

Omnibera, Wirtschaftsberatungsgesellschaft mbH (Außenstelle),
Coburger Straße 1c, 53113 Bonn
Leiter: Michael Fey
Ansprechpartner: — Tel.: 02 28/23 80 76
Michaela Fey — Fax: 02 28/23 39 22

Axon Technologie Consult GmbH, Euro-Info-Centre,
Hanseatenhof 8, 28195 Bremen
Leiter: Dr. Klaus Lenz
Ansprechpartner:
Dr. Klaus Lenz — Tel.: 04 21/17 55 55
Ute Rynarzewski — Fax: 04 21/17 16 86
Daniela Fuhrmann

IHK Dresden, Euro-Info-Center, Niedersedlitzer Straße 63, 01257 Dresden
Leiter: Dieter Jähnichen — Tel.: 03 51/2 80 21 85
Fax: 03 51/2 80 22 80

Landesbank Hessen-Thüringen, Girozentrale, Offizielle EG-Beratungsstelle für Unternehmen, Bahnhofstraße 4a, Postfach 167 (PLZ: 99004), 99084 Erfurt

| | |
|---|---|
| Ansprechpartner: | Tel.: 03 61/5 62 47 98 |
| Christine Kratzke | Fax: 03 61/6 65 72 33 |
| Clemens Hoerder | |
| Petra Räder | |

Industrie- und Handelskammer Frankfurt/Oder, Euro-Info-Centre, Logenstraße 8 (Im Oderturm), Postfach 343 (PLZ: 15203), 15230 Frankfurt/Oder

| | |
|---|---|
| Leiterin: Sabine Anders | Tel.: 03 35/2 38 63 |
| Ansprechpartner: | Fax: 03 35/32 22 71 |
| Frank Kutschke | |

Euregio, Euro-Info-Centre, Enschederstraße 362, Postfach 1180, (PLZ: 48572), 48599 Gronau

| | |
|---|---|
| GF: Jens Gabbe | Tel.: 0 25 62/70 20 |
| Wim van Geffen | Fax: 0 25 62/16 39 |

RKW – Rationalisierungs-Kuratorium der Deutschen Wirtschaft, EG-Beratungsstelle für Unternehmen, Heilwigstraße 33, 20249 Hamburg
Leiter: Gerhard Menz

| | |
|---|---|
| Ansprechpartner: | Tel.: 0 40/4 60 20 87 |
| Gerhard Menz | Fax: 0 40/48 20 32 |
| Beate Niehaus | |

Niedersächsische Agentur für Technologietransfer und Innovation (NATI) GmbH – EIC Hannover, Vahrenwalderstraße 7, 30165 Hannover

| | |
|---|---|
| Leiterin: Christiane Fröchtling | Tel.: 05 11/9 35 71 21 |
| Ansprechpartnerin: Anke Seidler | 05 11/9 35 71 22 |
| | Fax: 05 11/9 35 74 39 |

Investitionsbank Schleswig-Holstein/RKW Nord-Ost (Kiel), EG-Beratungsstelle,
Fleethörn 29–31, Postfach 1128, (PLZ: 24100), 24103 Kiel
Leiter: Dr. Kurt Puls

| | |
|---|---|
| Ansprechpartner: | Tel. 04 31/9 00 34 99 |
| Ulrich Adolf | 04 31/9 00 34 97 |
| Annegret Meyer-Kock | Fax: 04 31/9 00 32 07 |
| Marie-Christine Ceulemans | |
| Sylvia Oppermann | |

BfAI – Bundesstelle für Außenhandelsinformation, Euro-Info-Centre,
Agrippastraße 87-93, 50676 Köln

| | |
|---|---|
| Leiterin: Barbara Zimniok | Postfach 100522 (PLZ: 50445) |
| Ansprechpartnerin: | Tel.: 02 21/2 05 72 73 |
| Jutta Klingelhöfer | 02 21/2 05 72 74 |
| | Fax: 02 21/2 05 72 12 |

Bundesverband der Deutschen Industrie,
Bundesvereinigung der Deutschen Arbeitgeberverbände,
Europäisches Beratungs-Zentrum der Deutschen Wirtschaft,
Gustav-Heinemann-Ufer 84-88, 50968 Köln

| | |
|---|---|
| Leiter: Jutta Zemke-Heyl | Tel.: 02 21/3 70 86 21 |
| Ansprechpartner: | |
| Bernd Heinzemann | 02 21/3 79 51 92 |
| Dr. Barbara Dorn | 02 21/3 79 51 96 |
| Ulrike Flügel-Wollersheim | 02 21/3 70 84 91 |
| Luise Bühler | 02 21/3 70 86 23 |
| | Fax: 02 21/3 70 88 40 |

Industrie- und Handelskammer Südlicher Oberrhein, Euro-Info-Centre,
Hauptgeschäftsstelle,
Lotzbeckstraße 31, Postfach 1547 (PLZ: 77905), 77933 Lahr
Leiterin: Petra Steck

| | |
|---|---|
| Ansprechpartnerin: | Tel.: 0 78 21/2 70 30 |
| Petra Steck | Fax: 0 78 21/27 03 22 |
| Stefanie Blum | |
| Christine Spinner | |

Industrie- und Handelskammer Leipzig,
Goederlerring 5, Postfach 770 (04091), 04109 Leipzig
Leiter: Christa Friedrich

| | |
|---|---|
| Ansprechpartner: | |
| Christa Friedrich | Tel.: 0341/1267325 |
| Torsten Stehr | 0341/1267323 |
| Marion Krüger | 0341/1267326 |
| Katrin Rücker | 0341/1267319 |
| | Fax: 0341/1267425 |

Handwerkskammer Magdeburg
Bahnhofstraße 49a, Postfach 1568 (PLZ: 39005), 39104 Magdeburg

| | |
|---|---|
| Ansprechpartner: | Tel.: 0391/5619161 |
| Heinz-Dieter Dömland | Fax: 0391/5619162 |

Industrie- und Handelskammer für München und Oberbayern,
Euro-Info-Centre,
Max-Joseph-Straße 2, Postfach (PLZ: 80323), 80333 München
Leiter: Susanne Weiß Tel.: 0 89/5 11 62 09
Ansprechpartner: Fax: 0 89/5 11 64 65
Susanne Weiß
Inge Schifferer

Zenit – Zentrum für Innovation und Technik GmbH,
EG-Beratungsstelle für Unternehmen,
Dohne 54, 45468 Mülheim an der Ruhr
Leiterin: Hannelore Kraft Tel.: 02 08/3 00 04 21
Fax: 02 08/3 00 04 29

Industrie- und Handelskammer Rhein-Neckar, Euro-Info-Centre,
L1, 2, Postfach 101661 (PLZ: 68016), 68161 Mannheim
Leiterin: Petra Schulze Schwicking Tel.: 06 21/1 70 92 27
Ansprechpartner:
Michael Adel 06 21/1 70 92 43
Wolfgang Striehl 06 21/1 70 92 22
Michael Neuerburg 06 21/1 70 92 20
Klaus Peter Engel 0 62 21/90 17 93
Fax: 06 21/1 70 92 29

LGA – Landesgewerbeanstalt Bayern, Euro-Info-Centre,
Tillystraße 2, 90431 Nürnberg
Ansprechpartner: Tel.: 09 11/6 55 49 33
Edwin Schmitt Fax: 09 11/6 55 49 35

Wirtschaftsförderung Brandenburg GmbH, Euro-Info-Centre,
EG-Beratungsstelle,
Am Lehnitzsee, 14476 Neu Fahrland
Leiterin: Marzella Gernand Tel.: 03 32 08/5 52 24
Fax: 03 32 08/5 52 22

Fachhochschule Osnabrück, Euro-Info-Centre, Albrechtstraße 30,
Postfach 1940 (PLZ: 49009), 49076 Osnabrück
Ansprechpartner: Tel. 05 41/9 69 29 24
Friedrich Uhrmacher Fax: 05 41/9 69 29 90

Industrie- und Handelskammer Regensburg,
EG-Beratungsstelle für Unternehmen,
Dr.-Martin-Luther-Straße 12, 93047 Regensburg

| | |
|---|---|
| Leiter: Franz J. Knott | Tel.: 09 41/5 69 40 |
| Ansprechpartnerin: | |
| Erika Forster | 09 41/5 69 42 28 |
| Karin Piller | 09 41/5 69 42 59 |
| | Fax: 09 41/5 69 43 05 |
| | Telex: 6 58 83 ihk d |

Industrie- und Handelskammer Rostock,
Ernst-Barlach-Straße 1–3, 18055 Rostock

| | |
|---|---|
| Leiter: | |
| Dr. Dieter Pfliegensdörfer | Tel.: 03 81/33 88 00 |
| Dr. Willi Deiß | 03 81/3 33 88 20 |
| Petra Kubasch | 03 81/33 88 10 |
| | Fax: 03 81/4 59 11 56 |

ZPT – Zentrale für Produktivität und Technologie Saar e.V.,
Franz-Josef-Röder-Straße 9, 66119 Saarbrücken

| | |
|---|---|
| Leiter und Ansprechpartner: | Tel.: 06 81/9 52 04 50 |
| Gerd Martin | Fax: 06 81/5 84 61 25 |

Euro-Info-Centre, Handwerkskammer Stuttgart,
Heilbronner Straße 43, Postfach 102155 (PLZ: 70017), 70191 Stuttgart

| | |
|---|---|
| Leiter: Jürgen Schäfer | |
| Ansprechpartner: | |
| Jürgen Schäfer | Tel.: 07 11/1 65 72 80 |
| Christiane Salm | 07 11/1 65 72 52 |
| Carmen Coupé | 07 11/1 65 72 27 |
| | Fax: 07 11/1 65 73 00 |

EG-Beratungsstelle für Rheinland-Pfalz, Euro-Info-Centre,
Industrie- und Handelskammer Trier/Handwerkskammer Trier,
Bahnhofstraße 30–32, 54292 Trier

| | |
|---|---|
| Leiterin: Silke Brüggebors | |
| Ansprechpartner: | Tel. 06 51/19 92 |
| Anke M. Heyer | Fax: 06 51/9 75 67 33 |
| Inge Kronbach | |
| Monika Le Maget | |

Wirtschaftsförderung Hessen, Investitionsbank AG,
Hessische Landesentwicklung- und Treuhandgesellschaft (HL),
Abraham-Lincoln-Straße 38–42, Postrfach 3107 (65021),
65189 Wiesbaden

| | |
|---|---|
| Leiter: Volker Schucht | Tel.: 06 11/77 42 02 |
| Ansprechpartner: | |
| Maren Thomas | 06 11/77 43 72 |
| Ilga Manz | 06 11/77 42 19 |
| Dr. Khaled Snouber | 06 11/77 42 57 |
| | Fax: 06 11/77 43 85 |

# Abbildungs- und Tabellenverzeichnis

# Literatur- und Quellenverzeichnis

ABN Amro Bank, Emu & Euro. The Consequences, Amsterdam 1996.
Abelshauser, Werner, Wirtschaftsgeschichte der Bundesrepublik Deutschland 1945–1980, Frankfurt 1983.
Aschinger, Franz E., Das Währungssystem des Westens, Frankfurt 1973.

Balkhausen, Dieter, Gutes Geld und schlechte Politik, Düsseldorf 1992.
Bank für Internationalen Zahlungsausgleich, Basel, Jahresberichte.
Bayerische Hypotheken- und Wechsel-Bank, Aktuelles zur Europäischen Währungsunion, München 1996ff.
Bayerische Vereinsbank, Aktienstrategie im Übergang zur EWU, Vereinsbank Research, München 1996.
Bayerische Vereinsbank, Europäische Währungsunion: Start 1999 mit Kerngruppe bleibt wahrscheinlich, Vereinsbank Research, München 1996.
Bayerische Vereinsbank, Europäische Währungsunion: Szenario Kern-WWU 1999 weiter bestätigt, Vereinsbank Research, München 1996.
Blessing, Karl, Die Verteidigung des Geldwertes, Frankfurt 1960.
Blessing, Karl, Im Kampf um gutes Geld, Frankfurt 1966.
Braun-Moser, Ursula, Europäische Währungsunion – wann und mit wem, Bonn 1994.
Bonin, Konrad von, Zentralbanken zwischen funktioneller Unabhängigkeit und politischer Autonomie, Baden-Baden 1979.
Borchardt, Knut, Wachstum, Krisen, Handlungsspielräume der Wirtschaftspolitik, Studien zur Wirtschaftsgeschichte des 19. und 20. Jahrhunderts, Göttingen 1982.
Born, Karl Erich, Geld und Banken im 19. und 20. Jahrhundert, Stuttgart 1976.
Bracher, Karl Dietrich/Jäger, Wolfgang/Link, Werner, Republik im Wandel 1969–1974, Stuttgart 1987.
Brückner, Michael, Euro-Währung, Niedernhausen 1996.
Büschgen, Hans E., Internationales Finanzmanagement, Frankfurt 1986.
Bundesministerium für Finanzen, Europäische Wirtschafts- und Währungsunion. Stark wie die Mark, Bonn 1994.

Cipolla, Carlo/Borchardt, Knut, Europäische Wirtschaftsgeschichte, Band 5: Die Europäischen Volkswirtschaften im 20. Jahrhundert, Stuttgart/New York 1986.
Commerzbank Research, Die Europäische Währungsunion, Frankfurt 1996.
Czada, Peter/Tolksdorf, Michael/Yenal, Alparsan (Hrsg.), Internationale Wäh-

rungsprobleme. Zur Geschichte, Funktion und Krise des internationalen Währungssystems, Opladen 1988.
Czada, Peter/Renner, Günter, Euro und Cent – Europäische Währungsintegration und Währungsunion, Bühl 1996.

Deutsche Bank, Checkliste Europa-Währung. So bereiten Sie Ihr Unternehmen auf die Währungsunion vor, Frankfurt 1996.
Deutsche Bank, Eine stabile Währung für Europa, Frankfurt 1996.
Deutsche Bundesbank, Die Beschlüsse von Maastricht zur europäischen Wirtschafts- und Währungsunion, in: Monatsbericht Februar 1992.
Deutsche Bundesbank, Zahlenübersichten und methodische Erläuterungen zur gesamtwirtschaftlichen Finanzierungsrechnung 1960–1989, Frankfurt 1990.
Deutsche Bundesbank, Deutsches Geld- und Bankenwesen in Zahlen 1876–1975, Frankfurt 1976.
Deutsche Bundesbank, Informationsbriefe zur Europäischen Währungsunion, Frankfurt 1996ff.
Deutsche Bundesbank, Währung und Wirtschaft in Deutschland 1876–1976, Frankfurt 1976.
Deutsche Bundesbank, Vierzig Jahre Deutsche Mark – Monetäre Statistiken 1948–1987, Frankfurt 1988.
Deutscher Bundestag, Wissenschaftliche Dienste, Materialien Nr. 104, Mai 1989 (Delors-Bericht).
DG Bank, DM – ECU – EURO: Strategien im Vorfeld der EWU, Frankfurt 1996.
Duwendag, Dieter (Hrsg.), Macht und Ohnmacht der Bundesbank, Frankfurt 1973.

Ehrenberg, Herbert, Abstieg vom Währungsolymp – Zur Zukunft der Deutschen Bundesbank, Frankfurt 1991.
Emminger, Otmar, Währungspolitik im Wandel der Zeit, Frankfurt 1966.
Emminger, Otmar, D-Mark, Dollar, Währungskrisen, Stuttgart 1986.
Engels, Wolfram, Internationaler Kapitalverkehr und Devisenhandel, Frankfurt 1986.
Europäisches Währungsinstitut (EWI), EWI-Jahresberichte 1995 und 1996.

Frankfurter Allgemeine Zeitung, Archivsammlung zur Geld- und Währungspolitik.
Fredberg, Arvid, Die manipulierte Inflation – Währungspolitik und Geldentwertung, Wien 1971.
Friedman, Milton, Die optimale Geldmenge, München 1970.

Gall, Lothar/Feldman, Gerald/James, Harold/Holtfrerich, Carl-Ludwig/Büschgen, Hans, Die Deutsche Bank 1970–1995, München 1995.
Giersch, Herbert (Hrsg.), Integration durch Währungsunion?, Tübingen 1971.
Götz, Hans Herbert, Weil alle besser leben wollen ..., Düsseldorf 1963.

JP Morgan, EMU Calculator Handbook, London 1997.
Haberler, Gottfried, Konvertibilität der Währungen, in: Die Konvertibilität der europäischen Währungen, Erlenbach-Zürich 1954.
Hahn, L. Albert, Geld und Kredit, Frankfurt 1960.
Hahn, L. Albert, Fünfzig Jahre zwischen Inflation und Deflation, Frankfurt 1963.
Hankel, Wilhelm, Währungspolitik, Geldwertstabilisierung, Währungsintegration und Sparerschutz, Stuttgart 1971.
Hellmann, Rainer, Dollar, Gold & Schlange – Die letzten Jahre von Bretton Woods, Baden-Baden 1976.
Hirschburger, Ute/Zahorka, Hans-Jürgen, Der Euro, Stuttgart 1996.

Internationaler Währungsfonds (International Monetary Fund), International Financial Statistics, Washington, Jahresberichte seit 1970.
Issing, Otmar, Leitwährung und Internationale Währungsordnung, Berlin 1965.
Issing, Otmar, Europapolitische Union durch gemeinsames Geld?, Informedia-Schriftenreihe, Köln 1995.

Jacobsson, Per, International Monetary Problems, Washington 1964.
Jungblut, Michael, Wenn der Euro rollt, Wien 1996.

Kennedy, Ellen, The Bundesbank: Germany's Central Bank in the International Monetary System, London 1991.
Köllner, Lutz, Chronik der deutschen Währungspolitik 1987–1991, Frankfurt 1991.
Kommission der Europäischen Gemeinschaften. Vollendung des Binnenmarkets. Weißbuch an den Europäischen Rat. Luxemburg 1985.
Kommission der Europäischen Gemeinschaften, Vertrag über die Europäische Union, Brüssel 1992.
Könneker, Wilhelm, Die deutsche Bundesbank, Frankfurt 1967.
Krägenau, Henry/Wetter, Wolfgang, Europäische Wirtschafts- und Währungsunion – Vom Werner-Plan zum Vertrag von Maastricht, Baden-Baden 1993.

Ludlow, Peter, The Making of the European Monetary System, London 1982.
Lutz, Friedrich A., Die Konvertibilitätsdiskussion, in: Die Konvertibilität der europäischen Währungen, Erlenbach-Zürich 1954.

Marsh, David, Die Bundesbank, München 1992.
Menkhoff, Lukas, Geldpolitische Instrumente der Europäischen Zentralbank, Reihe Wissenschaft und Praxis, Deutscher Sparkassenverlag, Stuttgart 1995.
Methfessel, Klaus, Wenn die D-Mark geht, Düsseldorf 1996.
Möller, Hans, Zur Vorgeschichte der Deutschen Mark. Die Währungsreformpläne 1945–1948, Tübingen 1968.
Möller, Hans, Das Ende einer Weltwährungsordnung?, München 1972.
Müller, Heinz, Die Politik der Deutschen Zentralbank 1948–1967, Tübingen 1969.

Nölling, Wilhelm, Unser Geld – Der Kampf um die Stabilität der Währungen in Europa, Berlin 1993.
North, Michael, Das Geld und seine Geschichte, München 1994.

OECD, Jährliche Länderberichte Bundesrepublik Deutschland.

Paribas Capital Markets: EMU Countdown, London 1996ff.
Pohl, Hans (Hrsg.), Europäische Bankengeschichte, Frankfurt 1993.
Pohl, Manfred, Die Entwicklung des privaten Bankenwesens nach 1945, in: Wissenschaftlicher Beirat des Instituts für bankhistorische Forschung e.V. (Hrsg.), Deutsche Bankengeschichte, Band 3, Frankfurt 1982.

Riehl, Hans, Die Mark, Hannover 1978.
Rittershausen, Heinrich, Internationale Handels- und Devisenpolitik, Frankfurt 1955.
Roeper, Hans/Weimer, Wolfram, Die D-Mark – Eine deutsche Wirtschaftsgeschichte, Frankfurt 1996.
Röpke, Wilhelm, Internationale Ordnung – heute, Erlenbach-Zürich 1954.
Röpke, Wilhelm, Jenseits von Angebot und Nachfrage, Erlenbach-Zürich 1958.
Rueff, Jacques, Die Währungssünden der westlichen Welt, Frankfurt 1972.

Sachverständigenrat zur Begutachtung der gesamtwirtschaftlichen Entwicklung, Jahresgutachten seit 1964/65.
Schlesinger, Helmut, Zehn Jahre Geldpolitik mit einem Geldmengenziel, in: Gebauer, Wolfgang (Hrsg.), Öffentliche Finanzen und monetäre Okonomie, Frankfurt 1985.
Siegert, Werner, Währungspolitik durch Seelenmassage?, Frankfurt 1963.
Slotosch, Walter, Das Geld, mit dem wir leben müssen, München 1971.
Spindler, Joachim/Becker, Willy/Starke, O.-Ernst, Die Deutsche Bundesbank, Stuttgart 1957.
Sprenger, Bernd, Das Geld der Deutschen, Paderborn 1991.

Stucken, Rudolf, Deutsche Geld- und Kreditpolitik 1914 bis 1963, Tübingen 1964.

Theurl, Theresia, Eine gemeinsame Währung, Wien 1992.
Thiele, Carl-Ludwig (Hrsg.), Von der D-Mark zum Euro, Frankfurt 1996.
Tolksdorf, Michael, Ein Geld für Europa – Die Europäische Währungsunion, Opladen 1995.

Vaubel, Roland, Das Tauziehen um die europäische Währungsintegration, in: Aus Politik und Zeitgeschichte, B 1–2/96.
Veit, Otto, Grundriß der Währungspolitik, Frankfurt 1961.
Vertrag über die Europäische Union (Maastricht-Vertrag), Bulletin Nr. 16 – Presse- und Informationsamt der Bundesregierung, Bonn 1992.
Vocke, Wilhelm, Gesundes Geld, Frankfurt 1956.

Waigel, Theo/Schell, Manfred, Tage, die Deutschland und die Welt veränderten – Die deutsche Währungsunion, München 1994.
Waigel, Theo (Hrsg.), Unsere Zukunft heißt Europa – Der Weg zur Währungsunion, Düsseldorf 1996.
Weidenfeld, Werner (Hrsg.), Maastricht in der Analyse, Gütersloh 1994.
Westdeutsche Landesbank, Stabilitäts- und Wachstumspakt: Basis für eine stabile Haushaltspoltik in Europa, Märkte Januar 1997, Düsseldorf.

Zschiedrich, Harald, Binnenmarkt Europa, Wiesbaden 1993.

# Die Autoren

*Holger Steltzner* (geb. 1962) ist Wirtschaftsredakteur der Frankfurter Allgemeinen Zeitung. Dem Abitur folgte eine Banklehre bei einer traditionsbewußten Privatbank. Anschließend bis 1990 Studium der Betriebswirtschaftslehre und der Rechtswissenschaften an der Johann Wolfgang Goethe Universität in Frankfurt. Nach einem Jahr als Assistent der Geschäftsführung eines mittelständischen Unternehmens lockten ihn Banken und Börsen wieder. Bei einer Schweizer Großbank hat er das grenzüberschreitende Investmentgeschäft kennengelernt. Seit Februar 1994 schreibt er für die Finanzredaktion der Frankfurter Allgemeinen Zeitung. Er berichtet über Börsen, Geld- und Kapitalmärkte.

*Dr. Wolfram Weimer* (geb. 1964) ist Wirtschaftsredakteur der Frankfurter Allgemeinen Zeitung. Er hat in Frankfurt am Main und in Washington studiert und eine wirtschaftshistorische Dissertation zur amerikanischen Finanzgeschichte geschrieben. In die Redaktion der Frankfurter Allgemeinen Zeitung trat er 1990 ein und ist seit 1994 deren Korrespondent in Madrid. 1992 wurde ihm der Journalistenpreis der Hanns-Martin-Schleyer-Stiftung verliehen. Er ist Autor mehrerer Bücher, darunter »Geschichte des Geldes«, »Kapitäne des Kapitals« sowie »Pleiten und Profite«. In diesem Verlag erschien (gemeinsam mit Alois Weimer) »Mit Platon zum Profit«, »Mit Goethe zum Gewinn« und »Die Kunst der Karriere«.